中国社会科学院
日本研究所

"登峰战略"系列研究成果

THE RESEARCH OF JAPANESE
TOTAL FACTOR PRODUCTIVITY

日本全要素生产率研究

田正 著

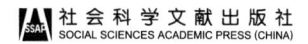

社会科学文献出版社
SOCIAL SCIENCES ACADEMIC PRESS (CHINA)

1

前　言

全要素生产率（Tatal Factor Productivity，TFP）是维持经济稳定增长的重要因素。资本和劳动等要素投入对经济增长的贡献是短期而有限的。在日本经济的高速增长期及稳定增长期，全要素生产率的持续增长是日本经济增长的重要组成因素。日本的泡沫经济崩溃后，日本的全要素生产率增长停滞，日本经济长期低迷。日本政府采用了财政、货币双宽松政策以促进经济增长，但收效甚微。在短期需求性政策失效的背景下，提高全要素生产率成为日本经济恢复自律增长的关键，这不仅是日本经济学界关注的重点，也是近年来日本政府经济政策的重要目标。

在经历了多年快速的经济增长后，中国经济进入了结构转型期，面临着从经济高速增长向中高速增长的阶段性转换。长期以来，中国经济通过大量的劳动力、资本投入促进增长，表现出粗放式供给特征。但是，伴随着中国经济步入新常态，以要素驱动为主导的粗放型增长方式不再符合中国经济发展的需要，产业升级、经济增长驱动要素转变成为中国经济发展的内在需求，提高全要素生产率同样是中国经济面临的重要课题。因此，研究日本的全要素生产率变化及其影响因素可为中国提供借鉴，服务中国经济发展。

本书第一章绪论部分主要探讨了研究方法、研究背景、文献综述等问题，为研究的展开做了铺垫。第二章分析了战后日本全要素生产率的变化过程，指出日本经济增长与全要素生产率变化之间的内在规律。第三章探讨了主导产业的升级、转变与全要素生产率提升之间的内在关系，着重研究了日本服务业以及日本信息服务业的生产率问题。第四章讨论了对外贸易与全要素生产率的关系，分析了日本出口产业的技术溢出效应及贸易结构变化对日本全要素生产率的影响。第五章探究了技术进步对日本全要素生产率的推动作用，探讨了战后日本技术引进的过程与特征，指出泡沫经济崩溃后研究开发效率降低阻碍了全要素生产率的提高。第六章则研究了产业政策、贸易政策、规制缓和等日本政府政策以及经济制度变化对日本全要素生产率的影响。第七章探究了日本全要素生产率未来的发展与变化趋势，总结了战后日本全要素生产率变化的经验，以及对中国经济的启示。

本书从日本经济总体发展的视角出发，以新古典宏观经济理论为基础，运用内生增长理论以及合同理论等经济学分析方法，系统地分析了日本全要素生产率的影响因素，并使用时间序列分析、面板数据分析等方法给出实证检验。

本书得出了如下主要结论。其一，全要素生产率的稳定增长对后发展国家的经济发展具有重要作用，是日本走出经济低迷的关键。其二，经济泡沫破灭前，日本的主导产业实现了有序升级，提高了日本经济整体的生产率。随着经济结构服务化的发展，服务业生产率低下成为制约日本全要素生产率提高的瓶颈。日本信息服务业的产业组织结构特征阻碍了创新，降低了全要素生产率。其三，出口是推动战后日本经济发展的重要因素，实证分析发现出口产业的发展具有技术溢出效应。商品贸易和服务贸易则具有扩散效应，商品的出口和服务的进口将推动全要素生产率的提高。其四，日本通过技术引进实现技术水平收敛后，自主创新成为日本提高技术水平的唯一途径，然而较低的研究开发效率阻碍了日本自主创新的发展，抑制了日本全要素生产率的提高。其五，日本的产业、贸易以及规制缓和等经济政策虽然有助于全要素生产率的提高，但雇佣、金融等经济制度抑制了全要素生产率的发展，日本面临向规则型治理结构的转型。在财政政策和货币政策刺激作用减弱的情况下，结构性改革政策成为促进全要素生产率提高的政策实施重点。其六，近年来日本出现经济增长动力从要素驱动向全要素生产率驱动的增长方式转变的趋势，但人口减少、研究开发效率降低等问题阻碍了日本全要素生产率的提高。日本政府的应对政策值得现阶段的中国参考与借鉴。

本书在执笔过程中得到了恩师南开大学日本研究院莽景石教授的指导，并得到了中国社会科学院日本研究所张季风副所长、研究员的支持与帮助。中国社会科学院日本研究所的各位领导和各部门也为本书的写作提供了大量支持。在此表示由衷的感谢，并致以崇高的敬意！本书也得到了中国社会科学院登峰战略日本经济重点学科的资助。

由于作者的理论素养和研究水平有限，如有疏漏或不妥之处，敬请批评指正。

中国社会科学院日本研究所

田　正

目　录

第一章　绪论 ·· 001
　一　研究背景与研究意义 ··· 001
　二　研究对象 ·· 003
　三　学界的研究现状 ·· 004
　四　研究方法与结构安排 ··· 019

第二章　全要素生产率变化与日本经济增长 ································· 023
　一　经济增长的源泉：全要素生产率 ······································· 023
　二　战后日本经济增长及其特征 ··· 030
　三　日本全要素生产率变化路径 ··· 045

第三章　主导产业变迁与全要素生产率 ·· 053
　一　产业结构、主导产业与全要素生产率 ································ 053
　二　日本服务业的全要素生产率 ··· 073
　三　日本信息服务业的全要素生产率 ······································· 095

第四章　对外贸易增长与全要素生产率 ·· 109
　一　日本的出口与经济增长 ·· 109
　二　日本出口贸易的技术溢出效应 ·· 112
　三　日本贸易结构变化与全要素生产率 ··································· 126

第五章 技术进步与全要素生产率·················141
    一 战后日本的技术引进·····················141
    二 日本吸收创新型技术发展···················158
    三 后工业化时代日本的自主创新·················175

第六章 制度及其变革与全要素生产率···············191
    一 政策、规制与全要素生产率··················191
    二 日本传统经济体制与全要素生产率···············213
    三 日本经济体制改革与全要素生产率···············232

第七章 日本全要素生产率变化展望及对中国的启示········248
    一 日本政府促进全要素生产率增长的有关政策···········248
    二 日本全要素生产率变化的总结与展望··············256
    三 对中国经济发展的启示····················265

参考文献·································273

索　引·································292

第一章
绪　论

自泡沫经济崩溃以来，日本政府在财政和货币两方面采取了双宽松政策以刺激经济增长。但是近20年来，日本经济增长依旧乏力，经济自律增长的恢复仍然任重而道远。日本经济的长期低迷问题已不再是简单的短期需求问题，而是长期的经济结构问题。长期以来的有效需求不足以及资本、劳动、全要素生产率等供给侧投入的下降，导致了日本经济的长期萧条、物价的长期通缩。全要素生产率作为经济供给层面的一个重要考量问题，对于理解日本经济增长问题是十分重要的。第一章绪论部分将从研究背景与研究意义、研究对象、学界的研究现状、研究方法与结构安排几方面对本书的选题情况、前人的研究成果以及研究思路和分析方法展开总体性说明。

一　研究背景与研究意义

（一）研究背景

全要素生产率反映了一国要素投入与总产出之间的效率水平，是影响一国经济增长的重要因素。生产函数的着眼点在于分析要素与产出之间的关系，而全要素生产率则能够揭示生产函数中不能被要素变化所解释的技术的进步、效率的改善以及制度的变迁。因此，随着市场制度的完善，有限资源分配的效率提高和持续不断的技术进步都可以提高全要素生产率。从长期来看，劳动和资本的投入不可能维持经济的长期快速增长，所以保持全要素生产率的稳定增长是实现经济持续增长的必要条件。

战后日本的经济增长率经历了一个先快后慢的变化过程，从战后复兴时期的6%至7%，提高到高速增长时期的10%。完成工业化后，日本的经济增长率开始下降，稳定增长时期为4%左右。泡沫经济崩溃后，日本经济增长率进一步下降，仅有约1%。与此同时，日本的全要素生产率的增长率也呈现出同样的变化趋势，高速增长时期全要素生产率增速为3%至4%，稳定增长时期则下降为1.5%左右，而泡沫经济崩溃后全要素生产率则进一步下降至0%至1%之间[①]。在日本经济工业化过程中经济增长率高速增长的同时，全要素增长率也维持着高速增长。而日本实现工业化后，全要素增长率增长水平下降，GDP（Gross Domestic Product，国内生产总值）增长率也随之下降。全要素生产率增长率的变化与经济增长率的变化表现出相近的变化趋势。在日本实现工业化后，日本的经济发展步入成熟阶段，资本投入和劳动投入对于日本经济发展的推动效果日趋减弱，提高全要素生产率成为促进日本经济增长的重要政策目标。因此，日本对全要素生产率愈发重视，并制定了一系列政策以促进本国的全要素生产率的增长。

（二）研究意义

由于全要素生产率对于日本经济的作用愈发重要，近年来日本学者对于全要素生产率的研究也日益丰富。日本的经济学家通过分解全要素生产率以分析全要素生产率的变动原因，并为政府的政策决策提供理论依据与支撑。经济学家们从产业结构、僵尸企业、海外投资等方面对日本的全要素生产率进行了大量的分析与研究。相比之下，我国学者对日本全要素生产率的研究还有所欠缺，本研究可以进一步加深日本国内研究界对于日本经济的认识。

全要素生产率增长包括技术进步以及效率提高，所以除了从技术进步的角度分析之外，还可以从提高效率的角度进行分析。因此，需要从产业结构、技术进步、对外贸易、制度变迁等角度分析日本全要素生产率的变动规律，剖析影响全要素生产率变动的因素，这对于理解日本战后经济增长的过程有着重要意义，并可以加深对日本经济增长的理解。

2015年，中国制定了《中国制造2025》行动纲领，旨在推进中国制造业的新增长点，培育工业增长新动能，促进中国制造业的升级发展。中国共产党的十九大报告指出，中国经济正处于发展方式转变、经济结构优化、增长动力转型的关键时期，经济发展要实现质量变革、效率变革以及动力变

[①] 深尾京司・宮川努編『生産性と日本の経済成長：JIPデータベースによる産業・企業レベルの実証分析』東京大学出版社、2008、4頁。

革。深化供给侧结构性改革，推动创新型国家建设，将是今后一段时期内中国经济的重点任务，其最终目的在于提高全要素生产率。分析与理解战后日本全要素生产率的变化及其影响因素将为现阶段的中国经济发展提供有益参考。

二 研究对象

本书的主要研究对象为战后日本全要素生产率变化及其主要影响因素。为此，需要首先明确全要素生产率的定义。学界对于全要素生产率的定义有不同的解释。有学者认为，全要素生产率是技术进步的体现。例如，巴罗（Barro）认为："增长核算将观察到的经济增长分解为与要素投入变化相关的成分和一个反映技术进步和其他因素的余量"。[①] 此外，还有学者认为全要素生产率是对未知的度量。例如，阿布拉莫维茨（Abramovitz）认为："经济增长并非来自劳动及资本等被传统度量的生产要素，而是来自复杂的、所知甚少的全要素生产率"。[②] 由此可见，全要素生产率这一概念具有丰富的内涵，有必要进一步廓清其概念范围。

全要素生产率是指考虑全部要素投入情况的生产率，即产出与全部投入之比。根据新古典经济学的总量生产函数模型，经济投入主要包括两部分，即资本与劳动。影响全要素生产率的不仅在于资本与劳动的投入数量，而且还包括资本与劳动的组合方式，资本和劳动等生产要素整合方式不同会对全要素生产率的高低产生影响。经济增长来源于生产要素投入的增长以及全要素生产率的增长两部分。其中，生产要素投入的数量变化是可以被识别与解释的。但是，未被识别的生产要素以及生产要素间的组合方式则需要通过全要素生产率表示与体现。

决定经济增长的要素包括资本量、劳动量以及全要素生产率。当资本、劳动等各种生产资源达到合理配置，即各种生产资源被充分利用时，所能实现的最大经济增长率成为潜在经济增长率。潜在经济增长率反映一国长期经

[①] R. J. Barro, "Notes on growth accounting", *Journal of Economic Growth*, Vol. 4, No. 2, 1999, pp. 119 – 137.

[②] M. Abramovitz, "Resource and output trends in the United States since 1870", *National Bureau of Economic Research Working Paper*, 1956, pp. 1 – 23.

济增长的实力，体现该国经济增长的可能性。当资本、劳动等资源的投入面临约束时，全要素生产率的增长就成为促进潜在生产率以及经济增长率的重要来源，有助于实现经济的持续增长。

三　学界的研究现状

学界研究现状部分考察国内外学者关于日本全要素生产率的研究，共分为以下五个部分：日本全要素生产率的测算、产业结构转换与全要素生产率、对外贸易增长与全要素生产率、技术进步与全要素生产率、制度变迁与全要素生产率。

（一）日本全要素生产率的测算

黑田昌裕是分析和测算日本全要素生产率的第一人。他首先测算了1960 至 1979 年日本各产业部门的全要素生产率变化率，通过给各个产业赋予权重的方法，计算出了日本的全要素生产率增长率。[1] 在此基础之上，庆应大学产业研究所构建了 KEOdatabase，成为日本第一个系统分析日本全要素生产率的数据库。[2] 野村浩二采用与黑田昌裕相同的分析方法，进一步完善了 KEOdatabase 的数据，包含 1960 年至 2012 年的日本全要素生产率情况，使其成为分析日本全要素生产率的可靠数据来源。[3]

乔根森使用其创立的超越对数函数方法，测算了日本 1951 至 1968 年的全要素生产率。[4] 此后，以李京文、黑田昌裕为首的经济学家分别采用超越对数的分析方法，进一步分析了中国和日本的全要素生产率，并将测算的研究时间段延长至 1987 年。[5] 通过分析对比中、日、美三国的经济增长因素，他们发现日本和美国的主要经济增长驱动因素是全要素生产率，而中国则是

---

[1] 黒田昌裕「経済成長と全要素生産性の推移：日米経済成長要因の比較」『三田商学研究』2 号、1985、25 - 52 頁。
[2] 新保一成・野村浩二・小林信行『KEO データベース：産出および資本・労働投入の測定』慶応義塾大学産業研究所、1997。
[3] 野村浩二『資本の測定：日本経済の資本深化と生産性』慶応義塾大学出版会、2004。
[4] 乔根森、李京文：《生产率》，中国发展出版社，2001，第 198~366 页。
[5] 李京文、郑友敬、乔根森、黑田昌裕：《生产率与中美日经济增长研究》，中国社会科学出版社，1993。

资本和劳动投入。

以深尾京司为首的经济学家，采用对资本、劳动以及中间产品等赋以权重的方法，测算了日本各产业部门的全要素生产率，并总结为 JIPdatabase 数据库，公布于日本经济产业研究所的网站上，其测算的时间范围涵盖 1971 至 2012 年，包含的产业数据较为详尽。[1] 经济产业省使用增长核算的方法，计算出了 1955 至 2000 年的日本全要素生产率增长率。[2]

林（Hayashi）采用新古典经济学的方法，将经济投入分解为资本、劳动数量投入、劳动时间投入以及全要素生产率四项，据此计算出了 1960 至 2000 年的日本全要素生产率增长率，并指出，20 世纪 90 年代后日本的全要素生产率增速降低是日本经济低迷的重要原因。[3] 该论文引起了日本经济研究界对日本全要素生产率研究的广泛探讨。

川本卓司通过使用修正后的索罗残差方法，在控制了不完全竞争以及设备使用率等因素之后，得出 20 世纪 90 年代日本全要素生产率增速达到 2.1% 的结论。[4]

但是，更多的研究者通过测算 20 世纪 90 年代后的日本全要素生产率，均得出泡沫经济崩溃后的全要素生产率增长率要小于稳定增长时期以及高速增长时期日本全要素生产率增长率的结论。吉川洋和松本和幸的测算结果表示，20 世纪 80 年代日本的全要素生产率增速为 1.2%，而进入 20 世纪 90 年代之后则下降到了 - 0.9%。[5] 服部恒明对日本各产业的全要素生产率增长率进行了测算，并以此为基础估算了日本的全要素生产率增长率，其研究指出，1976～1986 年全要素生产率增速为 0.4%，1987～1993 年全要素生产率增速为 1.2%，而 1994～1997 年的全要素生产率增速为 - 0.6%。[6] 西

---

[1] 深尾京司・宮川努『生産性と日本の経済成長：JIP データベースによる産業・企業レベルの実証分析』東京大学出版社、2008、16 - 30 頁。
[2] 経済産業省『通商白書』、2006。
[3] F. Hayashi et al., "The 1990s in Japan: A lost decade", *Review of Economic Dynamics*, Vol. 5, No1, 2002, pp. 206 - 235.
[4] 川本卓司「日本経済の技術進步率計測の試み：『修正ソロー残差』は失われた 10 年について何を語るか」『金融研究』4 号、2004、147 - 186 頁。
[5] 松本和幸・吉川洋「産業構造の変化と経済成長」『フィナンシャル・レビュー』58 号、2001、121 - 138 頁。
[6] 服部恒明・宮崎浩伸「産業別の技術進步率の計測と経済成長の要因分析：1970 年代後半以降の実証研究」『電力経済研究』44 号、2000、1 - 16 頁。

村清彦在测算全要素生产率时考虑了 IT 资本，其分析结果指出，1981～1989 年全要素生产率增速为 2.67%，20 世纪 90 年代后则下降到了 0.3%。[①]

中国国内对于日本全要素生产率的研究起步较晚，直到 20 世纪 90 年代末才开始有研究者关注日本全要素生产率问题。莽景石以全要素生产率的观点分析了泡沫经济崩溃后日本生产率的下降，发现日本的经济体制已经成为制约日本经济增长的瓶颈。[②] 此外，在日本全要素生产率测算方面，林秀梅等采取数据包络分析的方法测算了日本制造业的全要素生产率，并认为技术进步的滞后是全要素生产率水平下降的原因。[③] 杨东亮利用状态空间模型和卡尔曼滤波方法测算了中国和日本的全要素生产率，对比了中日经济发展过程。[④]

由上述文献可知，国内外学者对日本全要素生产率展开了诸多研究与测算。日本学者对日本全要生产率的测算十分全面，据此可以把握战后日本全要素生产率变化的基本情况。本书以 KEOdatabase 以及 JIPdatabase 两个数据库的日本全要素生产率测算为基础，分析与探讨影响战后日本全要素生产率变化的主要因素。

（二）产业结构转换与全要素生产率

产业结构转换不仅对于经济增长有着重要的促进作用，而且与全要素生产率提高之间同样存在紧密联系。吉川洋等分析了产业结构和经济增长之间的关系，指出新兴产业的出现可以提高总需求，产业结构的变化与经济增长之间存在着紧密的相关关系。[⑤]

技术提高速度快的部门在经济中所占的比重较大，有利于经济体全要素生产率水平的提高。韦尔指出，技术增长速度快的部门的收入占总收入比重上升，则总的技术增长率也将上升，反之这些部门的收入下降，则总技术增

[①] 西村清彦・峰滝和典『情報技術革新と日本経済：「ニュー・エコノミー」の幻を超えて』有斐閣、2004、75 頁。

[②] 莽景石：《经济停滞，生产率下降与体制运行环境的变化：20 世纪 90 年代的日本经济》，《日本研究》2000 年第 4 期，第 1～9 页。

[③] 林秀梅、马明：《日本制造业"路在何方"——基于全要素生产率分析的启示》，《现代日本经济》2012 年第 2 期，第 59～66 页。

[④] 杨东亮：《中日全要素生产率测算与比较》，《现代日本经济》2011 年第 4 期，第 24～31 页。

[⑤] 松本和幸・吉川洋『産業構造の変化と経済成長』財務省財務総合政策研究所フィナンシャル・レビュー、2001、58 頁。

长率将下降。[1] 纳吉（Ngai）等构建了一个一般均衡模型，指出如果产业之间具有较弱的替代性，劳动力会从生产率较高的部门转移出来，并转向生产率较低的部门，因此低生产率部门的比重在整个经济体中上升。[2] 鲍莫尔认为，在假设制造业部门和服务业部门的产出比维持不变的情形之下，服务业部门将会不断扩张，最终全部的劳动力将会转移到服务业中去，而制造业的人数将会下降到零。[3] 由此可知，如果产业部门之间的关系是替代的，则资源将会从低生产率的部门转向高生产率的部门，提高经济整体的生产效率。当产业部门间的关系不再是替代的而是互补的，则会导致生产资源自高生产率部门流出，而后流入低生产率部门，造成经济整体生产效率的下降。

产业结构变迁的另一个主要特征体现于主导产业的转换之上。主导产业通过创新实现了自身全要素生产率的提高，并且这一创新技术伴随着产业间交易能够扩散到其他产业中，从而产生产业间生产率提升的波及效果，推动经济整体的全要素生产率的提高，进而带动整体的经济增长。索尔特认为，技术进步率的变动是形成生产率增长速度差别的主要原因。技术进步推动了生产率的提高，使得产品的相对价格下降，最终导致了需求和产出的增长。[4] 罗斯托认为经济增长是主导部门依次更替的结果。当旧的主导部门衰退时，新的主导部门就会产生。经济增长不再是总量上的增长，而是依赖于主导部门的转换序列。[5] 此外，还有经济学家测算了日本各产业的全要素生产率增速及其波及效果。滨田宏一测算了1960～1979年日本各产业的全要素生产率增长率及其波及效果。[6] 樱本光则采用1960～1990年日本的投入产出表数据，分析钢铁产业、石油产业及电子机械产业的产业间波及效果。[7]

---

[1] 韦尔：《经济增长》，中国人民大学出版社，2011，第207页。
[2] R. Ngai et al., "Structural change in a multi-sector model of growth", *CEPR Discussion Paper*, No. 4763, 2004, pp. 429–443.
[3] W. J. Baumol, "Macroeconomics of unbalanced growth: the anatomy of urban crisis", *The American Economic Review*, 1967, pp. 415–426.
[4] W. E. G. Salter et al., *Productivity and Technical Change* (Cambridge: Cambridge University Press, 1969, p. 10).
[5] 罗斯托：《从起飞进入持续增长的经济学》，四川人民出版社，1988，第7页。
[6] 浜田宏一・黒田昌裕・堀内昭義『日本経済のマクロ分析』東京大学出版会、1987。
[7] 桜本光・新保一成・菅幹雄「わが国経済成長と技術特性」『経済分析』149号、1997、1–99頁。

在日本经济的发展过程中，主导产业的转换通常伴随着生产要素的流入。在稳定增长时期，日本的主导产业从高速增长时期的重化学工业转变为加工组装工业，同时劳动和资本也应从重化学工业转移出来，并转移到新兴的加工组装工业中去，但是20世纪90年代之后，信息产业成为日本新的主导产业，日本产业间的资源流动却受到阻碍，配置效率亦出现下降。本书的第三章将分析日本主导产业的转变，以及主导产业全要素生产率提高对于日本经济的促进作用。

伴随着日本经济产业结构服务化，服务业在日本产业结构中的作用凸显出来。因此，提升服务业的全要素生产率，特别是生产性服务业的全要素生产率格外重要。格林菲尔德（Greenfield）最早提出了生产性服务业的概念，生产性服务业有别于传统服务业，不面向消费者提供最终的产品服务，而面向企业、政府等组织机构提供服务。生产性服务业与制造业有着紧密关系，生产性服务业能促进制造业的创新。生产性服务业通过为生产过程服务，保障生产过程的顺利进行，从而能够提升制造业部门的效率。生产性服务业是一种介于第二产业与第三产业之间的新兴产业，通过发挥人力资本和知识资本，实现第二产业与第三产业的衔接与融合。[1] 此外，马洛图（Maroto）使用OECD（经济合作与发展组织）国家的数据，发现服务业增长率与经济总体的增长率之间呈现正相关关系，指出服务业与制造业具有趋同的发展趋势。[2]

里德尔（Riddle）指出，服务业是促进其他部门增长的过程性产业，是经济的黏合剂。生产性服务业可以通过螺旋式上升的方式，促进制造业的发展。生产性服务业本身的发展，将会促进其自身成本的降低，进而降低与之关联的制造业的生产成本，实现制造业生产率的提高。[3] 制造业生产率的提高及其所带来的规模经济，使得市场规模扩大，生产性服务业自身的规模也会随之扩大。生产性服务业和制造业之间存在着双向联系，生产性服务业是

---

[1] H. I. Greenfield, *Manpower and the Growth of Producer Service* (Cambridge: Cambridge University Press, 1966).

[2] A. Maroto-Sánchez et al., "Is growth of services an obstacle to productivity growth? A comparative analysis", *Structural Change and Economic Dynamic*, Vol. 20, No. 4, 2009, pp. 254 – 265.

[3] D. I. Riddle, "Service-led growth", *The International Executive*, Vol. 28, No. 1, 1986, pp. 27 – 28.

对制造业的补充,而制造业同时也是生产性服务业的重要服务对象。① 随着经济的进一步发展,制造业和服务业的边界将会越来越模糊,甚至表现出融合的倾向。植村博恭分析了出口行业与生产性服务业之间的关系,指出日本的出口行业与生产性服务业有着协同发展的趋势。② 由此可见,生产性服务业是提升服务业生产率的关键,但现有研究对于日本生产性服务业的研究较少,本书将分析影响日本生产性服务业的主要因素。

此外,信息服务业作为一种重要的生产性服务业,其生产效率对日本经济整体效率具有重要的影响,国内外有许多学者探讨了日本信息服务业的生产率问题。薛敬孝和白雪洁指出,信息领域的投资不足、信息化教育薄弱以及信息产业中垄断结构的制约是日本信息产业发展滞后的原因。③ 峰泷和典、元桥一之从日本软件产业的产业组织结构入手,分析了日本软件产业的多层分包制对企业创新和生产率的影响,结果表明独立型企业比承包型企业具有更高的生产率,更具有创新的动机。④ 青木昌彦对比了日本和美国的生产组织形式,发现美国为层级式生产方式,而日本则为水平式生产方式,并指出日本的信息服务业引入美国的层级式生产方式将会促进日本信息服务业提高生产效率。⑤

通过相关研究可知,日本信息服务业的生产组织形式确实对生产率产生了影响,但现有研究并未从微观层面分析信息服务业的组织形式与全要素生产率之间的影响机制关系。因此,本书将使用合同理论,从产业组织结构的视角出发,通过分析日本信息服务业中承包商和发包商间的契约关系,从中找出影响日本信息服务业全要素生产率的因素。

(三)对外贸易增长与全要素生产率

出口是一国对外贸易的重要组成部分。出口对经济增长的作用历来是经

---

① D. C. Kakaomerlioglu et al., "Manufacturing in decline? A matter of definition", *Economics of Innovation and New Technology*, Vol. 8, No. 3, 1999, pp. 175 – 196.
② 植村博恭・田原慎二「脱工業化の理論と先進諸国の現実:構造変化と多様性(特集 脱工業化・サービス化と現代資本主義」『季刊経済理論』4号、2015、18 – 33頁。
③ 薛敬孝、白雪洁:《当代日本产业结构》,天津人民出版社,2002,第61页。
④ 峰滝和典・元橋一之『ソフトウェア産業の重層的下請構造:イノベーションと生産性に関する実証分析』、2008、1 – 26頁。
⑤ 青木昌彦『比較制度分析序説:経済システムの進化と多元性』講談社、2008、122 – 288頁。

济学家争论的焦点，本书在明确出口对日本经济增长推动作用的基础上，分析对外贸易与促进日本全要素生产率提高之间的关系。

古斯塔夫尼拉斯（Gustav）分析了"出口替代"以及"出口导向政策"等问题。[①] 巴拉萨（Balassa）等则从实证角度通过使用截面数据，证实出口与经济增长具有正相关关系。[②] 塞尔瓦托（Salvatore）等使用时间序列证实出口有助于经济发展。[③] 荣格（Jung）等研究者解决了变量的非平稳性问题，证实了出口有助于发展中国家的经济增长。[④]

此外，还有经济学家运用上述理论分析了出口对日本经济增长的促进作用。都留重人认为在经济高速增长期，日本的经济增长不是出口驱动的，而是国内需求驱动的。[⑤] 波尔托（Boltho）通过计量分析，认为日本在经济高速发展时期，内需是经济发展的主要原因，而非出口。[⑥]

由上可知，对于日本经济高速增长时期的实证研究较多，而对于实现工业化后出口和经济增长之间的研究则较少，本书在第四章将会使用格兰杰因果性检验方法，分析日本 1980~2013 年出口和经济增长之间的关系。

更加开放的经济体通常具有较高的经济增长率，出口贸易增长在推动日本经济增长方面，发挥了重要作用。此外，还需从理论层面分析出口对促进经济体全要素生产率增长之间的关系。经济学界对出口和全要素生产率之间的作用关系的研究可以归纳为三点：规模效应、外溢效应以及学习效应。

首先，出口具有规模效应。赫尔普曼（Helpman）等指出，出口企业的技术进步能够进一步扩大企业的生产规模，而生产规模的提高所带来的规模

[①] Gustav Ranis，"Industrial sector labor absorption"，*Economic Development and Cultural Change*，1973，pp. 387–408.

[②] B. Balassa，"Exports and economic growth: further evidence"，*Journal of Development Economics*，Vol. 5，No. 2，1978，pp. 181–189.

[③] D. Salvatore et al.，"Inward oriented and outward oriented trade strategies"，*The Journal of Development Studies*，Vol. 27，No. 3，1991，pp. 7–25.

[④] W. S. Jung et al.，"Exports, growth and causality in developing countries"，*Journal of Development Economics*，Vol. 18，No. 1，1985，pp. 1–12.

[⑤] 都留重人：《日本的资本主义——以战败为契机的战后经济发展》，复旦大学出版社，1995，第 102 页。

[⑥] A. Boltho，"Was Japanese growth export-led?" *Oxford Economic Papers*，Vol. 48，No. 3，1996，pp. 415–432.

效应,反过来又降低了企业的生产成本,提高了企业的出口能力,促进生产效率提高。[①]

其次,出口还具有外溢效应。格罗斯曼(Grossman)等在一个内生增长模型的框架内分析了出口对经济增长的影响,他们认为出口企业为了获得垄断利润而进行研究开发,通过研发所获得的新知识作为一种公共品可以为其他非出口部门所使用,由此出口部门的技术进步通过技术溢出效应,扩散到了整个经济体中去,提高了整个经济体的技术水平。[②] 通过出口,出口企业自身的生产率得到提升,而且技术水平的进步还会扩散到与其关联的上下游行业之中,从而提升了相关产业的生产率。

最后,出口贸易还具有学习效应。费德(Feder)认为由于出口企业面临着比国内生产企业更为激烈的竞争,面临的不确定性更强,致使出口企业不得不实施更好的管理,不断创新,增强竞争能力。因此,出口企业为应对复杂的经济环境,通常具有比国内生产企业更高的生产率。[③] 派克(Pack)等指出,出口企业可以通过技术引进、接受外国资本投资等方式直接接触并吸收先进技术。此外,为满足客户需要,出口企业会进行自主研发,有助于生产率的提高。[④] 奥贡莱耶(Ogunleye)等指出,出口企业通过一系列渠道提升了自身的技术水平,这些渠道包括签订技术引进合同,引进国外的先进生产设备,学习先进的管理方法,改善经营方式等。[⑤] 出口企业通过改善自身的生产函数,使得自身的生产函数更加接近生产函数前沿,提高了全要素生产率。埃文森(Evenson)指出,发达国家为了获得所需要的产品,往往会将客户的需求通过设计图纸以及生产工艺流程等告知出口厂商,出口厂商因而免费获得了生产工艺以及生产技术等方面的信息,提高了出口厂商提高

---

① E. Helpman et al., *Market Structure and Foreign Trade: Increasing Returns, Imperfect Competition, and the International Economy* (Massachusetts: MIT Press, 1985).

② G. M. Grossman et al., "Trade, knowledge spillovers, and growth", *European Economic Review*, Vol. 35, No. 2, 1991, pp. 517–526.

③ Gershon Feder, "On exports and economic growth", *Journal of Development Economics*, Vol. 12, No. 1, 1983, pp. 59–73.

④ Howard Pack et al., "Accumulation, exports, and growth in the high-performing Asian economies", *Carnegie-Rochester Conference Series on Public Policy*, Vol. 40, 1994.

⑤ E. O. Ogunleye et al., "The link between export and total factor productivity: Evidence from Nigeria", *Social Sciences*, No. 1, 2008, pp. 9–18.

全要素生产率的效率。[1]

但是，也有学者对出口与全要素生产率之间的促进关系持怀疑态度。罗德里格斯（Rodriguez）等对于出口能够促进全要素生产率增长这一观点表示怀疑。他们对现有的实证研究进行分析后认为实证研究对于出口和全要素生产率关系的分析仍存在缺陷，对于跨国间的出口与全要素生产率之间的关系，或许并不存在一个确切的结论。[2]

日本作为后发达国家，在其经济发展过程中，积极地引进国外的先进技术，并在这些技术的基础上进行创新，提高了日本企业的技术水平。在这一过程中所产生的新兴技术不仅被用于出口企业，还进一步扩散到了其他产业之中，促使了日本经济整体的技术水平与生产率水平的提升。日本的出口贸易对其经济增长的拉动效果十分显著，这使得日本甚至成了东亚"出口导向型经济增长"的典型范例。[3]

综上所述，学界对于出口对全要素生产率的影响莫衷一是，没有一个确定的观点，有必要对日本出口产业的作用进行单独分析。本书将在第四章中分析日本出口产业对于经济整体全要素生产率的影响，通过实证分析方法，检验日本出口产业的技术溢出效应。

此外，商品贸易以及服务贸易的变迁同样对全要素生产率具有影响。通过商品进口，可直接引进国外最终产品，提高国内企业生产效率以及本国生产产品的技术含量。[4] 高凌云指出，商品进口意味着同类产品的国内生产相对于国外产品而言不具备比较优势，而市场竞争会迫使国内厂商通过研究开发以及改善生产要素利用等方式，提高产品的生产效率，从而会促使全要素生产率水平的提高。[5] 商品的进口是实现国际生产技术扩散，以及技术外溢效应的重要途径，一国通过对商品进口可以提高其全要素生

---

[1] R. E. Evenson et al., "Technological change and technological strategy", *Handbook of Development Economics*, Vol. 3, No. 1, 1995, pp. 2209 – 2299.

[2] F. Rodriguez et al., "Trade policy and economic growth: a skeptic's guide to the cross-national evidence", *NBER Macroeconomics Annual 2000*, Vol. 15., MIT Press, 2001, pp. 261 – 338.

[3] 关兵：《出口贸易与全要素生产率——基于中国各省面板数据的实证分析》，《经济管理》2009年第11期，第32~37页。

[4] 胡兵、乔晶：《对外贸易，全要素生产率与中国经济增长——基于LA-VAR模型的实证分析》，《财经问题研究》2006年第5期，第12~20页。

[5] 高凌云、王洛林：《进口贸易与工业行业全要素生产率》，《经济学季刊》2010年第2期，第391~414页。

第一章 绪 论

产率水平。

服务贸易的开展也将有助于推动经济体全要素生产率的增长。根据潘爱民的研究，服务贸易进口能够更加方便地使用外国服务，从而降低企业的生产成本，提高企业效率。[1] 有一些学者实证分析了服务贸易与全要素生产率之间的关系。根据布莱因利希（Breinlich）等的研究，从事服务贸易的企业通常具有较高的全要素生产率。提供服务贸易的企业不仅具有较高的生产率，而且还具有资本集约以及技术集约的特征。[2]

伊藤通过使用日本的企业数据，说明在服务业部门中，具有较高全要素生产率的企业会进行海外直接投资，通过设置海外据点，为海外消费者提供服务。[3] 他的分析结论符合新新贸易理论。他认为企业之间具有异质性差异，具有最高生产率的企业会进行对外直接投资，而生产率次之的企业则会进行出口。由此可知，具有较高生产率的企业会进行包括对外直接投资在内的服务贸易。

综上所述，商品贸易以及服务贸易的进出口有助于全要素生产率的提高。鉴于随着日本对外贸易的发展，日本的技术贸易也表现出了较大变化，本书在分析商品贸易、服务贸易的进出口的基础之上，加入了对技术贸易的进出口变化的分析。在本书的第三章，将从商品贸易、服务贸易以及技术贸易三个角度，对它们对日本全要素生产率的影响进行实证检验。

（四）技术进步与全要素生产率

技术进步是全要素生产率提高的直接因素，而设备投资和人力资本的提高则有助于技术水平的提升。有许多经济学家从设备投资及人力资本的角度入手，分析其对技术进步及全要素生产率的影响。本书的第五章将分析设备投资和教育水平进步对日本技术进步的影响，并从理论和实证两个层面对日本在短时期内实现技术收敛做出解释。

首先，设备投资不仅能够促进经济增长，还可以推动技术进步，提升经

---

[1] 潘爱民：《中国服务贸易开放与经济增长的长期均衡与短期波动研究》，《国际贸易问题》2006年第2期，第54~58页。

[2] H. Breinlich et al., "International trade in services: A portrait of importers and exporters", *Journal of International Economics*, Vol. 84, No. 2, 2011, pp. 188–206.

[3] Ito Yukiko, "Choice for FDI and Post-FDI Productivity", *RIETI Discussion Paper Series*, 2010.

济体的全要素生产率水平。阿吉翁（Aghion）认为创新和资本积累并非割裂的关系，而是相辅相成的，技术进步和设备投资更像一个问题的两个方面。一方面，创新通过提高资本的边际收益促进了资本积累。另一方面，资本积累则通过提高创新者所获得利润刺激创新。[1] 因此，由创新所带来的技术进步与设备投资之间是互补关系，技术进步促进了设备投资，而设备投资也推动了技术进步。

其次，人力资本的积累以及教育水平的提高将提升国家的技术水平，促进全要素生产率增长。贝克尔（Becker）最早提出人力资本理论，认为各国经济增长的差异是由人力资本积累的差异所造成的。[2] 卢卡斯（Lucas）的研究将人力资本作为一种要素投入引入生产函数之中，并用微分方程规定了人力资本的增长方式，从而使得经济在稳态时可以获得一个稳定增长率。[3] 纳尔逊（Nelson）的研究指出，人力资本的存量会影响一国的技术进步。[4] 本哈比（Benhabib）认为，如果教育水平与创新速度和技术赶超速度之间的关系得以建立，则教育就会对生产率的提高有帮助。[5]

综上所述，人力资本的积累促进技术进步以及经济增长，教育有助于人力资本的积累。教育水平的提高与技术进步相互推进。

最后，技术进步还依赖于技术的模仿与扩散，并最终依靠一国的创新能力。巴罗等使用新古典宏观经济学的方法，建立了技术扩散模型，分析了技术在国家间传播与扩散的方式。[6] 元桥一之分析了日本创新系统的特点。[7] 后藤晃讨论了日本研究开发投资的效率问题，研究结果指出日本经济稳定增长时期的研究开发投资效率明显低于日本经济高速增长时期的研究开发投资

---

[1] Philippe Aghion et al., "A model of growth through creative destruction", *National Bureau of Economic Research Working Paper*, 1990.

[2] Gary Becker, *Human capital* (New York: Columbia University Press, 1964).

[3] R. E. Lucas, "On the mechanics of economic development", *Journal of Monetary Economics*, No. 2, 1988, pp. 3–42.

[4] Richard R. Nelson et al., "Phelps, Investment in humans, technological diffusion, and economic growth", *The American Economic Review*, 1966, pp. 69–75.

[5] J. Benhabib et al., "The role of human capital in economic development evidence from aggregate cross-country data", *Journal of Monetary Economics*, Vol. 34, No. 2, 1994, pp. 143–173.

[6] 巴罗：《经济增长》，中国社会科学出版社，2000，第250~262页。

[7] 元橋一之「日本のイノベーションシステムの現状と課題」『技術計画学会年次学術大会講演要旨集研究』16号、2001、122~125頁。

效率。①

因此，本书将使用巴罗提出的技术扩散模型，分析日本吸收创新型技术发展的先决条件，进而分析日本实现自主创新的必要性。此外，本书还将分析日本在泡沫经济崩溃后研究开发效率问题，指出并分析日本创新系统以及自主创新研发等方面的问题。

（五）制度变迁与全要素生产率

产业政策、贸易政策、规制缓和是日本政府经济政策中的主要组成部分，是政府行为的具体体现。本书以产业政策、贸易政策及规制缓和为切入点，分析日本政府的政策行为对全要素生产率的影响。

首先，日本的产业政策推动了日本的经济增长，但分析其对全要素生产率影响的研究仍然有限。冈崎哲二分析了日本战后的产业政策，并指出战后日本的产业政策极大地推动了日本的经济增长。② 杨栋梁则详细地分析了日本自明治维新以来的产业政策。③

其次，现代经济增长理论关于贸易政策对全要素生产率的影响主要有以下三种观点。第一，贸易保护政策会促进全要素生产率，从而带动经济增长。王劲松指出，封闭国家内部可以通过"干中学"以及其他的内生性技术进步促进全要素生产率增长。④ 第二，贸易开放政策能够促进全要素生产率增长。帕伦特（Parente）等认为贸易开放提高了经济体对新技术的吸收能力，促进创新，消除技术扩散的障碍，缩小了跨国生产率差异。⑤ 爱德华（Edwards）使用跨国数据，采用几个指标分析开放与全要素生产率之间的关系，认为越开放的国家其全要素生产率水平越高。⑥ 格罗斯曼认为国际贸易方便了技术与信息的传播，并且由于交易范围扩大，竞争者增多，国际贸易

---

① 後藤晃『日本の技術革新と産業組織』東京大学出版会、1993。
② 岡崎哲二『産業政策』経済産業調査会、2012。
③ 杨栋梁：《国家权力与经济发展：日本战后产业合理化政策研究》，天津人民出版社，1998。
④ 王劲松：《开放条件下的新经济增长理论》，人民出版社，2008。
⑤ Stephen L. Parente et al., "Barriers to technology adoption and development", *Journal of Political Economy*, 1994, pp. 298 – 321.
⑥ S. Edwards, "Openness, productivity and growth: what do we really know?," *The Economic Journal*, Vol. 108, No. 447, 1998, pp. 383 – 398.

促进了创新,消除了重复研发,最后根据比较优势,资源得到了更好的配置,生产效率得到提高。[1] 第三,贸易政策与全要素生产率之间的关系非常复杂,需要视情况而定。鲍德温(Baldwin)认为开放与经济增长的关系与贸易障碍的类型及水平有关,从低关税开始的渐进削减政策将有助于经济增长,而从高关税开始的削减政策将阻碍经济增长。[2]

经济学家对于日本的贸易政策对全要素生产率的影响的看法仍然是分歧的。世界银行认为日本的出口导向型经济政策改变了日本的产业结构,从而导致了基于全要素生产率的经济增长。[3] 而劳伦斯(Lawerence)并不认为日本的出口促进了经济增长,出口导向型贸易政策也并非生产率增长的主要原因,但他发现进口和较低的关税促进了生产率的增长。[4] 因此,鉴于贸易政策和全要素生产率之间的复杂关系,本书首先使用日本的实际数据,通过实证检验,得出日本贸易政策和全要素生产率之间的关系,然后对其进行解释与分析。

最后,规制缓和有助于市场自由化的推进,从而有助于全要素生产率的提高。铃木良男分析了日本规制缓和的改革与实施情况。[5] 中西泰夫使用面板数据分析了日本规制改革与全要素生产率增速之间的关系,发现只有进行研发的产业的规制缓和提高了全要素生产率的增速。[6] 本书在第六章找出了日本实施规制缓和的典型产业,通过分析这些产业在实施规制缓和前后全要素生产率的变化,指出规制缓和对日本全要素生产率的影响。

经济制度的优劣会影响资源的分配与利用情况,有效的制度能够提高资源的使用效率,提高全要素生产率。雇佣制度、金融制度以及政府与企业的

---

[1] Gene M. Grossman et al. , "Trade, knowledge spillovers, and growth", *European Economic Review*, Vol. 35, No. 2, 1991, pp. 517 – 526.

[2] R. E. Baldwin et al. , " Trade liberalisation and endogenous growth: A q – theory approach", *Journal of International Economics*, Vol. 50, No. 2, 2000, pp. 497 – 517.

[3] World bank, *The East Asian Miracle: Economic Growth and Public Policy* (London: Oxford University Press, 1993).

[4] R. Z. Lawrence et al. , "Trade and growth: import-led or export-led? Evidence from Japan and Korea", *National Bureau of Economic Research Working Paper*, 1999.

[5] 鈴木良男『規制緩和はなぜできないのか』日本実業出版社、1998、92 頁。

[6] 中西泰夫・乾友彦『規制緩和と産業のパフォーマンス』深尾京司・宮川努『生産性と日本の経済成長:JIPデータベースによる産業・企業レベルの実証分析』東京大学出版社、2008、203 – 220 頁。

关系是日本经济制度中的三个主要方面,其发展与变化对日本全要素生产率产生了不同影响。

首先,雇佣制度在日本经济制度中占有重要地位,在泡沫经济崩溃后,日本劳动资源的分配问题日益凸显。宫川努最早提出了日本经济中的资源分配问题,认为由于相同的生产要素在不同产业之间会具有不同的边际生产效果,生产要素的产业间转移能够提高经济整体的生产能力。[1] 宫川努对日本的产业间资源配置进行了实证分析,发现20世纪90年代后日本产业间的资源配置效率不断下降。[2] 深尾京司将日本全要素生产率增长分解为三个方面,即技术进步、劳动再分配效果以及资本再分配效果,实证分析后发现自2000年之后,日本的劳动和资本的再分配效果开始下降。[3] 平野泰朗分析了日本雇佣制度的特征和变化。[4] 因此,本书尝试从雇佣制度的视角,分析日本企业的经营方式对日本全要素生产率的影响。

其次,金融制度同样对全要素生产率产生了重要影响。近年来,融资约束对企业生产率的影响被经济学界大量讨论。法滋瑞(Fazzari)指出,在无法依靠外部融资时,企业只能使用内部资金进行研发。[5] 伯南克(Bernanke)认为信息不对称及其导致的委托代理问题是导致企业面临融资约束的重要原因。[6] 尼克尔(Nickell)通过在生产函数中加入融资变量的方法,使用英国的面板数据,检验融资约束与企业生产率之间的关系,发现外部融资的获得将有助于提高企业的生产率。[7] 权赫旭使用日本的企业面板数据,采用增长核算的方法,分析了外部融资和企业全要素生产率之间的关

---

[1] 岩田規久男・宮川努『失われた10年の真因は何か』東洋経済新報社、2003。
[2] 宮川努『産業レベルの資源配分効率性』深尾京司・宮川努『生産性と日本の経済成長:JIPデータベースによる産業・企業レベルの実証分析』東京大学出版社、2008。
[3] 深尾京司『失われた20年」と日本経済:構造的原因と再生への原動力の解明』日本経済新聞社、2012、84–126頁。
[4] 平野泰朗『日本的制度と経済成長』藤原書店、1996、59頁。
[5] Fazzari et al., "Financing constraints and corporate investment", *Brookings Papers on Economic activity*, No. 1, 1988, pp. 141–206.
[6] Bernanke B. et al., "Agency costs, collateral, and business fluctuations", National Bureau of Economic Research, 1986.
[7] Stephen Nickell et al., "How does financial pressure affect firms?", *European Economic Review*, Vol. 43, No. 8, 1999, pp. 1435–1456.

系，指出融资约束是日本全要素生产率提高的障碍。① 本书使用日本制造业企业的财务面板数据，分析融资约束是否对日本企业的生产率产生负面影响。

最后，独特的政企关系成为战后日本经济制度中的一项重要特征，其是否对日本的全要素生产率产生了影响需要进一步研究。李（Li）是关系型治理模式理论的开创者，采用博弈论的研究方法，运用关系型治理模式理论分析了东亚的经济奇迹，以及1997年的亚洲金融危机。② 本书依据关系型治理理论，尝试通过加入政治资金、企业交叉持股比率以及政府对银行的补助等工具变量，解决模型的内生性问题，进而分析关系型治理模式与日本经济增长之间的关系。

泡沫经济崩溃后，日本政府使用了积极的财政与货币政策以刺激经济增长，但积极的财政与货币政策对经济增长作用的实施效果收效甚微，日本需要推动结构性改革以实现经济增长。本书先通过李嘉图（Ricardian）等价定理检验泡沫经济崩溃后日本财政政策的实施效果。矢野光采用广义矩方法实证分析发现，在永久收入假设的前提下李嘉图等价定理在战后的日本是成立的，而在永久性收入假说失效的消费过度敏感模型中则是不成立的。③ 井堀利宏等采用VAR模型实证分析发现李嘉图等价定理在日本不适用。④ 吴宇等采用可变参数状态空间模型分析了战后日本的数据，认为日本战后国债政策的运用对经济产生了积极影响。⑤ 张玉柯等通过对日本战后国债发行、投资、消费等宏观经济数据的分析，认为李嘉图等价定理在战后日本是不适用的。⑥ 由以上内容可知，学界对于李嘉图等价定理在泡沫经济崩溃后的日本

---

① 権赫旭「資金調達と企業の生産性上昇——日本企業データによる実証分析」『経科研レポート』35号、2010、44–46頁。
② J. S. Li "Relation-based versus Rule-based Governance: An Explanation of the East Asian Miracle and Asian Crisis", *Review of International Economics*, Vol. 11, No. 4, 2003, pp. 651–673.
③ 矢野光「リカード中立命題の日本経済での検証（2）：GMMを用いたEuler方程式推定による検証」『敬愛大学国際研究』15号、2005、49–72頁。
④ 井堀利宏・加藤竜太・中野英夫・中里透・土居丈朗・近藤広紀・佐藤正一「財政赤字と経済活動：中長期視点からの分析」『経済分析』2002、163–180頁。
⑤ 吴宇、李巧莎、张兴：《国债的经济效应与李嘉图等价——基于战后日本数据的实证检验》，《河北大学学报》2012年第2期，第100～105页。
⑥ 张玉柯、吴宇：《李嘉图等价定理在战后日本的适用性分析》，《日本学刊》2006年第2期，第64～74页。

是否成立这一问题上还存在争议，本书将对后泡沫经济时期李嘉图等价定理在日本的适用性问题进行实证分析。

此外，本书结合最新的长期停滞理论，解释与说明日本货币政策失灵的原因。萨门斯（Summers）在分析了美国自然利率下降的情况之后，指出设备投资减少、人口的减少、贫富差距增大以及资本价格下降是造成美国均衡实际利率持续下降的主要原因。[①] 因此，根据萨门斯的理论，总需求不足是造成均衡实际利率下降的最主要原因，所以有效的经济增长政策应着眼于提高经济体的总需求，通过采取规制改革、促进自由贸易等方式提高经济体的总需求。艾格特松（Eggertsson）认为人口减少导致总需求减少，经济的均衡实际利率也随之下降，此时货币政策只会使物价上涨，无助于产出增加，此时只有扩张性的财政政策是有效的。[②] 本书将在第六章结合长期停滞理论，分析日本货币政策的有效性，并进一步指出日本进行结构性改革的必要性。

四 研究方法与结构安排

（一）研究方法

本书以文献分析为基础，结合日本经济发展过程的历史事实，使用理论分析与实证检验相结合的研究方法。本书以全要素生产率曼奎斯特分解方法作为分析框架，分析了日本全要素生产率的影响因素以及日本全要素生产率的发展过程；以合同理论的分析方法，分析了日本信息服务业的全要素生产率；以时间序列模型的方法分析了对外贸易对日本全要素生产率的影响；以面板数据模型的分析方法，分析了融资约束对日本企业生产率的影响；以二阶段最小二乘的分析方法，分析了日本治理结构的变化。

本书从主导产业变化、对外贸易、技术引进以及制度变化四个层次深入探讨了日本的全要素生产率的影响因素及其变化。与国内其他研究日本全要素生产率的文献相比，本书的主要创新点有以下几个方面。

[①] Lawrence H. Summers, "US economic prospects: secular stagnation, hysteresis, and the zero lower", *Business Economics*, Vol. 49, No. 2, 2014.

[②] Gauti B. Eggertsson et al., "A model of secular stagnation", *National Bureau of Economic Research Working Paper*, 2014.

首先，本书以更广泛的视角，深入、系统地分析了日本的全要素生产率。与针对某一方面对日本全要素生产率的分析不同，本书的研究立足于产业结构、对外贸易、技术进步以及制度变化等多个视角，综合地分析了这些因素对日本全要素生产率的影响原因及其影响路径。

其次，在方法论上，本书的研究方法显著区别于以理论论述为主的国内现有研究。通过先行文献的分析，找出研究方面的不足，并通过理论阐述与实证模型相结合的方法，实现经济理论与实证结论相结合，采用包括时间序列模型、二阶段最小二乘法以及面板数据模型等多种实证方法，使得研究结论更加可靠。

最后，本书广泛地参考了日本的相关文献，使用了多种日本政府机关的有关研究材料与报告，在此基础上，进一步理清了日本产业的发展以及技术进步的历史。与此前的研究不同，本书采用了合同理论的研究方法，从产业组织结构的视角探讨了日本信息服务业全要素生产率较低的原因。

（二）结构安排

全要素生产率是经济增长中的核心问题。在资本和劳动等要素投入对经济增长的促进作用有限的情况之下，如何实现有效且稳定的增长成为日本经济面临的重要问题。本书希望通过分析影响全要素生产率的因素，以揭示日本提高全要素生产率所面临的障碍与问题。本书的主要结构如图1-1所示。

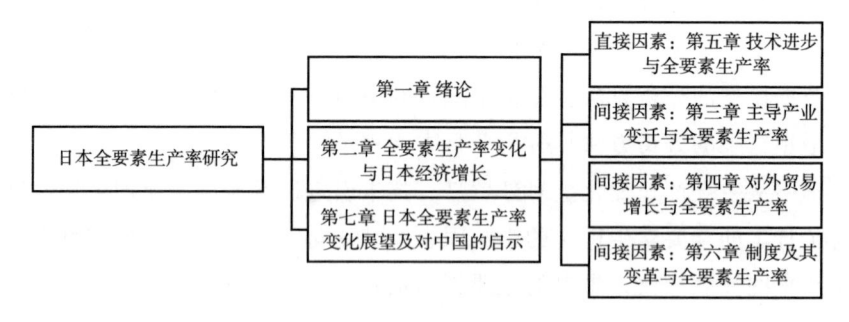

图1-1 本书的结构安排

本书总共分为七章。第一章绪论阐述了本书的研究背景与研究意义，并对相关文献进行了总结，便于以后各章在文献综述的基础上展开研究。

第一章 绪 论

第二章首先在一般意义上论述了全要素生产率的概念与度量方法，分析了全要素生产率的作用及影响因素，在此基础上，指出了日本提高全要素生产率的必要性。通过对比日本和美国的经济增长过程，总结出后发展国家经济增长的特征，指出了全要素生产率对于后发展国家经济增长的重要作用。作为后发展国家代表的日本，本书结合战后日本经济增长的历史过程，分析日本战后全要素生产率的发展历程，以及影响全要素生产率变化的主要因素。

本书从第三章至第六章分析了影响日本全要生产率的主要因素，包括直接和间接两个方面。技术进步为影响全要素生产率的直接因素，而主导产业变迁、对外贸易增长以及制度变革则为影响全要素生产率的间接因素。

第三章分析了日本主导产业变迁与全要素生产率之间的关系。通过分析日本产业结构的变迁，明确了日本在经济发展过程中的主导产业的变化，并具体分析了经济高速增长时期、经济稳定增长时期以及泡沫经济崩溃后三个时期所对应的主导产业的发展及其对日本全要素生产率所起到的作用。随着日本经济结构的服务化，服务业生产率的问题愈发重要，本书分析了日本服务业的发展情况，指出了具有提高生产率潜力的服务业，并分析了日本生产性服务业的影响因素。本书从产业组织结构的角度出发，运用合同理论分析了日本信息服务业的全要素生产率问题。

第四章分析对外贸易与日本全要素生产率的关系。对外贸易是技术扩散的渠道，能够消除国家间的技术差异。本章首先分析了出口与经济增长之间的关系，实证分析了后工业化时期出口对日本经济增长的影响。日本的出口贸易结构变化与主导产业的发展息息相关，出口产业的技术发展通过技术溢出效应带动了其他产业的发展。出口可以促进自主技术研发，而进口则有助于技术引进，本章通过分析日本贸易结构变化，探讨了日本的商品贸易、服务贸易以及技术贸易对全要素生产率的影响。

第五章探讨了技术进步对全要素生产率的影响。技术进步是影响全要素生产率的直接因素。本章着重论述了日本战后的技术引进历程。技术引进使得日本在较短时间内实现了与美国技术水平的收敛。吸收创新型技术发展是日本工业化过程的一个特征，本书运用技术扩散模型，分析了日本较快实现技术水平收敛的原因。当日本的技术水平逐渐接近发达国家的技术前沿后，自主研发成为提高技术水平的关键因素。本书分析了日本的自主研发的特点以及日本研发的效率问题。

第六章从制度变化层面探讨了制度对全要素生产率的影响。完善且有效的经济制度将会改善效率，有助于全要素生产率的提高。首先，第六章分析了日本的产业政策、贸易政策以及规制改革对全要素生产率的影响。其次，从经济制度的三个层面，即雇佣制度、金融制度以及政府和企业间关系三个方面分别探讨了经济制度及其变化对全要素生产率的影响。最后，在分析了日本财政政策、货币政策对经济的刺激效果日趋下降的基础上，提出结构改革成为促进日本的经济维持稳定增长的手段之一。

第七章主要探讨日本全要素生产率变化趋势及对中国的启示。第七章分析了日本政府促进全要素生产率的有关政策，包括安倍经济学"增长战略"以及生产率本部。另外，第七章总结了战后日本全要素生产率变化的经验，考察了近期日本全要素生产率情况，指出日本经济增长向全要素生产率驱动转型的新动态，从宏观和微观两个层面展望了未来日本全要素生产率的变化趋势。此外，第七章还分析了近期中国供给侧结构性改革的背景和主要内容，探讨了供给侧结构性改革与全要素生产率之间的联系，探究了日本供给侧结构性改革的经验及其对中国的启示。

第二章
全要素生产率变化与日本经济增长

全要素生产率是影响经济增长的重要因素。全要素生产率有着技术进步与效率改善两方面的内涵,由于要素投入的不可持续性,全要素生产率成为促进经济增长的必要手段。日本作为后发展国家的代表,其经济增长过程与美国不同,表现出阶段性增长的特征。对于长期低迷的日本经济而言,资本和劳动投入对经济增长的促进作用降低,全要素生产率成为促进经济增长的重要手段之一。产业结构、对外贸易、技术进步以及制度变化是影响全要素生产率的重要因素。

一 经济增长的源泉:全要素生产率

生产率是指产出与投入之比,表示生产的效率。而全要素生产率就是考虑了全部投入要素情况的生产率。全要素生产率可以分解为技术进步与效率改善两部分,除了技术进步之外,效率的改善也是影响全要素生产率的重要因素。当要素投入方式走到尽头之时,提高全要素生产率成为促进日本经济增长的重要手段。

(一)全要素生产率的概念与度量

索罗(Solow)首先采用总量生产函数的方式,分析投入和产出之间的关系,并将与投入增长无关的产出增长归结为技术水平的增长。[①] 索罗将全要素生产率解释为生产函数的技术进步,即产出与通过生产函数整合后要素组合的差。此后,全要素生产率便被作为一种对技术进步的度量,为经济学界所认知。

---

① R. A. Solow, "A contribution to the theory of economic growth", *Quarterly Journal of Economics*, Vol. 70, No. 1, 1956, pp. 65 - 94.

最初，全要素生产率仅被看作对技术进步的度量。罗（Law）认为，内燃机的使用、电力和半导体的发明，显然提高了全要素生产率。巴罗（Barro）指出："增长核算将观察到的经济增长分解为与要素投入变化相关的成分和一个反映技术进步和其他元素的余量。"[1] 显然，以上两种观点将全要素生产率的变化与技术进步等同起来，认为全要素生产率的变化反映了技术水平的提高。

然而，技术并不是全要素生产率所度量的全部内容，全要素生产率还度量其他因素。随着对于全要素生产率研究的进一步深入，全要素生产率逐渐被看作是对包括技术在内、影响生产的其他因素的度量。根据新帕尔格雷夫经济学大辞典的定义，全要素生产率是指不能被要素投入所解释的产出部分，全要素生产率的水平反映了生产过程中投入要素的使用效率。赫尔腾（Hulten）指出，全要素生产率的各种影响因素并不能被直接测量，而是堆在一起作为一个剩余要素，不能在一个纯粹的分析框架下处理。[2]

因此，不论是从生产率理论抑或是从经济增长理论方面理解，全要素生产率都是生产增长中除去劳动和资本投入之外的"残差"，即要素投入所不能解释的产出的增加。而这一"残差"之中除了技术进步的因素之外，还包括其他因素。影响全要素生产率的因素具有多样性，生产效率、生产组织形式、工艺水平、管理水平、要素的流动及配置等因素都直接影响全要素生产率的水平。唐纳德（Donald）指出，即便全要素生产率增长率为零，也并不意味着技术进步为零。因为这仅意味着技术投资与技术收益相等，从技术进步中所获得的收益被技术研发、生产管理等成本抵消，从而出现了全要素生产率增长率为零的现象，但是实际上技术水平仍然获得了提升。[3] 因此，对于整个经济体而言，除技术水平之外，对外贸易、产业结构变化以及经济制度会通过改善技术进步之外的因素从而间接地影响整个经济的全要素生产率。

全要素生产率可以看作是产出与一组投入加权和的差值，因此为度量全

---

[1] R. J. Barro "Notes on growth accounting", *Journal of Economic Growth*, Vol. 4, No. 2, 1999, pp. 119 – 137.

[2] C. R. Hulten , "Total factor productivity: a short biography", *New Developments in Productivity Analysis*（Chicago: University of Chicago Press, 2001）.

[3] 唐纳德·乔治、莱斯·奥克斯利、肯尼斯·卡劳：《经济增长研究综述》，马春文、李敬国、杨丽欣译，长春出版社，2009，第 246 页。

要素生产率，首先需要确定生产要素投入的组合，其次需要考虑如何为生产要素赋权，以确定其在生产过程中的重要程度。度量全要素生产率主要有以下几种方法。

生产函数方法。根据新古典宏观经济学的假设，生产函数是加总的，且具有规模报酬不变的性质。对生产函数的设定通常为柯布－道格拉斯形式。

$$Y = AK^{\alpha}L^{\beta}, \alpha + \beta = 1 \qquad (2-1)$$

因此，全要素生产率可以表示为：

$$TFP = Y/K^{\alpha}L^{\beta} \qquad (2-2)$$

对上面两式的左右两边取全微分可得：

$$\frac{\dot{TFP}}{TFP} = \frac{\dot{Y}}{Y} - \alpha\frac{\dot{K}}{K} - \beta\frac{\dot{L}}{L} \qquad (2-3)$$

此时，α 和 β 分别表示资本和劳动在收入中所占的比重，以资本和劳动在收入中所占比重为生产要素赋权是一种计算全要素生产率的方法。可以通过固定权重法、可变权重法以及统计回归赋权法等方法对 α 和 β 赋权，从而计算出全要素生产率。随着统计技术的改进，人们发现柯布－道格拉斯形式的生产函数具有无法反映生产要素之间相互影响的缺陷，遂发展出计算全要素生产率的指数方法。

指数方法。除了依据各生产要素在收入中所占的比例之外，还可以通过指数方法对生产要素赋权。指数方法使用产出指数除以投入指数，即用实际产出的指数除以生产中使用的要素数量的指数。① 而指数方法中最重要的计算方法是乔根森等人提出的超越对数函数法。② 超越对数函数可以表示为如下形式：

$$\ln Y = \ln\alpha_0 + \alpha_A \ln A + \sum_{i=1}^{n}\alpha_i \ln X_i + \frac{1}{2}\gamma_{AA}(\ln A)^2$$

$$+ \frac{1}{2}\sum_{i=1}^{n}\sum_{j=1}^{n}\gamma_{ij}\ln X_i \ln X_j + \sum_{i=1}^{n}\gamma_{iA}\ln X_i \ln A \qquad (2-4)$$

---

① E. Diewert et al., "Measuring New Zealand's Productivity", *New Zealand Treasury*, 1999.
② L. R. Christensen et al., "Transcendental logarithmic production frontiers", *The Review of Economics and Statistics*, No.1, 1973, pp. 28–45.

由 2-4 式可知，超越对数函数不同于柯布-道格拉斯生产函数的特点在于，超越对数函数反映了生产要素之间的相互影响，可获得更加精确的全要素生产率计算结果。

距离函数方法。通过距离函数方法计算全要素生产率，不是通过对函数赋值，而是通过分析生产实际边界向效率边界的移动，以计算全要素生产率。生产效率的进步和生产技术水平进步这两部分是全要素生产率的主要增长来源。生产效率的进步体现在生产实际边界向效率边界的移动上，而生产技术水平的进步则体现在效率边界自身的移动上。凯威（Caves）定义了曼奎斯特（Malmquist）指数，用以测算经济体技术水平与前沿技术水平的距离，进而计算全要素生产率。[1]

费尔（Färe）等将曼奎斯特指数分解为了两个指数的几何平均数，从而使得全要素生产率分解为生产效率进步和技术进步两个部分。[2]

$$M^t = \frac{D_0^t(x^{t+1}, y^{t+1})}{D_0^{t+1}(x^t, y^t)} = \frac{D_0^t(x^{t+1}, y^{t+1})}{D_0^t(x^t, y^t)} \left[\frac{D_0^t(x^{t+1}, y^{t+1})}{D_0^{t+1}(x^{t+1}, y^{t+1})} \frac{D_0^t(x^t, y^t)}{D_0^{t+1}(x^t, y^t)} \right]^{\frac{1}{2}} \quad (2-5)$$

其中，$D_0^t(x^{t+1}, y^{t+1})/D_0^{t+1}(x^t, y^t)$ 为曼奎斯特指数，分母是在 $t+1$ 时使用 t 时技术的产出距离函数，分子是在 t 时使用 $t+1$ 时技术的产出距离函数，通过两个距离函数之比以求得全要素生产率的值。$D_0^t(x^{t+1}, y^{t+1})/D_0^t(x^t, y^t)$ 表示效率水平的改善，$[(D_0^t(x^{t+1}, y^{t+1})/D_0^{t+1}(x^{t+1}, y^{t+1}))(D_0^t(x^t, y^t)/D_0^{t+1}(x^t, y^t))]^{\frac{1}{2}}$ 则表示经济体技术的进步。但是，这一方法假定不同国家以及不同行业的总量生产函数是相同的，而在现实中不同国家及行业间总量生产函数有着较大的差异，采用同一总量生产函数估算，很可能导致较大的测算误差。由曼奎斯特指数可知，全要素生产率可以分解为技术进步与效率改善两部分，通过改善技术水平或生产效率都可提高经济的全要素生产率。

此外，在测算产业以及企业水平的全要素生产率时，除了考虑资本、劳动等常用要素投入外，还需要考虑中间投入的影响。宫川努提出，在计算全

---

[1] D. W. Caves et al., "Multilateral comparisons of output, input, and productivity using superlative index numbers", *The Economic Journal*, Vol. 92, No. 365, 1982, pp. 73–86.

[2] R. Färe et al., "Productivity growth, technical progress, and efficiency change in industrialized countries", *The American Economic Review*, 1994, pp. 66–83.

要素生产率时，不仅要考虑资本、劳动及产出的变化率，还要考虑中间投入组合的变化率，全要素生产率是产出变化率与资本、劳动、中间投入组合变化率之差的残值。①

（二）全要素生产率在可持续增长中的地位

对于一国经济增长而言，要素投入驱动的经济增长始终是有限的，一国在最初的工业发展阶段可以采用增加资本、劳动等生产要素投入的方式促进经济增长，但随着经济规模的逐渐扩大，生产要素规模报酬递减的副作用则愈发明显，经济增长速度就会下降。劳动供给会伴随着人口红利的消失而减少，资本投入的持续增加导致经济体资本系数上升，由于资本收入比值是一定的，这会导致资本收益率的持续下降，致使企业丧失进一步投资的兴趣，从而导致资本要素投入的减少。②

此外，跨国经济增长核算认为，跨国收入差距的形成原因在于跨国间的全要素生产率差异，而非要素差异。新古典增长理论不足以解释由全要素生产率带来的生产率差异，而内生增长理论补充了新古典增长理论的不足，从技术差异、技术扩散以及制度差异等方面解释了由全要素生产率差异所导致的收入差异。③ 受制于生产要素的有限性，不可能通过无限制的生产要素投入来维系经济的持续稳定增长。因此，在投入要素受限的情况下全要素生产率成为促进经济增长的重要渠道。

（三）提高全要素生产率对日本经济的重要性

经济增长的来源包括资本投入、劳动投入和全要素生产率的增加，然而资本和劳动的投入是有限的，不可能无限地增加资本和劳动的投入，因此通过提高全要素生产率促进经济增长成为必要手段。在资本和劳动投入对于日本经济增长的作用有限的情况下，促进全要素生产率的增长成为促进日本经

---

① 宫川努「生産性の経済学」『日本銀行ワーキングペーパー』2006。
② 假设经济产出符合柯布－道格拉斯形式的生产函数，则资本收益和资本系数的乘积将会是一定的。首先根据预算约束有，$(\partial Q/\partial K) p = x$，$\partial Q/\partial K = r/p$，而在柯布－道格拉斯形式的假设之下，可以得知，$\partial Q/\partial K = A\alpha K^{\alpha-1} = \alpha(Q/K)$，因此也就有，$\alpha(Q/K) = r/p$，$rK/pQ = \alpha$，所以资本收益和资本系数会呈现出反比关系。
③ 王劲松：《开放条件下的新经济增长理论》，人民出版社，2008，第210页。

济增长的新动力。

首先,资本投入的有限性。日本在泡沫经济崩溃后资本产出比(K/Y)日趋扩大,获得同样比例的产出需要投入更大比率的资本。与此相反,资本的投资回报率却日益减小。日本的资本产出比从1984年的1.75上升到了2000年的2.25,截至2016年年末为3.19。[①] 而资本的投资回报率则从1988年的6%下降到2000年的4%,至2016年则下降至3.54%[②]。

这意味着与泡沫经济崩溃前相比,每增加一单位的GDP所需要投入的资本更多,资本投入增加对GDP的促进作用逐步减小。不断增长的资本产出比意味着资本的利用效率降低,从资本投入中所获得的收益减少,投资者的投资意愿因此降低,设备投资难以增加,投资需求无法增长。

其次,劳动投入的有限性。促进经济增长的另一个重要方面是劳动投入的增长,但是日本在实现工业化后,其劳动人口数量出现了下降,劳动投入因而无法成为日本经济增长的动力来源。日本统计局《人口统计》数据显示,日本的人口总数从1950年的8320万人增加到了2010年的1.28亿人,但从2010年开始日本的人口总数开始下降,2016年下降到1.26亿人,预计到2030年日本的人口总数将下降到1.16亿人。[③] 日本的劳动人口数量从1955年的4050万人增加到1998年的6804万人,此后逐渐下降,截至2016年日本的劳动人口数量为6648万人。[④] 由此可见,日本能投入经济生产的劳动人口数量在不断减少,增加劳动投入变得愈发困难。

最后,日本还面临着人口老龄化和出生率下降等问题。日本65岁以上人口占总人口的比重从2010年的23%预计提高到2030年的31%。与此同时,日本的人口出生率也表现出日趋下降的倾向。日本的总和生育率在20世纪60年代保持在2左右,但是进入70年代后开始逐渐下降,截至2005

[①] 国民経済計算平成28年度、http://www.esri.cao.go.jp/jp/sna/menu.html。

[②] 法人企業統計、http://www.e-stat.go.jp/SG1/estat/GL08020103.do?_toGL08020103_&listID=000001158112&requestSender=dsearch。

[③] 総務省統計局、人口推計、http://www.stat.go.jp/data/jinsui/new.htm。

[④] 総務省統計局、平成28年労働力調査年報、http://www.stat.go.jp/data/roudou/report/2016/index.htm。

年日本的总和生育率①已经下降到了1.26。② 日本厚生劳动省《人口动态统计》的数据显示，2016年日本的总和生育率为1.44，同比下降0.01。③ 持续降低的出生率使得日本的人口更替出现问题，青年人口比例低于老龄人口比例，这导致劳动市场新的劳动力资源无以为继。

此外，日本的劳动质量逐年下降。正规雇佣者随着其工龄的增长，工作的熟练程度也随之增加，劳动质量随之提高。但是由于日本的人口老龄化，这些具有丰富经验的员工退出劳动市场，从而使得劳动质量出现下降。此外，正规雇佣人员有年功序列制度的激励，因此具有较高的工作动力。然而对于身处年功序列制度之外的非正规雇佣人员而言，企业显然没有培训他们的动机，致使他们的生产能力无法得到提高。在泡沫经济崩溃后，企业对未来的发展情况始终持负面观望态度，导致日本企业中低生产能力的非正式雇佣人员持续扩大，进一步降低了日本的劳动质量。

因而，在资本的投资回报率下降、劳动力人口不断减少的情况之下，促进全要素生产率增长的必要性凸显出来。伊斯特兰（Easterly）等总结了关于跨国经济增长的程式化事实，并指出各国人均收入水平以及经济增长率的差异原因不在于要素积累，而在于全要素生产率。④

随着日本经济逐渐成熟，资本和劳动投入等要素积累方式对日本经济增长的刺激效果不断缩小。因此，在要素积累促进经济增长受限的情况之下，促进全要素生产率水平增长成为促进日本经济增长的手段之一。

全要素生产率水平的提高会导致生产函数整体的上升，从而使得经济的稳态发生变化，在新稳态时人均产出水平将会高于原有的人均产出水平，经济的产出水平得到提升。此外，全要素生产率增长所带来的技术进步会提高资本的使用效率，扭转资本回报率较低的不良投资环境，增进投资者的投资意愿，扩大企业对生产设备的投资，有助于恢复经济的自律增长。全要素生

---

① 总和生育率，即total fertility rate，反映妇女一生中生育子女的人数。一般而言，总和生育率需要达到2.1以上才能完成完整的世代交替。
② 伊達雄高・清水谷諭「日本の出生率低下の要因分析：実証研究のサーベイと政策の含意の検討」『経済分析』176号、2005、93-135頁。
③ 厚生労働省・人口動態調査，http://www.mhlw.go.jp/toukei/list/81-1.html。
④ William Easterly et al., "It's not factor accumulation: stylized facts and growth models", *World Bank Economic Review*, 2002, pp. 61-114.

产率的增长还会提高有限劳动力资源的使用效率，缓解人口少子高龄化对经济增长造成的负面作用。

二 战后日本经济增长及其特征

第二次世界大战结束以后，日本经济经历了战后复兴时期、高速增长时期、稳定增长时期以及泡沫崩溃后的长期低迷时期四个经济发展阶段，其经济增长过程表现出了阶段性特征。与此相反，美国的经济在很长的一段时间内维持了3%的经济增长速度，其中，全要素生产率增长起到重要的推动作用。经济增长过程呈现阶段性变化是后发展国家的共同特征，能否维持持续增长的关键在于是否能够实现从要素驱动型经济向全要素生产率驱动型经济的转变。

（一）日本经济增长过程

日本战后的经济发展过程主要经历了战后复兴时期、高速增长时期、稳定增长时期以及长期低迷时期等四个经济发展阶段。为明晰战后日本经济发展的过程与特点，需要回顾与分析战后日本所经历的这四个发展阶段。

世界银行提供了日本1961～2016年GDP增长率的数据，1955～1960年的数据来自《国民所得统计年报》（1988年版）。如图2-1所示，可知日本的经济增长经历了三个不同阶段。第一阶段是1955～1973年，这一阶段是日本经济高速增长时期。在这期间，日本GDP年增速高达10%，其经济增长速度之快，受到世界瞩目，被誉为亚洲经济增长的奇迹。第二阶段是1973～1990年，这一阶段是日本经济的稳定增长时期。在这期间，日本的GDP年增速从10%左右下降至4.5%。第三阶段是1990年至今。这一时期，日本经历了泡沫经济崩溃，经济增速持续低迷。泡沫经济崩溃后的二十余年间，日本经济陷入了长期停滞之中，1990～2016年日本年均GDP增长率仅为1.1%，为第二次世界大战后的最低水平。回顾日本的经济增长过程，可以发现其表现出了阶段性特征，经济增长率由高变低。经济增长速度的阶段性变化是后发展国家的一个重要特征。

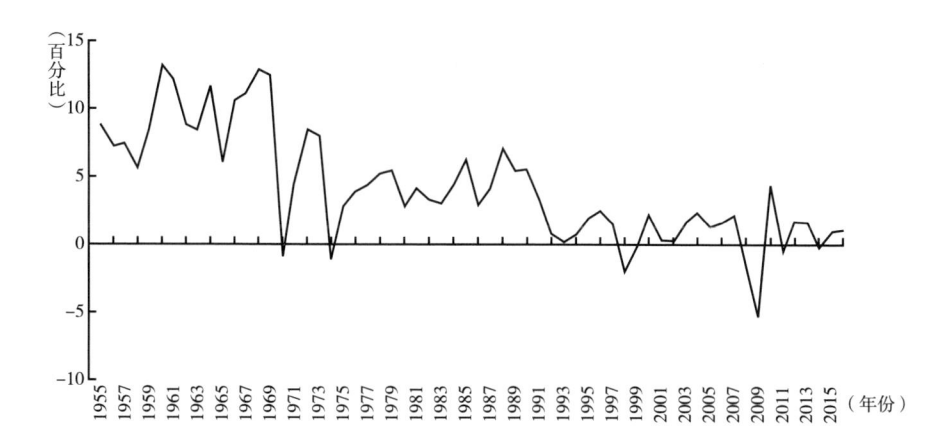

图 2-1　日本经济增长率

资料来源：World Bank, world development indicators；《国民所得统计年报》（1988 年版）。

战后复兴时期。经历过第二次世界大战的破坏，日本经济受到了沉重打击，但在战后最初的十年间（1945～1955 年），日本进行了战后重建，经济迅速恢复至战前最好水平，并为此后的高速增长打下了基础。战后资源匮乏，经济秩序被破坏，导致出现失业、能源不足以及通货膨胀三大问题。① 为解决战后日本经济方面的困境，日本与 GHQ② 各自提出了不同的解决方案。日本经济学家有泽广巳提出了倾斜生产方式，他认为基础生产材料的供应不足是限制经济发展的最重要问题，因此有必要将资源集中于恢复石炭等基础能源的生产，从而提振经济。③ 通过实施倾斜生产方式，日本的煤炭产量从 1946 年的月产 160 万吨上升到 1949 年的月产 350 万吨，日本的能源供应问题得到了改善。但是复兴金融公库对于煤炭业的贷款，增加了日本的货币供应量，使得通货膨胀问题更加严重。GHQ 针对战后的日本经济情况，实施了一系列的经济民主化改革。战后民主化改革主要由财阀解体、农地改革以及劳动改革三方面构成。战后民主化改革消除了财阀对经济的垄断，提升了农民的生产积极性，促进了包括终身雇佣、年功序列以及企业内工会在

---

① 中村隆英『日本経済その成長と構造』東京大学出版会、1993、139 頁。
② GHQ 即驻日盟军总司令，由美国麦克阿瑟将军担任。日本宣布无条件投降后，盟军对日本实施了占领，并设立了盟军最高司令官总司令部，从而实现对日本的间接统治。
③ 岡崎哲二「傾斜生産と日本経済の復興」原朗『復興期の日本経済』東京大学出版会、2002、9 頁。

内的日本企业雇佣制度的形成，奠定了战后日本经济发展的制度基础。为抑制不断恶化的通货膨胀，GHQ 方面于 1949 年要求日本实施"道奇路线"，实施紧缩的经济政策，具体包括以下措施：财政收支的均衡化、禁止复兴金融公库的追加贷款、削减和废止补助金。[①] 通过"道奇路线"的实施，通货膨胀的局面得到了控制，但是过度紧缩的经济政策导致大量企业倒闭，经济状况再次恶化。1950 年发生的朝鲜战争为日本带来了"朝鲜特需"，出口量急剧增加，避免了经济危机的发生。1949～1951 年，日本的出口量扩大了 2.7 倍，生产总量扩大了 7 倍，日本企业利润大幅增加，促进了企业设备投资与人员雇佣的增加。[②]

1945～1955 年，日本经济的年增长率高达 8.9%，其中消费支出增速为 9.8%，私人设备投资为 5.7%。[③] 消费支出的增长是支持这一阶段经济增长的主要动力。1955 年日本的国民生产总值达到 249 亿日元，高于 1937 年的 212 亿日元，日本经济已经恢复到了战前最高经济水平，战后复兴期所面临的三个主要问题基本得到了解决。战后复兴期的经济发展，为日本在高速增长时期的经济快速发展奠定了基础。

高速增长时期。从 1955 年开始到 1973 年第一次石油危机发生为止，日本经历了罕见的经济快速增长，年均 GDP 增长率维持在 10% 以上。企业旺盛的设备投资是促进 GDP 增长的主要原因。1951～1973 年，设备投资的增长率高达 22%，其背后的主要推动力为"投资带动投资"式的内需循环结构。[④] 与此同时，钢铁产业在这一时期逐渐成为日本的主导产业，钢铁产业的发展极大地推动了其他产业的发展。钢铁产业设备投资的增加，间接导致了其他产业的设备投资的增加，从而直接提高了社会总需求。此外，"国际收支天井"构成了这一时期日本对外经济关系的重要特征。经济高速增长时期日本的国际收支情况与其经济景气循环情况密切相关，当国内经济趋热，内需增加时，国际收支情况会随之恶化，政府不得不采取紧缩的货币政

---

① 橘本寿朗『現代日本経済史』岩波書店、2000、177 頁。
② 中村隆英『日本経済その成長と構造』東京大学出版会、1993、157 頁。
③ 大蔵省『昭和財政史』大蔵省、1954。
④ 武田晴人『高度成長期の日本経済：高成長実現の条件は何か』有斐閣、2011、25 - 29 頁。

第二章　全要素生产率变化与日本经济增长

策以调整国际收支逆差，国内经济随之受到负面影响。① 在固定汇率制以及原材料成本较低的条件之下，日本在高速增长时期的出口数额迅速增加，并形成了进口初级原材料，出口工业制成品的贸易结构。在日本的进口商品中，原材料占到8成以上，而出口产品中加工类的机械加工产品又占到出口总额的8成以上。② 随着日本出口贸易的大幅增加，贸易顺差形成常态，"国际收支天井"问题逐渐消解，不再成为制约日本经济发展的因素。

与此同时，全要素生产率增长率的提高也为GDP的高速增长做出了贡献。1953~1971年，全要素生产率增长率高达4.9%，支撑了日本高速增长时期的经济增速。③ 这说明在高速增长时期，日本经历了快速的技术进步，技术引进以及对于大规模生产方式的导入提高了日本的生产效率，推动了全要素生产率的增长。

在高速增长时期，日本政府的经济政策对日本经济的发展有着重要影响。日本政府制订了包括"经济自立五年计划"以及"国民所得倍增计划"等在内的一系列经济计划，以推动经济发展。此外，日本政府还通过产业组织政策调整产业结构，采用租税特别措施等方式减轻企业的投资负担，设立政策金融机构为企业提供低息贷款，不断鼓励企业进行设备投资，促成了经济高速增长。④

此外，高速增长时期同时也是日本经济体制形成的关键时期。在高速增长时期，以间接金融为主的金融体系逐渐固定下来，日本企业主要依靠主银行的贷款获得融资贷款。⑤ 企业间逐渐形成以长期交易为主的交易方式，大企业和中小企业之间的系列承包交易体系在高速增长时期固定下来。在长期交易制度下，日本企业对雇员专属技能的需求增加，注重维持雇员数量的稳定，形成了包括年功序列制度在内的日本企业雇佣制度。

经济稳定增长时期。20世纪70年代后，随着一系列国际性事件的发生，日本维持经济高速增长的基础性条件消失。首先，放弃固定汇率制后，

---

① 中村隆英『日本経済その成長と構造』東京大学出版会、1993、168頁。
② 吉川洋『高度成長』中公文庫、2012、130頁。
③ デニソン・鐘桂栄・根本博訳『経済成長とその要因』H・ロゾフスキー（編）・金森久雄（訳）『アジアの巨人・日本Ⅰ—日本経済の発展』日本経済新聞社、1978。
④ 张季风：《日本经济概论》，中国社会科学出版社，2009，第120页。
⑤ 青木昌彦：《比较制度分析》，周安黎译，上海远东出版社，2001。

日元汇率上升，日本的出口受到了打击。1971年8月，美国宣布取消美元与黄金的兑换，第二次世界大战后形成的布雷顿森林体系迅速瓦解，虽然在1971年年末日本将汇率重新定为1美元兑换308日元，但是日本最终于1973年2月放弃了固定汇率制度。其次，20世纪70年代发生的两次石油危机，导致了日本严重的通货膨胀，从而使得企业的设备投资成本升高，企业的设备投资受到抑制，国内需求下降。1973年、1974年和1975年日本的物价增长率分别高达11.7%、24.5%和11.8%，这一时期的物价上涨被称为"狂乱物价"。[1] 为抑制狂乱物价，日本政府于1973年采取了财政、货币政策两方面的紧缩措施。受此影响，日本国内的需求出现下降，高速增长的经济状态也就告一段落。此外，日本的产业结构受到外部环境的影响，同样发生了变化。日本的主导产业由高速增长时期的重化学工业，转向了机械工业、电子工业等耗能较少的产业。产业结构出现了从"重厚长大"向"短小轻薄"的转变。在企业内部，为了削减生产成本，企业的管理层积极推行"减量经营"，削减雇佣人数，更新生产设备，促进生产效率的提高。最后，受到日元升值的影响，日本的对外直接投资增加，1969~1975年日本的对外直接投资额仅有139亿日元，而1986~1990年，日本的对外直接投资额则增加到了2271亿日元。[2] 对外直接投资的增加，不仅促进了日本制造业向海外转移，同时也起到了促进企业国际化的作用。

经济长期低迷时期。日本经济在20世纪80年代后期出现了泡沫经济，且经济泡沫在20世纪90年代初破裂。日经指数从1989年的38000点急速下降到1990年的20000点，其下跌幅度达到90%以上。[3] 日本自20世纪90年代初泡沫经济崩溃后，其经济增长率长期停滞，陷入了经济增长的长期低迷时期。经济增长率从20世纪七八十年代的4.5%，下降到1990~2009年的1%。

长期的通货紧缩现象成为日本经济增长低迷的标志。如图2-2所示，日本的消费者物价指数（consumer price index，CPI）增长率自20世纪90年代以来快速下滑，自1995年以来日本陷入了长期的通货紧缩，从1995年到2012年，除1996~1998年以及2006~2008年之外，日本的消费者物价指数

---

[1] 日本銀行統計局『日本経済を中心とする国際比較統計』日本銀行、1998。
[2] 大蔵省『第21回我が国企業の海外事業活動』大蔵省、1992。
[3] 安井修二「日本の長期不況」『尾道大学経済情報論集』2号、2002、1-14頁。

的增幅都处于0%以下。安倍政府上台以来，提出2%的物价增长目标，并配以量化、质化的非传统货币政策以促进这一目标的实现。然而事与愿违，2013年日本CPI增长率仅为0.4%，2014年受消费税提升影响CPI增速一度达到2.7%，但此后CPI增长率迅速回落，2015年为0.8%，而2016年则为-0.1%，物价再次出现负增长。物价指数的长期低迷对于企业扩大设备投资，以及国内需求的恢复，都产生了巨大的负面影响。

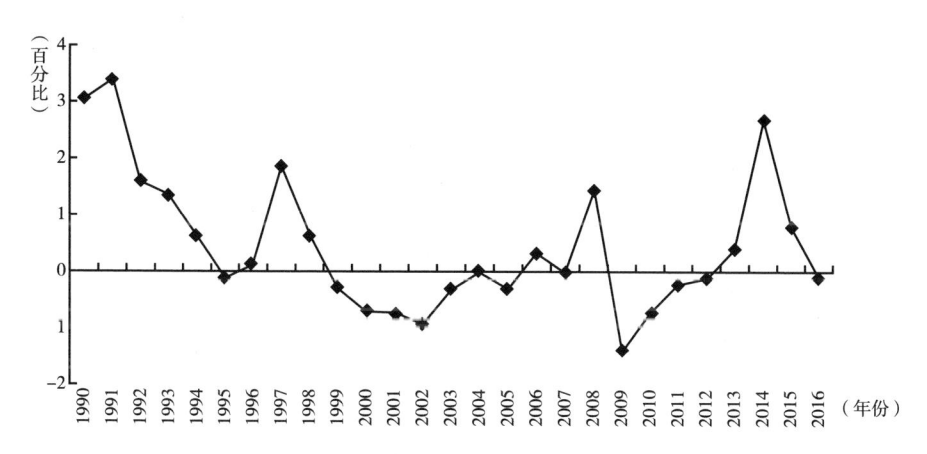

图2-2 日本消费者物价指数增长率

资料来源：日本总务省统计局，消费者物价指数。

此外，日本在泡沫经济崩溃后，即使日本政府动用了包括财政政策、货币政策在内的各种政策手段，都未能促使日本经济恢复到前一经济增长阶段的增长速度，并且财政政策和货币政策对于经济的刺激效果日益下降。在此期间，日本的消费、设备投资等国内需求大幅下降，与此同时，劳动力供给减少和金融系统动荡影响到企业融资，日本经济在供给方面也受到约束。日本经济陷入了被称为"失去的二十年"的经济长期低迷时期。

综上所述，作为后发展国家的代表，日本的经济增长速度在不同的经济阶段表现出了不同的增速，呈现出了经济增长率阶段性改变的特征。

（二）日美经济增长比较

回顾日本战后的经济发展历程，可以发现日本的GDP增长过程表现出了S型增长的特征。图2-3反映了1955～2016年日本GDP总量的变迁情况。1973年之前日本的GDP增长呈现指数增长的特征，但1974年起日本的经济增长速度出现了转折,经济增速开始下降。稳定增长时期的GDP总额虽然仍在增长之中,但是其增长速度要小于高速增长时期。泡沫经济崩溃之后,日本经济的增长速度进一步降低,GDP总量的增长进入了平台期,日本经济的总量始终在4万亿美元至5万亿美元的区间内波动。总而言之,第二次世界大战后至今,日本经济的增长历程呈现出了S型的增长特征。

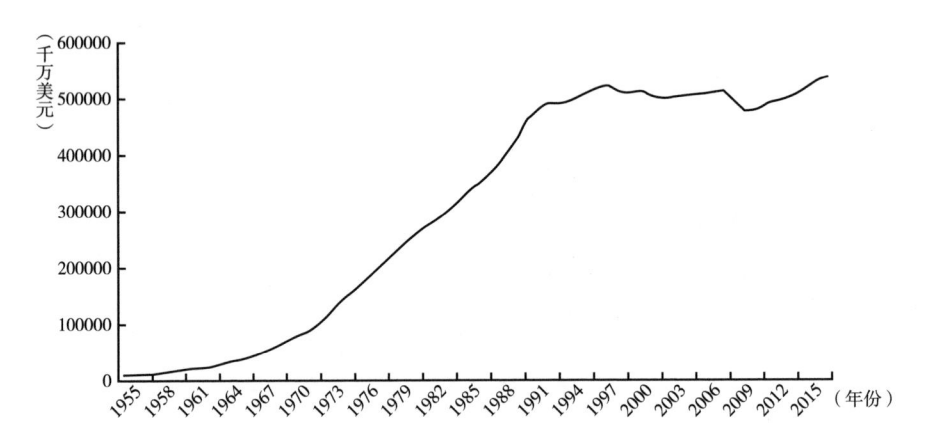

图2-3 1955~2016年日本GDP总量的变迁情况

资料来源:world bank, world development indicators。

伴随着S型经济增长过程的是呈现倒"U"字形变化的日本GDP增长率的变化过程。战后复兴时期(1945~1954年),日本的GDP增长率为8%~9%,而此后的高速增长时期(1955~1973年),日本的年GDP增长率进一步提高到10%以上,达到历史的最高峰。从稳定增长时期(1974~1990年)开始,日本的GDP增长率下降到年均4.5%,而泡沫经济崩溃之后,更是下降到了0%~1%之间。

倒"U"字形曲线的说法在经济学中常被应用于收入分配以及环境经济问题的研究之中。库兹涅茨以美国、英国等国的收入分配情况为研究对象,得出了收入分配情况随着经济发展先上升而后下降的结论,这一观点被总结为"库兹涅茨倒'U'字形曲线"。[1] 在环境经济学中借用"库兹涅茨倒

---

[1] 西蒙·史密斯·库兹涅茨:《经济增长与收入分配不平等》,杰拉尔德·梅尔、詹姆斯·劳赫,《经济发展的前沿问题》,上海人民出版社,2004,第425页。

'U'字形曲线"描述环境质量与人均收入之间的关系，即随着经济发展环境污染加剧，在达到某一临界点后，环境污染减缓，环境质量得到改善。[①]本书借用"倒'U'字形曲线"的说法，用于描述日本经济发展中经济增长速度先快后慢的阶段性特征。图2-4描绘了1955~2016年日本GDP增长率的变化过程，可见其呈现出一个倒"U"字形的发展过程。

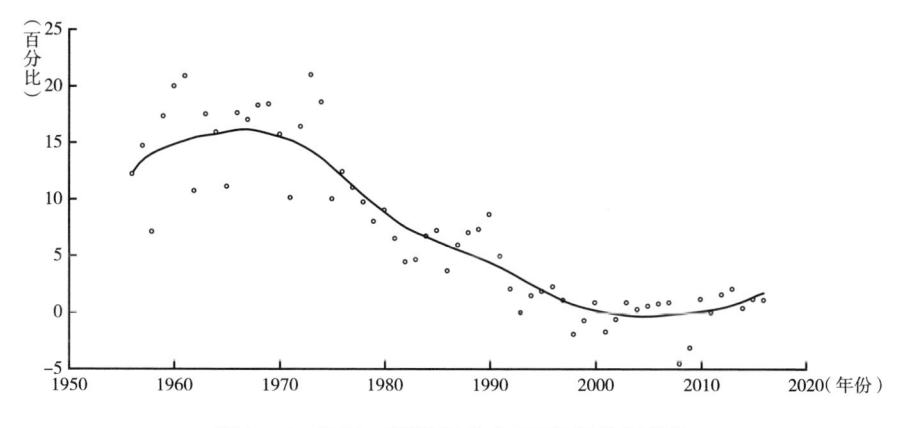

图2-4　1955~2016年日本GDP增长率变迁

资料来源：内阁府，长期经济增长统计。

由图2-4可知，日本经济的增长率经历了一个由低到高，再由高到低的过程，总体表现出了倒"U"字形。与此同时，日本的GDP总量也经历了快速增长时期、稳定增长时期，以及从泡沫崩溃后持续至今的经济增长的低迷时期。日本经济总量的S型增长过程与日本经济增长率的倒"U"字形变迁过程呈现了一一对应关系。日本战后经济总量以及经济增长率的变迁过程可以被视作后发展国家的一个普遍规律。日本所经历的发展过程，可以代表后发展国家的发展路径，当劳动和资本要素的投入达到一定水平之后，技术进步以及自主创新成为经济可持续发展的源泉，全要素生产率的提高对于维持经济持续发展十分重要。

后发展国家在发展过程中，经济增速表现出了先快后慢的形态，经济增速具有倒"U"字形的特征。在短期之内，经济增长可以依靠劳动和资本等

[①] T. Panayotou, "Empirical tests and policy analysis of environmental degradation at different stages of economic development", *International Labour Organization Working Paper*, 1993.

要素投入的增加，但从长期的视角来看，唯有通过全要素生产率的稳定增长，才能够实现经济的持续增长。

通过对比美国的经济发展过程，可以进一步认识到全要素生产率提高对于维持经济增长所起的重要作用。卡尔多基于美国经济的增长经验，认为美国的经济增长具有以下特点，这些结论被称为"卡尔多事实"。[①] "卡尔多事实"的具体内容如下：①资本产出增长在长期内维持不变；②资本产出比维持不变；③资本的真实回报率保持不变；④资本和劳动的收入份额在国内生产总值中的比重维持不变。卡尔多发现，美国的人均实际产出年增长率维持在 3.3% 左右，几乎保持常数。[②]

图 2 - 5 反映了美国经济的增长情况，美国的 GDP 一直保持直线增长的趋势，与日本的经济增长趋势不同。美国的 GDP 从 1960 年的 5430 亿美元，增长到了 2016 年的 18.6 万亿美元。从整体上看，自第二次世界大战结束以后，美国 GDP 的增长表现出了直线型增长的趋势。

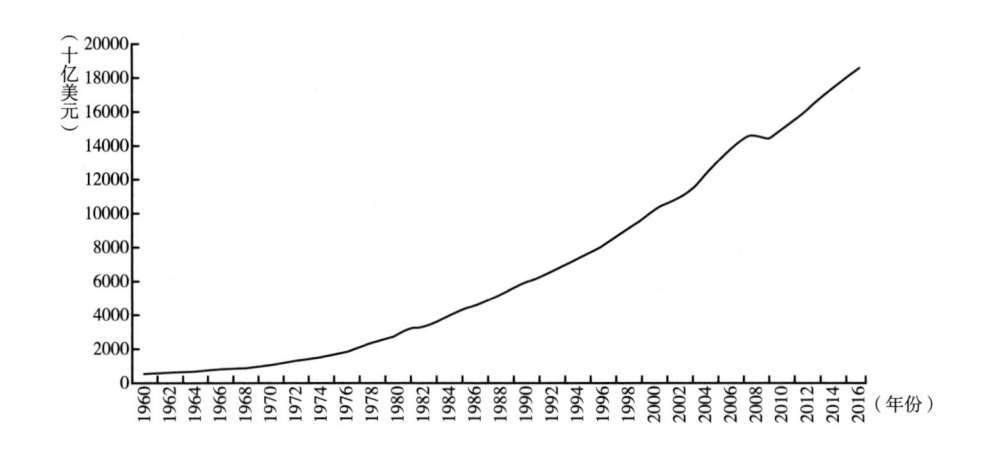

图 2 - 5　1960～2016 年美国 GDP 增长情况

资料来源：world bank, world development indicator 2017。

[①] P. Kongsamut et al., "Beyond balanced growth", *The Review of Economic Studies*, Vol. 68, No. 4, 2001, pp. 869 - 882.

[②] N. Kaldor, "A model of economic growth", *The Economic Journal*, Vol. 67, No. 268, 1957, pp. 591 - 624.

同样，伴随着直线形GDP增长趋势的，是美国稳定的GDP增长率。1960~2016年，美国的GDP年平均增长率为3.08%，并长期稳定在3%左右，符合"卡尔多事实"的描述。正是由于有着稳定的GDP增长率，美国的GDP总量得以实现持续增长，并表现出直线增长的趋势。图2-6反映了美国的1960~2016年GDP增长率变化。

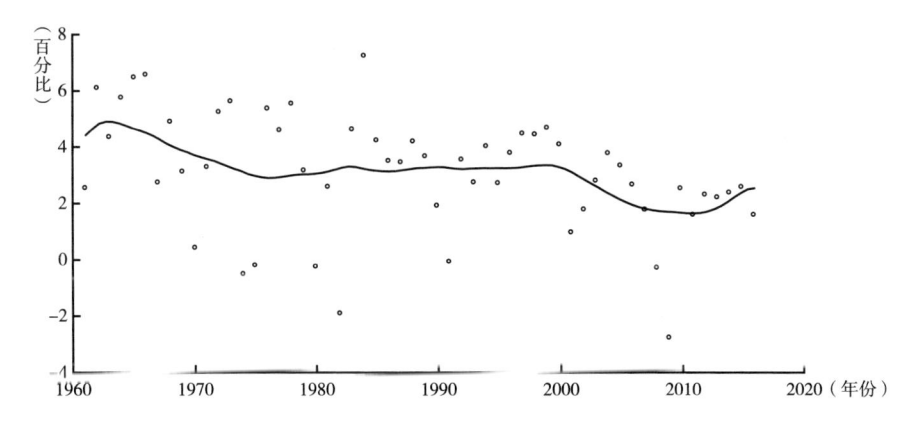

图2-6 1960~2016年美国的GDP增长率的变化情况

资料来源：world bank, world development indicators 2017。

美国的经济增长过程与日本有很大不同，美国的经济增长率并没有表现出阶段性的增长特征，而是一直稳定在3%左右。而日本的经济增长率却表现出了先升高再降低的倒"U"字形特征。在劳动和资本投入方面，美国和日本同样面临着资源的有限性以及规模报酬递减的问题，但是美国则通过自主创新，从而使得其全要素生产率长期表现出稳定增长，从而实现了稳定的经济增长率。

工业化国家的生产率有收敛趋势，初期生产率较低的国家会以较高的增长率向生产率较高的国家收敛，即生产率较低的国家会增长得更快。[①] 对日本而言，在经济增长的初期，通过技术引进等方式实现了技术的快速进步，但是当日本的技术水平已经达到技术前沿水平后，由于其自主创新的不足，全要素生产率无法得到提高，从而导致日本经济的增长率出现下降。美国经

---

① W. J. Baumol, "Productivity growth, convergence, and welfare: what the long-run data show", *The American Economic Review*, 1986, pp. 1072-1085.

济增长则主要靠全要素生产率驱动,美国实现了从要素积累驱动向全要素生产率驱动的转变,因而表现出了与日本不同的经济发展过程。

(三)后发展国家倒"U"字形经济增长特征

日本的经济增速自第二次世界大战结束以后,呈现出先增加后减少的态势,整体表现出了倒"U"字形的增长特征。在经济高速增长时期,日本GDP呈现指数型增长趋势,且GDP增速较高。然而,稳定增长时期后,日本的GDP增速出现下降,但GDP总量仍保持增长。泡沫经济崩溃后,日本GDP增速迅速下降,GDP的增长也进入了平台期。倒"U"字形经济增长特征不仅体现在战后日本的经济增长过程中,韩国、中国台湾地区等后发展经济体的经济发展过程同样表现出了倒"U"字形的经济增长特征。通过与美国经济增长过程的对比,更能体现出后发展国家所具有的这一特征。

1. 日本的经验

分析日本经济增长的原因可以发现,在经济高速增长时期,劳动、资本以及全要素生产率三个要素迅速增加,推动了经济的高速发展。战后日本具有相对丰富的劳动力,这些劳动力从第一产业中转移出来,进入制造业等第二产业中去,增加了经济体的劳动力投入,推动了经济发展。另外,战后的日本企业具有很强的投资需求,企业的设备投资增长迅速,极大地推动了经济发展。此外,由于当时日本与世界技术领先国家之间存在较大的技术差距,日本通过技术引进极大地推动了日本生产技术水平的提高,拉升了日本的经济增长率。正是这些因素的综合作用,使得日本的经济高速增长得以实现。

20世纪60年代后,日本的劳动力状况逐渐由过剩转变为不足,劳动力投入对经济增长做出的贡献开始减少。受到两次石油危机的冲击,以及日本政府紧缩政策的影响,企业的设备投资增速也开始下降,资本要素的贡献随之下降。但是这一时期,企业通过淘汰旧有设备、改善经营方式、减量经营等方式,提高了企业的生产效率和全要素生产率,从而维持了日本经济的增长率。

泡沫经济崩溃之后,日本人口老龄化问题日益严重,导致劳动力投入进一步减少。企业对未来经济情况普遍持悲观态度,企业的设备投资减少,政府所主导的公共投资所起到的效果也日益降低,资本要素投入对经济增长的贡献持续低迷。日本的技术水平在接近技术前沿水平后,技术进步速度下降，全要素生产率增速持续走低，进而导致了日本经济持续低迷。

增长核算是经济学分析经济增长原因的重要方法。通过增长核算可知，1960~1973年日本的年均GDP增长率为10.9%，其中全要素生产率的增速为4.5%。① 可见在高速增长时期，全要素生产率的快速增长对于高速增长时期日本的经济增长具有重要作用。

表2-1 日本的经济增长因素

单位：%

经济增长因素	1970~1980年	1981~1990年	1991~2000年	2001~2010年	2011~2012年
GDP增长率	4.64	4.43	0.93	0.68	0.77
劳动投入增长率	1.26	1.08	-0.04	-0.04	0.43
资本投入增长率	1.33	1.88	1.03	0.26	-0.04
全要素生产率增长率	2.05	1.46	-0.06	0.46	0.38

资料来源：JIPdatabase2015。

从表2-1中可知，在经济稳定增长时期，劳动要素的增长率下降，说明日本的劳动力已经由过剩转变为不足，资本要素的增长率也出现了大幅度下降，从高速增长期的10%以上，下降到了1%左右。在稳定增长时期，全要素生产率增长率则保持了稳定，是日本经济在这一时期经济增长的主要原因。

泡沫经济崩溃之后，要素投入的增长率进一步下降，劳动要素甚至表现为负增长，而资本要素的增长则下降到了1%以下。此时，日本的全要素生产率也出现了下降，从稳定增长时期的3%~4%下降到了0%左右。此前一直维持稳定增长的全要素生产率增长率进入20世纪90年代之后增速放缓，是导致日本经济长期低迷的一个原因。

从20世纪90年代开始，日本认识到提高全要素生产率的重要性，采取了促进自主创新，推动经济体制改革，改善生产效率等措施提升全要素生产率。进入21世纪后，虽然日本经济增长率仍然处于较低水平，徘徊于0%~1%之间，但是全要素生产率对经济的贡献程度明显提高。如表2-1所示，

---

① 乔根森、李京文：《生产率》，中国发展出版社，2001，第198~366页。

2001~2010年，全要素生产率对经济增长率的贡献率提高至67.6%，2011~2012年也达到49.3%。日本正在试图通过提高全要素生产率，促使其经济走出长期低迷的困境。因此，随着经济的发展，要素投入所带来的增长必然是有限的，通过要素投入来实现经济稳定增长的作用是有限的，维持全要素生产率增长率的长期稳定增长，可以促进经济体长期维持稳定增长。全要素生产率增长率的提高对实现经济的稳定增长具有重要作用。

2. 韩国的案例

其他后发展经济体的经济增长过程表现出了类似日本的增长路径。表2-2反映了韩国的增长核算的分析结果。

表2-2 韩国经济增长因素分析

单位：%

经济增长因素	1984~1997年	1998~2002年	2003~2014年
GDP增长率	8.58	6.64	3.60
劳动投入增长率	0.81	0.17	0.10
资本投入增长率	7.57	4.99	1.60
全要素生产率增长率	0.20	1.48	2.00

资料来源：H. K. Pyo，K. H. Rhee，B. Ha，"Growth accounting and productivity analysis"（1984-2002）；"Productivity in Asia: Economic Growth and Competitiveness"，2007，pp. 113-145（1984~2002年数据）；The Conference Board. 2015. The Conference Board Total Economy Database™，May 2015，http://www.conference-board.org/data/economydatabase/.（2003~2014年数据）。

韩国作为后发展国家，同样在战后出现了经济的快速增长。根据IMF（国际货币基金组织）的统计数据，韩国在1980~1999年的年GDP增速为8%，而在2000~2014年的年GDP增速为4.18%。[①] 同日本一样，韩国的GDP增速同样表现出了阶段性的特征，即先增加后减少，年GDP增速表现出了倒"U"字形的特征。

如表2-2所示，随着经济的发展，劳动要素和资本要素的增长对韩国经济的贡献程度逐渐下降。劳动投入增长率从0.81%下降到0.1%，而资本

---

① 数据来源于IMF，world economic outlook database 2017数据库。

投入增长率则从7.57%下降到了1.6%。然而，与此同时，全要素生产率增长对经济所起到的促进作用却在不断增加，从1984~1997年的0.2%提升至2003~2014年的2%，这成为维持韩国经济增长的重要因素。从韩国的发展经验可以看出，随着经济的发展，劳动要素和资本要素所起到的作用会逐渐下降，全要素生产率增长率所起到的作用愈发重要。

3. 中国台湾地区的案例

表2-3 中国台湾地区经济增长因素分析

单位：%

	1965~1970年	1971~1980年	1981~1990年	1991~1999年	2000~2014年
GDP增长率	11.01	10.32	8.03	6.52	3.70
劳动投入增长率	3.68	3.08	1.68	1.07	0.40
资本投入增长率	3.68	5.14	4.61	3.30	1.60
全要素生产率增长率	3.65	2.10	1.74	2.15	1.70

资料来源：Takanobu Nakajima, Koji Nomura, and Toshiyuki Matsuura, "Total Factor Productivity Growth: Survey Report", Asian Productivity Organization, 2004, p.36（1965~1999年数据）；The Conference Board Total Economy Database 2015（2000~2014年数据）。

中国台湾地区的经济也具有后发特征，同样经历了经济的快速增长。中国台湾地区在1982~1992年年均GDP增长率达到了8.4%，而在1993~2014年则下降到了4.5%。[1] 台湾地区的经济增长率与日本和韩国一样，同样表现出了先增加后减少的倒"U"字形特征。

由表2-3可知，在台湾地区的经济增长中，劳动和资本的增长率逐渐降低，而全要素生产率对经济增长所起到的贡献作用则不断加强。全要素生产率增长对台湾地区经济的贡献程度从1981~1990年的21.7%，提高到了2000~2014年间的45.9%，提升了24.2%。由此可见，在资本要素和劳动要素所起的作用日渐减小的情况下，全要素生产率增长率成为维持经济持续增长的关键性因素。

4. 与美国的对比

通过对比和分析日本、韩国以及中国台湾地区的经济增长情况可知，劳动和资本等有形资产的投入增速逐步降低，全要素生产率增长率成为维持经

---

[1] 数据来源于IMF, world economic outlook database 2017数据库。

济持续增长的关键动力。另外，经济增长率的倒"U"字形的增长特征，同样是后发展国家经济发展过程中的一个普遍现象。作为发达国家代表的美国，表现出了不同的经济增长过程。在长时间内，美国保持了较为平稳的经济增长率，表2-4分析了美国经济增长的主要因素。

表2-4 美国经济增长因素分析

单位：%

经济增长因素	1948~1973年	1974~1995年	1996~2001年	2002~2014年
GDP增长率	3.20	1.50	2.40	1.80
劳动投入增长率	0.20	0.20	0.20	0.30
资本投入增长率	0.90	0.70	0.90	0.90
全要素生产率增长率	2.10	0.60	1.30	0.60

资料来源：Bureau of labor statistics[1]（1948~2001数据）；The Conference Board Total Economy Database 2015.（2002~2014数据）。

美国的经济增长率如"卡尔多事实"所描述的那样，美国长期保持了稳定的增长率。1948~2001年美国的经济增长率为2.5%，而在2002~2014年则为1.80%。在不同的经济增长阶段，美国的经济增长率的变化幅度相对较小，没有表现出类似后发展国家那样的明显的阶段性特征。

在美国的经济增长中，全要素生产率增长率对经济增长有着重要的贡献，全要素生产率增长是美国经济增长的重要来源。1948~1973年，美国的全要素生产率增长率高达2.1%，在1974~1995年，美国的全要素生产率增长率下降到0.6%，其后美国的全要素生产率增长率开始稳步增长，1996~2001年，美国的全要素生产率增长率则提高至1.3%，对经济增长的贡献则达到54.2%。2002~2014年，全要素生产率的增速放缓为0.6%，对经济增长的贡献为33.3%。

与美国的经济增长过程相比，后发展国家的经济发展过程表现出了经济增长率先增加而后减少的特征。此外，随着经济的发展，在后发展国家中，资本和劳动要素投入对于经济增长的贡献逐渐减少，全要素生产率增长所起

[1] 美国劳工部网站：http://www.bls.gov/data/。

到的作用日益明显。美国的全要素生产率增长率对于经济增长始终占重要地位，在韩国和中国台湾的经济影响因素中全要素生产率增长率所起到的作用愈发重要，而对于日本而言，泡沫经济崩溃之后全要素生产率增长率长期偏低，是其经济增长率长期较低的重要原因。

对于后发展国家而言，当要素投入对经济增长的贡献达到一定程度时，能否及时从要素投入驱动转向全要素生产率增长率驱动，对于该经济体经济的持续增长有着重要的作用。

三 日本全要素生产率变化路径

工业化过程中和工业化完成后，日本的全要素生产率增速表现出了先高后低的阶段性特征。在经济高速增长时期，全要素生产率增速维持在3%以上，到稳定增长时期后则下降到1%～3%，泡沫经济崩溃后则进一步下降到1%以下。在分析日本全要素生产率的变化过程后，本书试图从影响全要素生产率的直接和间接因素两个方面构建一个总体分析框架，其中包括主导产业、对外贸易、技术进步以及制度变化在内的影响日本全要素生产率的重要因素。

（一）工业化过程中的全要素生产率增长

日本在20世纪70年代中期之前，经历了经济的高速增长，并逐渐完成了工业化过程。对于这一阶段日本的全要素生产率增长情况，可以总结为表2-5。

表2-5 1960～1973年日本经济全要素生产率增长率

单位：%

时期	黑田昌裕	野村浩二	Hayashi	经济产业省
1960～1973年	2.89	3.6	6.5	2.81
1960～1965年	1.47	3.9	6.4	3.21
1965～1970年	5.10	3.7	7.9	4.21
1970～1973年	0.13	1.6	3.9	0.97

资料来源：黒田昌裕「経済成長と全要素生産性の推移：日米経済成長要因の比較」『三田商学研究』2号、1985、25-52页；野村浩二『資本の測定：日本経済の資本深化と生産性』慶応義塾大学出版会、2004；F. Hayashi, E. C. Prescott, "The 1990s in Japan: A lost decade", *Review of Economic Dynamics*, Vol. 5, No. 1, pp. 206-235；経済産業省『通商白書』経済産業省、2006。

由表2-5可知，在日本的经济高速增长时期，全要素生产率增长率表现出了较快的增长速度。黑田昌裕和通商产业省的测算结果表明高速增长时期的全要素生产率增长率为2.8%，野村浩二的测算结果为3.6%，Hayashi的测算结果则高达6.5%。以上测算结果均表明在高速增长时期日本维持了较快的全要素生产率增速。图2-7是野村浩二（2004）和Hayashi（2002）对高速增长时期日本全要素生产率增长率测算的结果。如该图所示，日本高速增长时期的全要素生产率增长率可以分为三个阶段。即1960~1965年、1966~1970年以及1971~1973年。以下结合当时的国际经济形势与日本经济的发展过程，梳理与分析高速增长时期日本全要素生产率的三个阶段性变化。

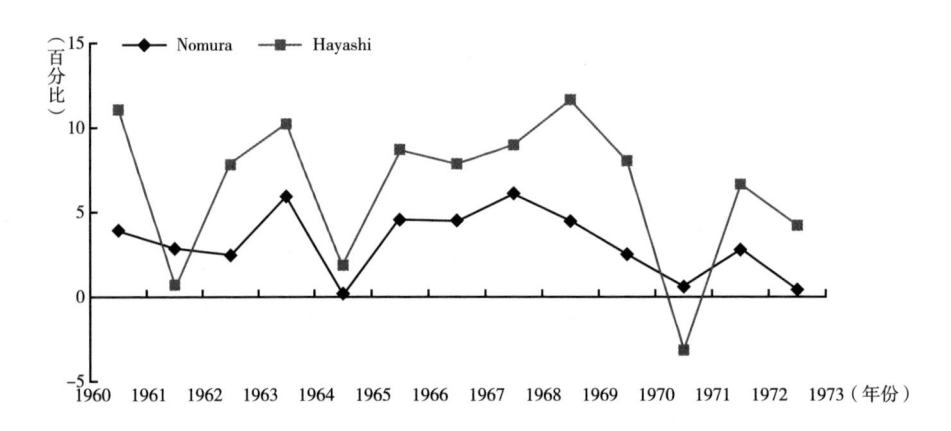

图2-7 1960~1973年日本全要素生产率增长率变化

根据野村浩二的测算结果，1960~1965年日本的年均全要素生产率增长率高达3.9%。积极的技术引进是推动这一时期全要素生产率增长的主要原因。从20世纪50年代末开始，日本的钢铁产业开始引入新型炼钢设备，而到20世纪60年代初期日本已经拥有了世界领先级的钢铁工厂群。石油化学工业通过技术引进，掌握了石油分解技术，在此基础之上，发展了合成树脂和塑料制造技术，推动了石油化学工业生产率的上升。[①] 钢铁和石油化学工业的技术发展，汽车零部件的生产成本下降，产品质量提高，有效地

[①] 中村隆英『日本経済その成長と構造』東京大学出版会、1993、183頁。

推动了日本的汽车产业的发展。但是1964年东京奥运会后，为抑制国际收支赤字，日本政府采取了金融紧缩的措施，导致经济陷入不景气的状态，因此全要素生产率增长率也随之下降。

从1966年起，日本经济进入新一轮的循环之中，1966至1970年间日本全要素生产率增速高达5.1%。[①] 这一时期日本的技术水平继续提高，钢铁、化学工业等基础产业的发展带动了日本的电子及汽车等新兴产业的发展。1965年后电子产业在家电以及电子计算机方面的生产能力迅速提高，汽车产业的出口也开始出现稳定增加的趋势，成为日本新的出口主导产业。这一时期的技术进步以及由此带来的生产效率的提高推动了全要素生产率增长率的提高，使之成为日本高速增长时期经济快速增长的重要因素。

1970年之后，受到当时国际经济形势的影响，日本的全要素生产率增速下降到了1.6%。[②] 1971年8月美国的尼克松总统宣布取消美元与黄金的兑换，造成第二次世界大战以后形成的布雷顿森林体系瓦解，日本也不得不变固定汇率制度为浮动汇率制度，这一过程中日元大幅升值，对日本的出口企业造成了打击。此外，1973年发生的第一次石油危机，导致日本赖以生存的石油原料价格高涨，日本经济遭受了重大打击。受到这一系列的国际事件的冲击，企业的生产成本上升，同时这一时期全要素生产率增长率下降。由此可见，在日本的工业化过程中，全要素生产率的快速增长有助于日本经济的增长。

（二）工业化完成后的全要素生产率下降

日本在20世纪70年代中期完成工业化后，其全要素生产率增长率开始出现了下降趋势，对于这一阶段的日本全要素生产率增长率的测算结果，总结如表2-6所示。

[①] 黒田昌裕「経済成長と全要素生産性の推移：日米経済成長要因の比較」『三田商学研究』2号、1985、25~52頁。

[②] 野村浩二『資本の測定：日本経済の資本深化と生産性』慶応義塾大学出版会、2004。

表 2-6 1974~2005 年日本全要素生产率增长率变化

单位：%

时期	Jorgenson and Motohashi	野村浩二	Hayashi	JIPdatabase
1973~1980		1.00	1.23	2.05
1980~1990	1.25	1.74	3.04	1.46
1990~2000	0.63	0.23	0.57	-0.06
2000~2012		0.0002		0.45

资料来源：D. W. Jorgenson, Motohashi K, "Information technology and the Japanese economy", *Journal of the Japanese and International Economies*, Vol. 19, No. 4, 2005, pp. 460-481；野村浩二『資本の測定：日本経済の資本深化と生産性』慶応義塾大学出版会、2004；① F. Hayashi, E. C. Prescott, "The 1990s in Japan: A lost decade", *Review of Economic Dynamics*, Vol. 5, No. 1, 2002, pp. 206-235；JIP databae 2015, http://www.rieti.go.jp/jp/database/JIP2015/index.html#01。

根据表 2-6 的统计结果，1973~1990 年日本全要素生产率增长率维持在 1% 至 3% 之间，这一全要素生产率增速水平低于高速增长时期 3% 的增速水平，表明日本的全要素生产率增速在进入稳定增长时期之后出现了下降。20 世纪 80 年代的全要素生产率增速要高于 70 年代。

20 世纪 80 年代末期，日本政府所采取的货币紧缩措施成为泡沫经济崩溃的导火线，在房地产泡沫崩溃后，日本经济陷入长期停滞之中。日本的全要素生产率增速出现了大幅下降，从稳定增长时期的 1%~3% 下降到了 0~1%。进入 20 世纪 90 年代后，日本的全要素生产率增速甚至下降到了 0 以下。进入稳定增长时期后，日本的全要素生产率增速开始下降，而在泡沫经济崩溃之后，全要素生产率增速下降的趋势更加明显。但是根据 JIPdatabase2015 的数据显示，21 世纪后日本的全要素生产率增长率出现了一定程度的回升，从 20 世纪 90 年代的 -0.06% 提高至了 2000~2012 年的 0.45%。

由图 2-8 可知，在 20 世纪 90 年代之前，日本的全要素生产率增长率仍能维持 1%~3% 的增长速度，但是进入 20 世纪 90 年代之后，日本的全要素生产率增速迅速下降。进入稳定增长时期之后，原材料的进口成本上升，从而迫使日本企业改善生产经营方法，提高生产效率。这一时期，日本

---

① 使用野村浩二（2004）《资本的测定》中的方法计算得出 2000 至 2012 年的数据。

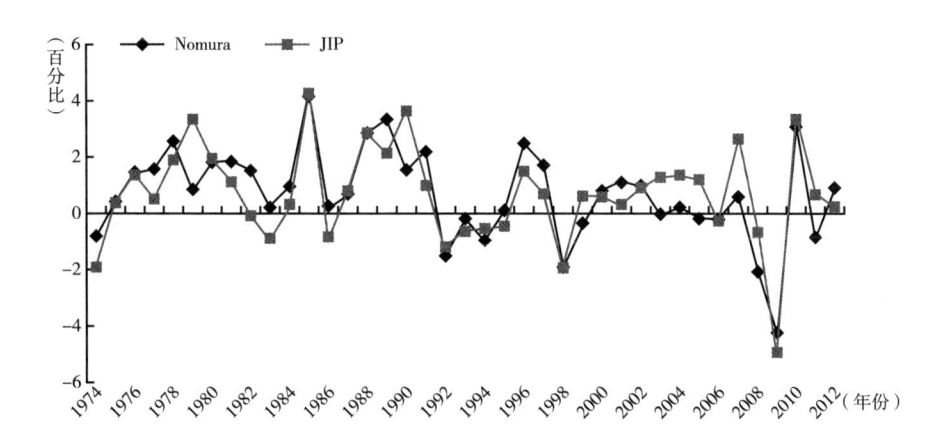

图 2–8　1974~2010 年日本全要素生产率增长率变化

资料来源：野村浩二（2012）；JIPdatabase2015。

企业之间进行的长期交易关系，企业内部以终身雇佣为首的一系列日本式的经营方式，有效地降低了企业的交易成本，提高了生产效率，从而使得在经济稳定增长时期，日本的全要素生产率增长仍能维持在1%~3%的水平，为日本的经济增长做出了贡献。

进入20世纪90年代之后，日本的全要素生产率增长率出现下降的现象可以从以下几个方面进行解释。其一，日本的技术水平逐渐达到发达国家水平，通过技术引进所带来的技术进步的途径逐渐减少。其二，20世纪90年代以来，随着信息技术革命的发生，美国的服务业受到信息技术的影响，生产率逐渐提高，并发展成为经济的主导产业。但是在日本，信息技术在制造业和服务业之间表现出了不同的影响效果。电子零部件等制造业产业通过使用信息技术，进一步提高了全要素生产率增长率，然而日本服务部门使用信息技术提高全要素生产率增长率的效果不甚明显，该部门生产率提高的滞后，影响了日本经济总体全要素生产率增长率的提高。其三，信息技术的发展，替代了日本企业间的长期交易关系以及日本企业雇佣制度所带来的交易成本优势，使其丧失了提高全要素生产率的作用。[1] 日本实现工业化后，全要素生产率的增速出现下降，不利于日本经济的增长。

---

[1] 西村清彦・峰滝和典『情報技術革新と日本経済：「ニュー・エコノミー」の幻を超えて』有斐閣、2004、75頁。

（三）全要素生产率变化的影响因素

日本作为一个后发展国家，其全要素生产率增速表现出了阶段性变化。在高速增长时期，日本的全要素生产率增速高达4%～6%，而在稳定增长时期全要素生产率增速下降到了1%～3%，并且在泡沫经济崩溃之后全要素生产率增速进一步下降到了0%～1%。日本战后全要素生产率的变化具有阶段性的特点。为分析日本全要素生产率增速呈现阶段性特点的原因，就需要分析全要素生产率的主要影响因素，并以这些影响因素为基础，分析日本全要素生产率增速自战后以来的变化。

全要素生产率是指除了生产要素以外，影响经济增长的其他因素。其中，技术进步、生产经营组织的改革、生产方式的进步、生产要素质量的提高等许多因素都能够成为影响全要素生产率的因素。[1] 除了技术进步能够直接影响全要素生产率之外，产业结构的变化、对外贸易的发展，以及一国的制度设置等因素将通过影响生产效率而对全要素生产率产生影响，因此应对以上几个因素和全要素生产率之间的关系进行进一步的分析。由费尔（Färe）、格罗斯科夫（Grosskopf）等对全要素生产率的分解可知，生产技术的提高以及效率的改善都会促进全要素生产率的增长。[2] 寇里等进一步深化了对于全要素生产率的分解，指出其可以细分为技术进步、技术效率改进、规模效率改变及产出组合的影响四个部分。[3]

这虽然是针对微观企业全要素生产率的分析方法，但同样可以应用于分析日本经济整体的全要素生产率，并进而推广为一个总体性分析框架。影响全要素生产率的因素可以归结为直接影响全要素生产率的技术进步，以及间接影响全要素生产率的技术效率改进、规模效率以及产出组合等两个方面。主导产业以及产业结构的变化、对外贸易、技术进步以及制度变化将会通过这两个方面影响日本的全要素生产率，从而成为影响日本全要素生产率的重要因素。因此，本书也将围绕以上几个方面对日本全要素生

---

[1] 佐藤洋一「IT投資と日本経済の潜在的な成長力」『大妻女子大学紀要社会情報系社会情報学研究』18号、2009、67～79頁。

[2] R. Färe et al., "Productivity growth, technical progress, and efficiency change in industrialized countries", *The American Economic Review*, 1994, pp. 66–83.

[3] 寇里、刘大成：《效率和生产率分析导论》，清华大学出版社，2009。

第二章　全要素生产率变化与日本经济增长

产率进行分析。

第一，产业结构的变化会对规模效率以及产出组合两个方面产生影响。根据克拉克定理，随着经济水平的发展，第三产业在经济中所占比重将越来越大，而第一、第二产业在经济中所占比重将越来越小。产业结构的变化必然伴随着新旧产业的更替，即旧产业的退出和新产业的参与。随着新产业的增长，必然会伴随着技术水平的进一步提升，从而推动了全要素生产率的提高。此外，产业结构的变化还促进了生产要素在产业间的移动，生产要素从衰退产业中转移出来，进入新兴产业中，为新兴产业所利用，这无疑改善了生产要素的使用效率，从而提高了全要素生产率。随着全要素生产率增长率较快的新兴产业的规模扩大，新兴产业在 GDP 中所占的比重将会进一步提升，这会促进整体全要素生产率增速的提升。战后的日本出现了剧烈的产业结构变化，主导产业不断交替转换，促进了经济增长，而当日本经济出现服务化倾向时，服务业较低的生产率又成为限制日本经济增长的重要因素。有实证研究结果表明，产业结构的变化促进了日本的经济增长。[1] 因此，有必要从产业结构变化的角度分析日本全要素生产率的变化。

第二，发展对外贸易不仅能够直接吸收国外的先进技术，由于面临国外企业竞争还能促进国内企业改善技术效率。通过对外贸易可以直接引进国外的先进技术，从而实现技术扩散缩小国家间的技术差异。出口的先决条件是在国际市场上具有比较优势，出口产业为了获得比较优势，会改进生产技术，调整自身的生产效率，从而降低生产成本，这有助于全要素生产率的提高。此外，出口产业的技术进步以及为改善生产效率所产生的新的生产方法会扩散到其他非出口产业，从而形成技术的溢出，可以帮助经济整体提高生产效率，并提高全要素生产率。除了出口，进口也是全要素生产率的重要来源。通过商品和服务的进口，可以直接获取先进的生产设备和生产方式，从而促进技术进步，提高全要素生产率。战后的日本积极实施"出口立国"政策，积极推动产品的出口外销，并且随着日本经济的快速增长，日本也迅速成为贸易大国。因此，有必要从对外贸易的角度分析其对全要素生产率增长的影响。

---

[1]　松本和幸・吉川洋「産業構造の変化と経済成長」『フィナンシャル・レビュー』58 号、2001、20 - 35 頁。

第三,技术的引进以及自主创新将会直接影响生产技术以及技术的使用效率。当一国与世界领先的生产技术之间存在着较大差距时,技术引进可以迅速缩小两者之间的差距,从而有助于全要素生产率的提高。此外,自主创新也是技术进步的重要来源,并且当技术水平的差异缩小时,自主创新成为技术进步和全要素生产率提高的最主要来源。战后日本在经济高速增长的同时,积极引进外国的先进技术,实现了技术水平的快速增长。而泡沫经济崩溃之后,日本的技术水平已达到世界的领先水平,需要通过自主创新以维持全要素生产率的增长。因此,有必要从技术进步的角度分析日本的全要素生产率。

第四,调整经济制度会促进经济中的资源得到有效利用,从而促进生产效率的改善。制度是决定全要素生产率增长的关键因素,完善且有效的经济制度将提高效率,有助于全要素生产率的提高。一国在经济制度方面的安排将会影响到该国全要素生产率的发展。一国的经济制度主要包括政府与企业的关系、企业与金融机构的关系、企业的内部组织结构以及工会与雇主之间的关系等。一个有效的制度安排将有助于生产资料得到更有效的利用,从而促使生产效率的提升。在战后的日本经济发展过程中,随着经济的高度发展,日本形成了一套日本式的经济制度,包括政府与企业之间的紧密关系,金融系统的主银行制度,以年功序列制、终身雇佣、企业内工会为代表的雇佣制度,这些经济制度在经济高速增长时期有效地降低了交易成本。但是,在泡沫经济崩溃之后,其中一些经济制度成为约束经济进一步发展的桎梏,日本式的经济制度同样出现了新的变化。因此,日本的经济制度调整与变化同样是影响日本全要素生产率的重要方面。

第三章
主导产业变迁与全要素生产率

日本的产业结构以及主导产业在战后日本经济的发展过程中发生了巨大改变。在分析日本产业结构和主导产业变迁的基础上，本书发现提升日本的服务业，特别是生产性服务业的全要素生产率，有助于日本经济整体全要素生产率的提高。信息服务业作为新兴的生产性服务业，对于日本的产业升级换代有着重要作用，然而其全要素生产率一直停滞不前，本书从产业组织结构的视角分析了日本信息服务业全要素生产率低下的原因。

一 产业结构、主导产业与全要素生产率

战后日本的产业结构经历了由制造业主导向服务业主导的转换。在明确主导产业对全要素生产率的影响的基础上，本书分析了战后日本各个时期主导产业的发展情况，以及日本主导产业间的转换，并进一步分析了各主导产业的全要素生产率增长率提高对其他产业的波及效果。

（一）产业结构变化及其对全要素生产率的影响

英国经济学家克拉克（Clark）在配第研究的基础上指出了三次产业之间的结构转换的规律，这一规律被称为"配第－克拉克法则"。克拉克通过对40余个国家的产业结构进行分析，认为随着经济的发展，劳动力资源的配置在产业间出现了转换。在经济发展的初始阶段，农业是主要产业。随着经济的发展，制造业比重提升。制造业的工资高于农业，导致劳动力向制造业流动。此后，随着经济的进一步发展，服务业的收入水平也开始提高，劳动力又逐渐从制造业中转出，转入服务业。[1] 这就是"配第－克拉克法则"。

---

[1] Colin Clark et al., *The Conditions of Economic Progress* (London: Macmillan Publisher, 1951).

库兹涅茨（Kuznets）使用横截面数据验证了"配第-克拉克法则"。此外，他还指出了在人均 GDP 较低时，第一产业的变动较为剧烈，而在人均 GDP 较高时，第二和第三产业的变动较为显著。[①]

表 3-1 日本的劳动力就业结构变化

单位：%

时间	第一产业就业人口占比	第二产业就业人口占比	第三产业就业人口占比
1955	41.3	24.9	33.8
1960	32.9	30.4	36.7
1965	22.1	31.2	46.7
1975	15.4	35.2	49.4
1985	10.8	33.4	55.8
1995	7.3	33.2	59.5
2000	5.2	30.7	64.1
2005	4.1	26.9	69.0
2010	3.7	24.7	71.6
2015	3.3	24.1	72.6

资料来源：劳动力调查年报各年版。

由表 3-1 可知，经过战后的高速增长时期，日本第一产业就业人口比率出现大幅下降，从 1955 年的 41.3% 下降到了 1995 年的 7.3%，截至 2015 年已下降至 3.3%。而第二产业在 1975 年达到 35.2% 的高峰后就开始逐步下降，2015 年降至 24.1%。而日本第三产业就业人口所占比重则逐步提高，从 1955 年的 33.8%，提高到了 1995 年的 59.5%，2015 年则达到 72.6%。日本的劳动力就业结构的变化基本符合"配第-克拉克法则"。

1. 日本产业结构的变化

日本在战后初期，生产设备受到很大破坏。在经历了包括财阀解体、农地改革、劳动改革在内的一系列改革之后，日本经济重新步入增长的轨道。在 1945 年到 1955 年的战后复兴期，以纺织业为代表的劳动密集型产业是日本的主导产业。日本自明治维新以来，纺织业的发展一直是日本经济增长的主要推动力。以日本长野县诹访郡为中心的纺织业是日本战前的主导产业，

[①] Simon Kuznets, *Modern Economic Growth: Rate, Structure, and Spread* (New Haven: Yale University Press, 1966).

其生丝的出口占到当时日本总出口份额的30%以上。[①] 战后初期，由于日本的劳动力资源相对丰富，劳动力成本较低，劳动密集型的纺织业再次发展，成为这一时期重要的出口产业。1951年，美国的月工资水平为320美元，而日本的月工资水平只有32美元，劳动力成本与美国有着10倍的差距。[②] 较低的劳动力成本成为战后复兴期日本产业的比较优势，以此为出发点，日本经济步入了快速发展的轨道。

1955~1970年，日本经济处于高速增长阶段。此时，日本的就业人口进一步从第一产业中转出，进入第二产业。这一时期日本制造业出现了从轻工业发展转向重工业发展的趋势。石油化工、钢铁制造等重工业逐渐取代了纺织业等轻工业，成为这一时期日本的主导产业。重化学工业化成为日本经济高速增长时期产业结构的重要特点。

1955年，纺织业和食品业等轻工业仍为日本制造业的主要组成部分，占制造业的比重为63%，而石油化工、钢铁等重工业的比重则仅为37%。日本进入高速增长时期后，重工业所占比重迅速提升，从1955年的37%迅速提升至1975年的60.1%，到1995年重工业所占的比重已接近70%，这与1955年的制造业结构形成了强烈的对比。

第一次石油危机的发生使得日本的产业结构再次出现了转换。"厚重长大"等素材型工业所占比重开始下降，而"短小轻薄"的加工组装产业所占的比重开始出现增长。鹤田俊正认为这一时期日本的产业结构发生了由"重化学工业化"向"知识集约化"的转变。[③] 伴随着1973年的第一次石油危机的发生，石油这一原料的成本迅速提高，迫使日本的制造业不得不考虑降低生产成本，从而促进了节省能源型的加工组装型产业发展。这一时期钢铁等素材型产业所占的比重逐渐降低，加工组装型产业所占的比率逐渐提高。

在1955~1975年的高速增长时期，日本素材型制造业所占的比重出现了上升，其比重由34.8%提升到了43.9%。日本经济进入稳定增长时期后，

---

① 中林真幸『日本経済の長い近代化：統治と市場、そして組織 1600~1970』名古屋大学出版社、2013、20頁。
② 鈴木諒一「賃金水準が等しくなった時点での日米労働経済の比較」『三田商学研究』3号、1977、1-33頁。
③ 鶴田俊正・伊藤元重『日本産業構造論』NTT出版、2001、28-146頁。

加工组装型制造业所占的比重再次出现了上升，由1975年的56.1%，提升到了1995年的67.6%。这说明在这一时期，日本的制造业出现了由"重化学工业化"向"知识集约化"的转变，知识密集型产业所占比重逐渐升高。这一时期，日本的主导产业逐渐从高速增长时期的石油化工产业转向了稳定增长时期的汽车和机械制造产业。

20世纪90年代以后，日本的产业结构出现了两个新的变化。其一，产业结构的服务化。随着经济的发展，服务业在日本产业结构中所占的地位愈发重要。从事服务业的劳动人口比重从1975年的50%左右，提升到了1995年的60%。深尾京司等的分析指出，日本制造业占GDP的比重，在1980～1990年下降了1%，而在1990～2002年则下降了6%。① 这说明，20世纪90年代后日本产业结构服务的趋势明显加快。其二，产业结构的信息化。20世纪90年代发生的信息技术革命，导致日本产业结构出现了信息化的倾向。信息产业包括电子产品制造业以及信息服务业两个方面。自20世纪90年代以来日本的信息产业实现了快速成长。信息产业占日本GDP的比重从1970年的3%，提升到了2002年的10%以上，信息产业的规模达到了100万亿日元。② 信息产业已经成为日本占GDP份额最大的产业，信息产业成为日本主导产业的地位已经确立。③

2. 产业结构转换与全要素生产率的关系

关于产业结构转换与全要素生产率之间的关系，韦尔指出，如果收入中用于技术增长速度快的部门的比重随时间上升，则总的技术增长率也将上升，如果用于这些部门的份额下降，则总的技术增长率将下降。④ 也就是说，在产业结构中占据较大比重部门的全要素生产率增长率更加重要，因为经济整体的全要素生产率增长率是由经济体不同部门全要素生产率增长率的加权和所决定的，占总产出比重越大的产业其权重也就越大，因而对经济总体全要素生产率增长率的推动作用也就更加明显。

---

① 金荣愨・権赫旭・深尾京司「産業の新陳代謝機能」深尾京司・宮川努編『生産性と日本の経済成長：JIPデータベースによる産業・企業レベルの実証分析』東京大学出版社、2008。
② 香西泰・宮川努『日本経済グローバル競争力の再生』日本経済新聞出版社、2008、118－120頁。
③ 薛敬孝、白雪洁：《当代日本产业结构》，天津人民出版社，2002，第63页。
④ 韦尔：《经济增长》，中国人民大学出版社，2011，第207页。

第三章　主导产业变迁与全要素生产率

经济高速增长时期，日本的制造业实现了从轻工业向重化学工业的转变，石油化学、钢铁等产业重化学工业是这一时期发展较快的主导产业。克鲁格（Kruger）指出产业结构变化是经济增长的一个重要方面，一些产业具有高于其他产业的生产率，这些具有较高生产率的产业将带动其他产业的发展，并推动产业结构转换。[①] 因此，重化学工业的发展及其快速的技术进步，不仅使得其自身的全要素生产率增长率得到了提高，还带动了其他产业全要素生产率的增长，并由于重化学工业部门所占 GDP 比重的提高，使得这一时期日本经济整体的全要素生产率增长率获得了提高。

经济稳定增长时期，日本制造业的主导产业出现了从传统重化学工业向加工组装工业的转变。两次石油危机迫使日本的制造业改变生产方式，降低生产成本，从而导致制造业内部再次出现了主导产业的交替更换，使得汽车以及精密机械制造等产业成为这一时期日本的主导产业。传统的重化学工业和加工组装工业对于日本的制造业而言是替代性的。新兴的加工组装工业的需求大、技术进步率高，导致加工组装业的发展较快，劳动力以及资本不断地从传统的重化学工业中转移出来，并转移到新兴的加工组装业中去，导致加工组装产业进一步发展，其产业所占 GDP 的总比重进一步上升，具有较高全要素生产率增长率的加工组装产业部门的扩大，使得这一时期整个经济体的全要素生产率增长率得到了提高。

20 世纪 90 年代以后，随着经济的发展，产业结构逐渐呈现出服务化的趋势，从而使得服务业成为这一时期日本的主导产业。但是这一次产业结构的变化不同于以往第二产业内部主导产业的更替。这是因为服务业与制造业之间的关系不再是替代性的，而是互补性的。因此，资源不会由效率较低的服务业部门向制造业部门流动。此外，服务业自身的特征，导致其技术更新速度较慢，生产率增速较低，从而导致制造业部门和服务业部门之间出现了生产率差异。

由于制造业的生产率要高于服务业的生产率，因此生产率较高的制造业不再需要更多的劳动力和资本，而这些多余的劳动力和资本会转移到生产率较低的服务业中去。此时，生产资源不再向具有较高生产率的制造业配置，

[①] J. J. Krüger et al., "Productivity and structural change: a review of the literature", *Journal of Economic Surveys*, Vol. 22, No. 2, 2008, pp. 330 – 363.

而是向着具有较低生产率的服务业部门中转移，形成了资源的错配。这种经济活动向服务业部门转移的现象被经济学家鲍莫尔（Baumol）称为"成本病"。鲍莫尔发展了一个模型，假设制造业部门和服务业部门的产出比维持不变的情形之下，服务业部门将会不断扩张，最终全部的劳动力将会转移到服务业中去，而制造业中的人数将会下降到零。①

随着日本服务业占GDP规模的进一步扩大，由于日本服务业的全要素生产率增长率始终低于制造业的全要素生产率增长率，服务业不是经济中推动全要素生产率增长的主要产业，因此随着服务业的权重增加，经济整体的全要素生产率增长率出现下降。

20世纪90年代以后，信息产业逐渐成为日本的主导产业。信息产业由生产电子零部件的IT产品制造业和提供信息服务的信息服务业两部分构成。但是，日本的IT产品制造业和信息服务业之间存在着巨大的生产率差距。这两个产业是互补的，而非替代性的，从而导致了资本和劳动逐渐从IT产品制造业中转移出来，并向生产率较低的信息服务业部门转移，从而导致日本信息产业总体全要素生产率增长率的下降。

因此，实现服务业全要素生产率增长率的提高，对于日本经济整体全要素生产率提高乃至日本经济恢复稳定增长都具有重要意义。20世纪90年代以后，美国通过服务业的全要素生产率的增长，实现了经济的增长，对此起决定性作用的产业包括金融业和信息服务业等。② 因此，本书将在本章的第二节和第三节分别对日本的服务业生产率以及信息服务业生产率进行分析和讨论。

（二）主导产业变迁及其对全要素生产率的影响

主导产业是指在国民经济发展的某一阶段，对整体经济发展有着重要推动作用的产业。根据周振华的观点，主导产业应具备以下三个特征：①主导产业通过创新获得了新技术，并采用与新技术相关联的生产函数进行生产；②主导产业的增长率应高于国民经济总增长率；③主导产业的增长效果超越

---

① W. J. Baumol, "Macroeconomics of unbalanced growth: the anatomy of urban crisis", *The American Economic Review*, 1967, pp. 415-426.
② 香西泰・宮川努『日本経済グローバル競争力の再生』日本経済新聞出版社、2008。

了其本身，对其他部门乃至其他产业都有着广泛的影响。① 佐贯利雄认为，主导产业能够促进尖端技术的发展，具有较大的生产规模，能够提高社会的实际需求。②

1. 主导产业的主要特征

主导产业的最根本特征在于其通过创新实现了自身全要素生产率的提高，并且这一创新能够扩散到其他产业中去，从而产生波及效果，推动其他产业全要素生产率的提高，带动经济整体的增长。索尔特（Salter）认为，技术进步率的变动是造成生产率增长速度差别的主要原因。技术进步推动了生产率的提高，进而使得产出的相对价格下降，最终导致需求和产出的增长。③

主导产业全要素生产率的提高，可以表现为两种形式。其一，通过产品创新，提高生产产品价值，进而实现全要素生产率的增长。产品创新会增加市场对该产品的需求，促进相关产业增长，同时也能够吸引劳动和资本向相关产业流动。因此，主导产业部门能够继续扩大，带动整体经济的全要素生产率水平上升，推动经济增长。其二，主导产业的全要素生产率增长是通过缩减生产成本、提高效率实现的，主导产业的全要素生产率水平越高，其所需要的劳动和资本就会越少，剩余的劳动和资本会转移到其他产业中去。主导产业的规模会随之缩小，对提高经济整体全要素生产率水平的作用降低。

主导产业的全要素生产率水平的提高，不仅能够促进其他产业的全要素生产率水平的提高，而且主导产业的有序更替同样有助于实现经济增长。罗斯托指出，经济增长是主导产业更替所导致的。当旧的主导产业衰退时，新的主导产业就会产生。迅速成长的新主导产业可以成为经济增长的核心。经济增长不再是总量层面上的增长，而是表现为主导产业的有序转换。④ 主导产业的有序调整，通常伴随着资源的再配置，使得资源配置到生产率更高的部门中去。生产率更高的部门的扩大将会促进整个经济体的生产率的提高。新的主导产业会利用从旧的主导产业中转移出来的资源进行具有更高生产率

---

① 周振华：《现代经济增长中的结构效应》，三联书店，2014，第 255 页。
② 佐贯利雄：《日本经济的结构分析》，辽宁人民出版社，1988，第 42 页。
③ W. E. G. Salter et al., *Productivity and Technical Change* (Cambridge: Cambridge University Press, 1969, p. 125).
④ 罗斯托：《从起飞进入持续增长的经济学》，四川人民出版社，1988，第 7 页。

的生产。新的主导产业产生和旧的主导产业退出，推动了经济增长。

2. 主导产业的价格波及作用

在日本的经济增长过程中，主导产业的发展极大地推动了日本经济的发展。主导产业的全要素生产率增长率提高速度较快，且能够波及其他产业，促进了其他产业的全要素生产率增长率的提高。

假设一个产业的投入包括三个方面，即中间产品投入以及劳动和资本投入，中间产品投入反映了为生产该产业的产品所需要的其他产业的产品，即产业之间的关联关系。一个产业的产出可以表现为如下形式：

$$P_{Ij}X_{Ij} = \sum_i P_{ci}V_{ji} = \sum_i P_{oi}U_{ij} + s_j L_j + r_j K_j \qquad (3-1)$$

由 3-1 式可知，一个产业所生产的价值由其所生产产品之和 $\sum_i P_{Ij}X_{Ij}$ 表示，其中 P_{Ij} 则表示该产业的总价格，而 X_{Ij} 则表示该产业的总产量。一个产业所生产的价值由其投入数量决定，包括中间品投入 $\sum_i P_{oi}U_{ij}$，劳动力投入 $s_j L_j$ 以及资本投入 $r_j K_j$。全要素生产率可以表示为总产出与总投入之商，即：

$$TFP_j = X_{Ij}/Q_j \qquad (3-2)$$

对其两边取对数，并将等式两边分别对时间求导可得：

$$\frac{\dot{TFP}}{TFP} = \frac{\dot{X}}{X} - \frac{\dot{Q}}{Q} = \sum_i \omega_{ij} \frac{\dot{P}_{oi}}{P_{oi}} + \omega_{Lj} \frac{\dot{s}_j}{s_j} + \omega_{kj} \frac{\dot{r}_j}{r_j} - \frac{\dot{P}_{Ij}}{P_{Ij}} \qquad (3-3)$$

3-3 式还可以表现为：

$$\sum_i \omega_{vij} \frac{\dot{P}_{ci}}{P_{ci}} = \frac{\dot{P}_{Ij}}{P_{Ij}} = \sum_i \omega_{ij} \frac{\dot{P}_{oi}}{P_{oi}} + \omega_{Lj} \frac{\dot{s}_j}{s_j} + \omega_{kj} \frac{\dot{r}_j}{r_j} - \frac{\dot{TFP}}{TFP} \qquad (3-4)$$

其中，$\omega_{vij} = \frac{P_{ci}V_{ji}}{\sum_i P_{ci}V_{ji}}$，$\omega_{ij} = \frac{P_{oi}V_{ij}}{Q_j}$，$\omega_{Lj} = \frac{s_j L_j}{Q_j}$，$\omega_{kj} = \frac{r_j K_j}{Q_j}$

由 3-4 式可知，该产业中各个产品的价格增长率会受到中间产品价格、劳动力价格、资本的租金价格以及全要素生产率增长率的影响。如果该产业的全要素生产率增长率提高，将有助于该产业中各个产品的价格下降。此外，主导产业所生产的产品会被经济体中其他产业作为中间投入品所利用，使中间投入品价格增长率下降，在其他条件不变的情况下，其他产业的全要素生产率增长率水平就会上升，因而主导产业的全要素生产率增长的波及效果就会发生，使得其他产业的全要素生产率增长率也跟着提高。因此，如果主导产业的全要素生产率增长率提高，主导产业所生产的产品价格会下降，进而间接地使以主导产业产品为中间投入品的产业群的生产成本下降，从而提高这些产业的全要素生产率增长率。因此，主导产业的全要素生产率增长率的提高就能够带动其他产业全要素生产率增长率的提高，产业间的波及效果也因此实现。

此外，在日本的经济发展过程中，同样可以观察到主导产业有序转换，而这一过程极大地推动了日本经济的增长。以下分别分析日本经济高速增长时期、稳定增长时期以及长期低迷时期主导产业的全要素生产率的变化以及波及效应。

（三）高速增长时期：石油、化学及钢铁业

本书沿用佐贯利雄对日本主导产业变迁的主要结论，并以此为基础探讨日本主导产业的发展对经济发展的影响。在日本经济的高速增长时期，石油、化学及钢铁业取代纺织业成为日本的主导产业，支撑了日本的经济发展。以下分别从生产规模的增加以及全要素生产率增长率的提高两个方面，分析高速增长时期日本石油、化学以及钢铁业的发展情况。

1. 经济高速增长时期石油、化学与钢铁业的发展

第一，生产规模的提高。首先，钢铁业在日本经济高度发展时期，为引进新的生产技术进行了大规模的投资，其生产能力获得了迅速的提高。1945年，日本的钢铁年产量只有50万吨，但到了1973年就达到了1亿1932万吨，钢铁业的生产规模迅速扩大。[①] 其次，日本的石油生产规模也实现了迅速提高。日本的炼油厂数目从1955年的19所，提升到1973年的48所，石油的加工能力从1955年的日处理1.9万桶，上升到1973年的日处理541万桶，日炼油处理能力提高了约283倍。[②] 最后，在化学工业方面，以三井住友化学为首的日本化学公司，在战后进行了大规模的设备投资，使得日本化学工业的生产规模迅速提高。日本石油化学工业协会的数据显示，1966年日本每年能够生产的乙烯为1204吨，而到1970年日本乙烯的

[①] 橘川武郎・平野創・板垣暁『日本の産業と企業発展のダイナミズムをとらえる』有斐閣、2014、71-119頁。

[②] 佐贯利雄：《日本经济的结构分析》，辽宁人民出版社，1988，第59页。

生产能力就达到了3914吨，在四年间乙烯生产能力就提高了约2.25倍。这使得日本一跃成为当时仅次于美国的第二大乙烯生产国。石油、化学、钢铁等重化学工业的快速发展，产生了规模经济效应，导致产品生产成本大幅度下降。这些产业所生产的石油产品、化学产品以及钢材等可以以更低的价格为其他产业所使用，重化学工业的发展同时推动了其他产业的发展。

第二，全要素生产率的提高。大量的私人投资除了带来生产规模的扩大外，还促进了重化学工业的技术进步，使得日本的产业结构在实现重化学工业化的同时，还实现了高附加值化和高技术集约化。

2. 石油、化学与钢铁业的全要素生产率增长

黑田昌裕采用从总产量增长率中扣除各投入要素增长率的方法，估计了1960～1979年的日本各产业部门的全要素生产率增长率，日本石油、化学及钢铁业的全要素生产率增长率变迁如表3-2所示。

表3-2 日本石油、化学及钢铁业全要素生产率增长率变迁

单位：%

年份 产业	1960～1965年	1965～1970年	1970～1973年	1973～1979年	1960～1973年	1960～1979年
化学工业	2.56	5.35	2.32	-0.02	3.58	2.44
石油工业	-1.76	-0.79	3.48	-9.61	-0.18	-3.16
钢铁业	0.32	1.68	1.54	0.40	1.13	0.90

资料来源：黑田昌裕「経済成長と全要素生産性の推移：日米経済成長要因の比較」『三田商学研究』2号、1985、25-52頁。

从黑田昌裕的测算结果可知，在1960～1973年的高速增长时期，化学产业的全要素生产率平均增长率为3.58%，并一直维持在较高水平上。而钢铁产业的全要素生产率平均增长率虽然没有化学产业高，但是可以看出在整个高速增长时期，其全要素生产率增长率是一直在增加的，1970～1973年，其全要素生产率平均增长率为1.54%。同样，石油产业的全要素生产率增速虽然小于化学产业，但在高速增长时期其全要素生产率增速不断加快，1970～1973年其全要素生产率平均增速为1.54%。

此外，泉弘志也对日本各产业的全要素生产率增长率进行了测算，其测算结果表明，1960～1970年，化学产业的年均全要素生产率增速达到

8.50%，钢铁产业为 3.12%，而石油产业为 -0.43%。[①] 由此可见，除了石油产业增速较慢外，钢铁产业和化学产业都表现出了较快的全要素生产率增速。

3. 石油化学与钢铁产业的波及效应

黑田昌裕等对 1960～1979 年日本产业间全要素生产率增长率的波及效果进行了测算，所得结果如表 3-3 所示。

表 3-3　石油、化学与钢铁业的产业间波及效果

单位：%

年份 产业	1960～1961年	1965～1966年	1970～1971年	1975～1976年	1978～1979年
化学工业	2.3013	2.3878	1.9837	1.8808	1.8409
石油工业	0.9285	1.0512	0.8384	1.3899	1.3164
钢铁业	4.3192	3.2550	4.0822	2.7688	2.8662

资料来源：黒田昌裕・吉岡完治・清水雅彦「経済成長：要因分析と多部門間波及」浜田宏一・黒田昌裕・堀内昭義『日本経済のマクロ分析』東京大学出版会、1987。

表 3-3 中的测算结果表明了各产业的全要素生产率增长率提高 1% 会对经济整体价格产生的影响。在高速增长时期，化学工业的发展对降低整体经济商品价格有着重要作用。1960～1961 年，如果化学工业的全要素生产率增长率上升 1%，将会使得经济整体的商品价格下降 2.3%。1960～1979 年，化学工业全要素生产率增长率的波及效果维持在 1.8% 到 2%，说明化学工业的全要素生产率增长率提高能够有效地降低经济整体的商品价格，并起到降低中间产品价格的作用。

石油工业的全要素生产率增长率的波及作用要小于化学工业，并且在 1960～1961 年以及 1970～1971 年这两个时间段所起的作用要小于 1%。但从整体上看，石油工业的全要素生产率增长率仍然对降低经济中间品价格起到了一定的作用。

钢铁业全要素生产率增长率提高的波及效果在经济高速增长时期的表现最为突出，在 1960～1961 年以及 1970～1971 年这两个时间段之中，钢铁业的全要素生产率增长率如果提高 1%，则经济整体的商品价格会分别下降

---

① 泉弘志・李潔「全要素生産性と全労働生産性」『統計学』89、2005、18-27頁。

4.3%和4.1%,对于降低中间产品价格的作用十分显著。

石油、化学以及钢铁业是国民经济中的基础产业,其他工业的生产都要依赖这些工业所提供的生产材料。因此,在高速增长时期,石油、化学以及钢铁业的全要素生产率增长所产生的波及效果较大,对于降低中间产品成本、促进整个经济增长都有着重要作用。

结合表3-2和表3-3中的测算结果,可以估计出日本石油、化学以及钢铁业全要素生产率增长对于经济体中间产品价格下降的贡献。1970~1973年,化学产业、石油产业以及钢铁产业的全要素生产率增长率分别为2.32%、3.48%以及1.54%,而这一时期这三个产业的产业间波及效果分别为1.98%、0.84%以及4.08%。

因此,1970~1971年,日本的化学产业对降低经济整体商品价格的作用达到4.59%,石油产业的作用为2.92%,而钢铁业对于降低经济整体商品价格的作用达到了6.28%。由此可见,在经济高速增长时期,石油、化学以及钢铁业的发展对于降低经济整体商品的价格起到了重要作用,促进了日本经济的发展。

综上所述,产业结构由轻工业向重工业转型,是日本经济高速增长时期的一个重要特征。主导产业从此前的纺织、食品等轻工业逐渐转变为石油、化学、钢铁等重工业产业。这些产业通过大量的设备投资,扩大了生产规模,提高了技术水平,实现了全要素生产率的提高,进而降低了经济整体的商品价格,表现出了波及效应。这些因素的综合作用使得日本在高速增长时期的经济奇迹得以实现。

(四)稳定增长时期的汽车与机械制造业

进入稳定增长时期后,日本的主导产业从传统的重化学工业转向了新兴的加工组装型制造业。日本的汽车产业、电子机械产业、精密机械产业等加工组装型产业在稳定增长时期实现了快速的发展,成为日本新兴的主导产业。日本制造业的产业结构出现了从"重厚长大"向"短小轻薄"的转型,日本的产业结构出现了"知识集约化"的倾向。

进入稳定增长时期后,制造业企业的营业额出现了变化。1972~1985年,重工业企业的营业额出现了下降,而加工组装型制造业企业的营业额则出现了上升。新日铁的营业额从第1位下降到第6位,三菱重工从第6位下降到第 11 位，日本钢管从第 7 位下降到第 15 位。与此相反，丰田从第 2 位上升到第 1 位，松下电器从第 4 位上升到第 3 位，日立则从第 5 位上升到第 4 位。① 由此可见，在稳定增长时期，日本制造业的产业结构出现了新的变化，重化学工业的主导产业地位逐渐让位于加工组装业。

1. 汽车与机械制造业的发展

汽车产业、电子机械产业和精密机械产业是日本加工组装产业的代表，这些产业在经济稳定增长时期都有着较大的发展。

首先，自 20 世纪 60 年代起，日本通过技术引进开始发展汽车产业，两次石油危机的发生更进一步推动了日本汽车产业的发展。受石油危机的影响，燃油费用高涨，具有体型小、耗油低等优点的日本汽车则迅速发展起来，促进对美国的出口额也迅速增加。② 日本汽车产业的出口台数从 1970 年的 108 万台，迅速增加到 1980 年的 596 万台，增加了约 4.5 倍。同一时期，日本汽车的产量则从 528 万台增加到 1104 万台，增加了约 1.1 倍。③

其次，在经济稳定增长时期，日本的电子机械产业也实现了快速发展。日本机械产业的产量从 1970 年的 7.3 万亿日元，增加到 1980 年的 22.2 万亿日元，增加了约 2 倍。④ 此外，这一时期电子机械产业的出口额也迅速增加，从 1970 年的 1.03 万亿日元增加到 1980 年的 5.15 万亿日元，增加了 5 倍。⑤ 电子机械产业经过稳定增长时期的发展，成为支撑日本出口的又一主要产业。

最后，在经济稳定增长时期，日本的精密机械产业也开始快速增长，其产量从 1970 年的 0.4 万亿日元增加到 1980 年的 1.4 万亿日元，增长了 1 万亿日元。随着技术的进步，日本的精密机械产业在加工组装过程中，融入了电子控制技术，进一步提高了加工组装的精度。日本的手表产业实现了从机械式手表向水晶振动式手表的转换。随着光学技术水平的提高，光学机械制造企业不仅将其应用于照相机领域，而且还应用于复印件、扫描仪等生产，

---

① 志築学『日本の産業発展—企業勃興とリーディング産業』創成社、2008、126 頁。
② 橘川武郎・平野創・板垣曉『日本の産業と企業発展のダイナミズムをとらえる』有斐閣、2014、71 頁。
③ 小野浩「戦後の日本の自動車産業の発展」『經濟學研究』1 号、1995、68–76 頁。
④ 日本経済産業省《工业统计表产业篇》。
⑤ 日本关税协会《外国贸易概况》。

进一步扩大了市场范围。①

2. 稳定增长时期汽车与机械制造业全要素生产率增长

进入经济稳定增长时期后，日本的加工组装制造业的全要素生产率增长率迅速提高，成为继重工业后的日本主导产业。以汽车产业为例，在高速增长时期后，日本汽车产业的全要素生产率维持了高速增长。日本机械振兴协会对1965~1985年的日本汽车产业的全要素生产率采用新古典经济学的方法进行了测算，其结果如图3-1所示。

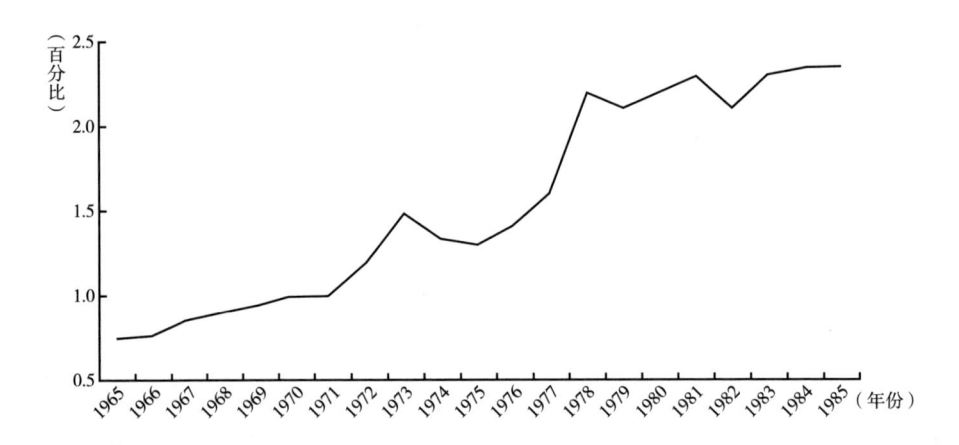

图 3-1 日本汽车产业全要素生产率水平

资料来源：機械振興協会『自動車産業の生産性測定と日米比較』機械振興協会、1992、23頁。

1965~1970年全要素生产率增速为5.3%，1970~1975年日本汽车产业的全要素生产率增长率达到了5.6%，1975~1980年全要素生产率增速更提高到了10.3%，而1980年之后，日本汽车产业的全要素生产率增速开始下降，1980~1985年，其全要素生产率增速为1.4%。与此相对应的是，1965~1985年之间美国汽车产业的全要素生产率却没有表现出明显的增长。②

由此可见，日本的汽车产业在进入稳定增长时期后，技术水平获得了迅

---

① 中村眞人「戦後日本における精密機械産業の発展と現状－個別産業研究の試み」『駒大経営研究』2号、1994、21-40頁。
② 機械振興協会『自動車産業の生産性測定と日米比較』機械振興協会、1992、23頁。

速提高，其全要素生产率增速远高于同一时期的美国，表现出了较强的国际竞争力，进入20世纪80年代后，全要素生产率增速开始放缓。日本经济产业研究所对经济稳定增长时期的除汽车产业之外的加工组装业进行了测算，其结果如表3-4所示。

表3-4 加工组装业全要素生产率增长率

单位：%

产业	1970~1975年	1975~1980年	1980~1985年	1985~1990年
电子机械业	6.9	7.5	12.8	2.2
一般机械业	1.3	2.6	1.1	0.6
汽车产业	1.2	4.2	-0.1	-0.8
精密机械业	1.0	4.2	1.1	1.0
钢铁业	0.3	2.2	0.1	0.6

资料来源：JIPdatabase2015。

根据JIPdatabase2015的测算结果，进入经济稳定增长时期后，以电子机械为首的加工组装业和以钢铁业为首的重工业相比，其全要素生产率增速较快。电子机械行业的全要素生产率增速由1970~1975年的6.9%提高到了1980~1985年的12.8%，是全要素生产率增速最快的加工组装行业。一般机械、汽车产业以及精密机械产业自1970~1980年都保持了增长的趋势，进入20世纪80年代之后，这些产业的全要素生产率增速开始放缓。与此同时，钢铁业的全要素生产率增速仅维持在0至2%之间，要远小于加工组装行业。

稳定增长时期过后，日本的主导行业实现了从传统的重工业向新兴的加工组装业的转换。加工组装业的全要素生产率增长速度就是这种转换推进的标志之一，除此以外加工组装业全要素生产率增长的产业间波及效果也逐渐增加。

一般而言，基础的原材料产业比如石油和钢铁产业，由于其在工业中所处的基础性地位，其所生产的产品能够被更多的产业作为中间品所使用，其产业的波及效果就相应较大。而加工组装业由于其位于工业体系的上游，被作为中间品使用的产品较少，其波及效果也就越小。因此，从理论上看，加工组装业的全要素生产率增长的产业间波及效果要小于重化学工业，但是在经济稳定增长时期，传统重工业的产业间波及效果逐渐下降，而加工组装工业的产业间波及效果却出现了逐渐上升的趋势。

3.汽车与机械制造业的产业波及效应

樱本光等采用1960～1990年的日本的产业投入产出表分析了钢铁产业、石油产业以及电子机械产业的产业间波及效果，所得结果如表3-5所示。

表3-5 钢铁产业、石油产业和电子机械产业的产业间波及效果

单位：%

产业	1960～1965年	1965～1970年	1970～1975年	1975～1980年	1980～1985年	1985～1990年
钢铁业	2.2815	2.2129	2.1825	2.1504	2.0821	2.0908
石油业	1.0382	1.0265	1.0144	1.0130	1.0098	1.0061
电子机械业	1.3986	1.3656	1.3336	1.2631	1.2643	1.3011

资料来源：桜本光・新保一成・菅幹雄「わが国経済成長と技術特性」『経済分析』149号、1997、1-99頁。

通过以上测算结果表明，钢铁业的全要素生产率增长率提高1%，对于经济总体商品价格的下降作用从1960～1965年的2.28%下降到了1985～1990年的2.09%，其波及作用下降了0.19%。同样，石油业的全要素生产率增长率的波及效果，从1960～1965年的1.04%下降到了1985～1990年的1.01%，下降了近0.03%。这表明重化学工业的全要素生产率增速的产业间波及效果，在经济稳定增长时期要小于石油危机发生前的高速增长时期。

在经济稳定增长时期，在重工业的产业间波及效果减小的同时，电子机械工业的发展对降低经济中间产品的价格所起到的作用却愈发突出。电子机械产业的全要素生产率增长的产业间波及效果，虽然从1960～1965年的1.39%下降到了1975～1980年的1.26%，但是在此后出现了增长趋势，到了1985～1990年，其产业间波及效果扩大到了1.30%。这说明在稳定增长时期，在传统重工业的产业间波及效果下降的同时，加工组装业的产业间波及效果出现了提升，成为降低经济体中间产品价格的主要动力。黑田昌裕等同样采用了日本的产出投入表，对全要素生产率增速的产业间波及效果进行了测算，所得结果如表3-6所示。

表 3-6 加工组装业的产业间波及效果

单位：%

产业	1960~1961年	1965~1966年	1970~1971年	1975~1976年	1978~1979年
汽车制造业	1.1333	1.1023	0.9155	0.9300	1.2791
运输机械业	0.2124	0.3454	0.4655	0.5674	0.3221
精密机械业	0.1004	0.2087	0.4988	0.5800	0.4998

资料来源：黒田昌裕・吉岡完治・清水雅彦「経済成長：要因分析と多部門間波及」浜田宏一・黒田昌裕・堀内昭義『日本経済のマクロ分析』東京大学出版会、1987。

汽车制造业的全要素生产率增速的产业间波及效果由 1970~1971 年的 0.92%，提高到了 1978~1979 年的 1.28%。而运输机械和精密机械产业的产业间波及效果虽然在 1978~1979 年有所减少，但是 1976 年之前都表现出了增加的趋势。

进入稳定增长时期后，受到两次石油危机的影响，能源成本提升，造成重化学工业的全要素生产率增速的产业间波及效果下降。这一时期，日本的产业结构出现了转型，制造业内部再次出现了由重化学工业主导向加工组装工业主导的转变。在稳定增长时期，加工组装工业的全要素生产率增速起到了降低经济体中间产品价格的作用，其产业间波及效果逐渐扩大。

结合樱本光以及日本经济产业研究所（2014）的分析结果可知，电子机械产业的发展对降低经济体中间产品价格的作用，从 1970~1975 年的 9.75%，扩大到了 1980~1985 年的 16.13%，可见加工组装业的发展对于降低经济体中间产品价格有着较大的推动作用。

但是，在这一时期，日本钢铁产业所产生的波及效果下降，其影响能力从 1970~1975 年的 4.76% 下降到了 1980~1985 年的 0.2%。可见重工业降低中间产品价格的能力在稳定增长时期出现了下降。[1]

因此，在经济稳定增长时期，加工组装业不仅在全要素生产率增长率方面增长迅速，加工组装业的发展还对降低整个经济体的生产成本有着较大的推动作用。在稳定增长时期，加工组装业取代了重化学工业，成为日本新的主导产业，并推动了日本经济的发展。

---

[1] 计算方法为用该行业的全要素生产率增长率乘以其波及效果，其乘积即表示该产业对整个经济体中间品价格的影响作用。

（五）后泡沫经济时期的信息技术产业

泡沫经济崩溃后，伴随着信息技术革命，日本的信息技术产业获得了迅速的发展，逐渐成为日本新的主导产业。日本信息技术产业的产值占 GDP 的比重呈逐渐上升趋势，从 1980 年的 7.7%，提高到 1994 年的 11.7%，成为占 GDP 份额最大的产业。[①] 按所生产的产品不同，信息技术产业可以分为电气机械产业和信息服务产业，这两个产业分别属于制造业和服务业。

1. 日本信息技术产业的发展

日本信息技术产业中的电子零部件产业，主要的生产内容包括半导体、电子零部件等产品。进入 20 世纪 80 年代之后，日本的半导体产业迅速发展，截至 20 世纪 80 年代中期，日本的半导体产量已占据世界半导体总产量的 50%，并一直维持在半导体领域的领先地位。到 1996 年，日本企业的半导体产量仍位居世界第一。[②] 进入 21 世纪后，日本的电子零部件产业同样也实现了迅速的发展，日本主要的 21 家电子零部件企业的产值从 2001 年的 5 万亿日元，增加到了 2007 年的 8 万亿日元，电子零部件产业的产值扩大了近 60%。[③]

20 世纪 90 年代后，日本的信息服务业也获得了长足发展。21 世纪后，虽然受到 2002 年 IT 泡沫崩溃的影响，增长速度有所放缓，但随着网络通信技术的进一步发展，日本信息服务业仍继续保持增长态势。受到 2008 年金融危机以及 2011 年东日本大地震的影响，日本经济发展低迷，企业的设备投资大幅下降，日本信息服务业的营业额也出现了下滑。2009 年日本信息服务业的总营业额为 21.5 万亿日元，2011 年下降到 19.3 万亿日元，2012 年日本软件业的营业额下滑到 15.9 万亿日元。2015 年日本信息服务业的营业额回升至 21.2 万亿日元，其中软件产业的营业额为 12.9 万亿日元，信息服务业的营业额为 6.7 万亿日元，网络附属服务业的营业额为 1.6 万亿日元。2013 年从事信息服务业的人数为 107.5 万人。[④]

[①] 薛敬孝、白雪洁：《当代日本产业结构》，天津人民出版社，2002，第 61 页。
[②] 吉森崇「国内理論系半導体産業の分析と将来戦略」『現状認識』2000。
[③] 富国生命投資「電子部品業界の現状」『富国生命投資』2009。
[④] 経済産業省『平成 27 年特定サービス業実態調査』経済産業省、2016。

2. 日本信息产业对日本经济的推动作用及产业波及效应

信息技术产业的发展对于日本经济的推动作用，可以通过产业关联表进行分析。筱崎彰彦等使用1990~2005年日本的产业关联表，分析了除去进口的影响外，信息技术产业的发展对日本经济中其他产业的影响作用。[1] 其主要结果如表3-7所示。

表3-7 信息技术产业对经济的影响

单位：万亿日元/人

	1990年	1995年	2000年	2005年
生产贡献	50	51	63	55
附加价值贡献	21	22	29	25
雇佣贡献	233	240	280	243

资料来源：篠崎彰彦・山本悠介・篠﨑彰彦「IT関連産業の経済波及効果——産業連関表による1990年から2005年までの分析」『経済学研究』4号、2009、67-82頁。

由表3-7可知，20世纪90年代，信息技术产业对于日本经济总产量的贡献，从1990年的50万亿日元，上升到2000年的63万亿日元，随着信息产业泡沫的崩溃，2005年时又下降到55万亿日元。信息技术产业对于附加价值的贡献效果，从1990年的21万亿日元，扩大到了2000年的29万亿日元，此后又减少到25万亿日元。但是，日本信息技术产业附加价值的波及效果要大于汽车产业生产的波及效果，2005年日本汽车产业的附加价值的波及效果为19万亿日元，小于信息技术产业的25万亿日元。信息技术产业的发展对于雇佣的贡献与其他两个指标相似，即在2000年之前表现出了上升趋势，而此后则表现出了下降趋势。总之，日本信息技术产业对于经济的影响在2000年之前表现出了上升趋势，而此后则有所衰退，但是信息技术产业对于经济的影响程度，在附加价值和雇佣贡献两个方面已经超过了汽车产业。由此可见，信息技术产业的发展对于日本经济起了重要作用。

根据日本经济社会综合研究所的一项研究，信息技术产业分为电子机械产业和信息服务业两个产业，并分别分析了这两个子产业的经济波及效果。

---

[1] 篠崎彰彦・山本悠介・篠﨑彰彦「IT関連産業の経済波及効果——産業連関表による1990年から2005年までの分析」『経済学研究』4号、2009、67-82頁。

其研究结果指出，信息服务业的经济波及效果从 1990 年的 4 万亿日元，迅速增加至 2005 年的 16 万亿日元，增加了近 3 倍。而电子机械产业的经济波及效果则从 1990 年的 5.5 万亿日元下降到了 2005 年的 3.5 万亿日元，下降了 2 万亿日元。[①] 这表明，日本信息技术产业的经济波及效果主要是由信息产业中的服务业部门，即信息服务业所带来的，而信息产业中的制造业部门的经济波及效果则逐渐下降，这说明随着经济服务化的发展，在日本的主导产业即信息产业中，信息服务业部门所起到的作用逐渐增强，但是信息服务业部门却面临着生产率较低的问题，针对这一问题将在下一部分进行讨论。

虽然在进入 20 世纪 90 年代之后，日本的信息技术产业获得了长足发展，但是在生产率方面，电子零部件产业和信息服务业这两个信息产业的重要组成部分，出现了在生产率层面的差异。JIPdatabase2015 对电子零部件产业以及日本的信息服务业的全要素生产率增长率进行了测算，其测算结果如表 3-8 所示。

表 3-8 日本信息技术产业全要素生产率增长率变化

单位：%

产业	1980~1985 年	1985~1990 年	1990~1995 年	1995~2000 年	2000~2005 年	2005~2012 年
半导体产业	-0.4	7.5	7.3	7.7	2.7	8.1
电子零部件产业	2.9	3.1	5.2	3.0	3.0	1.4
信息服务业	-6.5	-5.2	3.2	4.5	-2.4	-0.6

资料来源：JIPdatabase2015。

由表 3-8 可知，自 20 世纪 80 年代以来，日本的半导体产业的全要素生产率增速一直维持在较高的水平之上，2005~2012 年，全要素生产率增速甚至达到了 8.1%，远高于同一时期的其他产业。而自 20 世纪 80 年代以来，电子零部件产业的全要素生产率增速同样维持在 3% 到 5% 之间，保持了较快的全要素生产率增速。这说明日本信息产业中的电子零部件产业，也就是电子产品的硬件制造商的全要素生产率增长维持在较高的水平，同时也

---

① 経済社会総合研究所「IT 投資の経済効果分析：固定資本マトリクスを基礎とした実証研究」『研究報告書』2010。

是日本制造行业中全要素生产率增速最快的行业。但是，与此相对的是，日本的信息服务业的全要素生产率增速水平较低，其平均全要素生产率增长率要低于电子零部件产业与半导体产业。

在日本的信息技术产业中，从事制造业的部门与从事服务业的部门的生产率表现出了较大的差异。制造业部门和服务业部门之间的关系不再是相互替代的，而是互补的，因此制造业的全要素生产率增长越快，其所需要的劳动和资本也就越少，这些劳动和资本就会转移到服务业部门中去，服务业部门和制造业部门之间的差距不仅不会缩小，反而会越来越扩大。这两个部门之间的生产率差异导致了日本信息技术产业整体全要素生产率很难增长。只有促进日本信息服务业部门的生产率的提高，才能有效改善日本信息技术产业整体的全要素生产率增长问题。

20世纪90年代中期之前，加工组装业替代了重化学工业，这是一种制造业内部的产业替代，资源在主导产业之间进行了转移，因此使得产业间的资源配置效率提升。但是20世纪90年代之后，随着信息产业成为主导产业，由于信息服务业和电子机械产业的性质不同，劳动和资本会从生产率较高的电子机械产业中转出，并转移到生产率较低的信息服务业部门，造成了劳动和资本的边际生产能力的下降，资源出现了错配。

二 日本服务业的全要素生产率

日本实现工业化后，经济结构逐步服务化，以服务业为主导的第三产业在经济中所占比重日益增加，然而日本服务业的全要素生产率低下，这已成为日本政府所重视的问题。鲍莫尔的理论模型说明了日本提高服务业全要素生产率的必要性，而服务部门中的生产性服务业是提高全要素生产率的关键。通过使用日本的实际数据，本书进一步分析了日本生产性服务业的影响因素。

（一）经济结构服务化与服务业的发展

丹尼尔·贝尔（Daniel Bell）提出了"后工业化"社会理论，指出服务部门比重的提高是后工业化社会的重要特征。他认为："如果工业社会是由标志着生活水平的商品数量来界定的，则后工业社会就是由服务和舒适度计量的生活质量来界定的"。① 在20世纪70年代中期，日本完成了工业化后，经济结构中服务部门的比重逐渐上升，经济结构出现服务化的特征。服务部门在日本经济中所占有的地位愈发重要，服务业所占GDP的比重也逐年增加。

1. 日本服务业的定义与范围

日本的服务业根据其服务内容，可以分为狭义的服务业和广义的服务业。狭义的服务业是指对个人服务业、对企业服务业以及公共服务业。对个人服务业主要的服务对象是个人，主要包括旅行业、美容业、照相业等与生活相关联的产业，同时也包括类似游乐场、电影院、剧场等休闲相关的产业。对企业服务业主要是为工商业企业提供服务，包括的产业有租赁业、广告业、废弃物处理业等。公共服务业是指为社会整体提供的服务业，包括的产业有教育产业、医疗产业、政府的研究结构等。

广义的服务业除了包含狭义服务业所涵盖的内容外，还包括其他不属于制造业的产业。因此，广义服务业包含的产业有电气煤气水道业、批发和零售业、金融保险业、不动产业、信息通信业以及交通运输业。包含这些产业的广义服务业通常被称为经济结构中的"第三产业"。②

2. 服务业在日本经济中的地位变迁

首先，随着经济结构服务化的发展，日本服务业的营业额也不断增长。日本总务省《服务业动向报告》资料显示，2013年日本服务业月均营业额达到28.7万亿日元，同比增长0.5%；2015年日本服务业月均营业额为28.9万亿日元，同比增长2.4%。2015年，日本信息通信业的营业额同比增长3.1%，运输业的营业额同比增长5.6%，住宿与饮食业的营业额同比增长2.2%，医疗产业的营业额同比增长3.4%，不动产业和租赁业的营业额同比增长1.3%。③

其次，服务业产值占日本GDP的比重始终保持稳定增加趋势。如表3-9所示，自20世纪80年代以来，以农业为主的第一产业所占GDP的比重不断下滑，第二产业所占GDP的比重到1990年达到最高值36.9%后开始下

---

① 丹尼尔·贝尔：《后工业化社会》，科学普及出版社，1985。
② 服务业的定义来源自《日本标准产业分类》2002年版。
③ 総務省『平成27年サービス産業動向調査』総務省、2016。

降，而第三产业所占 GDP 比重从 20 世纪 80 年代开始不断上升，于 2001 年超过 70%。截至 2015 年，日本的第三产业占 GDP 的比重已经达到了 72.7%，成为日本国民经济中的重要组成部分。

表 3-9　日本第一、二、三产业占 GDP 比重变化

单位：%

产业	1980 年	1985 年	1990 年	1995 年	2000 年	2005 年	2010 年	2015 年
第一产业	3.6	3.2	2.5	1.7	1.5	1.1	1.1	1.1
第二产业	38.1	36.4	36.9	31.6	29.5	27.2	25.7	26.2
第三产业	58.3	60.4	60.6	66.7	69.0	71.7	73.1	72.7

资料来源：南方建明・酒井理『サービス産業の構造とマーケティング』中央経済社、2006；国民経済計算年次推計主要計数 2016。

深尾京司等使用多马权重的测算方法，分析了日本各产业产值与经济总产值的变化情况。① 根据表 3-10 可知，自 20 世纪 70 年代以来，电气水道业、金融保险业、通信业、不动产业等第三产业部门所占经济总产值的比重逐步扩大。而其他服务部门所占比重的增长最为显著，从 1970 年的 41.6%，提升到了 2000 年的 62.63%。②

表 3-10　各产业多马权重的变迁

单位：%

产业	1970	1980	1990	2000
农林水产业	9.52	6.64	4.10	2.59
矿业	1.34	1.10	0.51	0.28
制造业	105.41	96.02	75.91	59.17
建设业	21.68	22.73	20.52	16.35
电气水道业和煤气业	3.18	5.31	4.06	4.52
批发零售业	19.66	21.43	18.84	18.91
金融保险业	5.52	6.69	7.20	8.27

---

① 多马权重是指各产业产值与经济总产值的比值，以此反映各产业产值占经济总产值的比重。
② 金栄愨・権赫旭・深尾京司「産業の新陳代謝機能」深尾京司・宮川努『生産性と日本の経済成長：JIPデータベースによる産業・企業レベルの実証分析』東京大学出版社、2008。

续表

产业	1970	1980	1990	2000
不动产业	2.17	2.47	2.58	2.36
运输业	8.60	8.81	7.85	7.46
通信业	1.76	2.04	2.00	3.35
其他服务业	41.60	51.37	53.00	62.63
合计	220.44	224.61	196.58	185.89

资料来源：金荣愨・権赫旭・深尾京司「産業の新陳代謝機能」深尾京司・宮川努『生産性と日本の経済成長：JIPデータベースによる産業・企業レベルの実証分析』東京大学出版社、2008。

其他服务业可以继续细分为公共服务业、对企业服务业以及对个人服务业。从1980年到2003年，公共服务业占GDP比率从3.6%提升到了5.3%；对企业服务业占GDP比率从1980年的4.8%，提升到了2003年的8.1%；对个人服务业的比重则从6.0%提升到了7.5%。由此可以看出，日本其他服务业的增长主要是由对企业服务业所带来的。对企业服务业是生产性服务业的一个重要组成部分，本书将对日本的生产性服务业进行分析。

最后，从劳动力人口层面来看，从事服务业的劳动力人口在不断增加。费希尔曾明确指出，随着经济的发展，劳动力会逐渐从第一产业中转移出来，进入第二产业，然后进一步进入第三产业。[1] 日本第一产业的就业人口从1965年的24.5%，下降到2000年的6%，第二产业的就业人口则表现出了先上升再下降的趋势，1975年达到最高点33%，此后逐渐下降到2000年的31.4%。而第三产业，也就是服务业的就业人口比重，从1965年的43%，提高到了2000年的63%，截至2010年则提高到70.6%。[2] 符合费希尔提出的产业劳动力变迁理论。

根据日本总务省《劳动力调查》，截至2016年6月，日本的劳动力人口总计为6456万人，其中从事制造业的人口为1025万人，占劳动力人口总数的15.8%，从事广义服务业的劳动力人口为5236万人，占81.1%，从事狭义服务业的劳动力人口为2711万人，占41.9%。因此，从劳动力人口的就业层面来看，从事服务业的劳动力人口要大于从事制造业的劳动力人口，并且从事服务业的劳动力人口仍在不断增加，而从事制造业的劳动力人口却

---

[1] J. M. Garland et al., *Economic Progress and Social Security* (London: Macmillan Publisher, 1945).
[2] 総務省統計局『国勢調査平成22年』、http://www.stat.go.jp/data/kokusei/2010/。

在不断减少。从事制造业的劳动力人口比重从1975年的42.6%下降到了2015年的16.4%,而从事服务业的劳动力人口比重则从1975年的56.9%上升到了2015年的80.8%。

此外,随着经济的发展,企业和家庭的服务外包化趋势明显。不论是制造业企业还是服务业企业都倾向于将物流领域、财务会计领域、信息处理领域、教育领域的服务外包出去。在物流领域,制造业的外包比重高达75%,而非制造业的外包比重高达59.4%。[1] 在家庭服务领域,服务外包化的趋势同样显著。私人消费中用于服务的比重从1980年的44.2%提升到了2003年的57.1%。对于医疗的消费支出增长了40.9%,对于饮食的消费支出增长了3.9%,对于旅馆的消费支出增长了17.7%。[2] 私人消费中用于服务的比率增长,这进一步推动了日本对个人服务业的发展。

因此,伴随着经济服务化的趋势,服务外包化的发展趋势日益显著,这无疑将推动日本服务业的进一步发展。此外,随着日本人口老龄化的进一步发展,对于医疗和福祉产业的需求会进一步提高,这推动医疗产业的发展。近年信息技术领域的进步日新月异,因此可以预见信息通信行业也将获得较快发展。

3. 服务业与制造业的全要素生产率差距

随着服务部门的不断扩大,产业结构的服务化持续发展,但同时服务业的发展也伴随着一个问题,即服务业部门固有的低效率问题。服务产业产品的特殊性,使得其产量极易受到外界经济环境的影响。即使缩短了提供服务的时间,但是经济波动导致的产量减少仍然不可避免,并且生产率出现下降。而不断扩大的服务产业,其生产率得不到提高,将对整个经济体生产率的提高造成负面影响。鲍莫尔指出了服务业的生产率问题,他认为经济体可以分为生产率较高的制造业部门和生产率较低的服务业部门,随着生产率差距的拉大和工资差距的缩小,效率低的服务业部门会进一步扩大,导致总体的经济效率表现出下降的趋势。

---

[1] 山川美穂子「ワンストップ化に向かうアウトソーシングビジネスの経営戦略(特集アウトソーシングビジネス最前線——ここまで来た!外部経営資源の戦略的活用)」『企業診断』11号、2004、38–43頁。

[2] 日本经济产业研究所的《长期连续产业关联表》(1980~2000)。

表 3-11 日本各产业全要素生产率增长率变化

单位：%

产业	1980~1985年	1985~1990年	1990~1995年	1995~2000年	2000~2005年	2005~2012年
电子机械制造业	12.8	2.2	3.8	0.8	13.3	3.6
制造业	4.08	2.48	0.57	1.47	2.9	0.5
非制造业	-0.29	1.73	-0.76	0.05	0.6	-0.2
金融业	1.9	7.7	0.1	0.7	1.2	-2.8
批发业	0.0	5.8	4.4	0.9	1.6	-1.5
电信业	4.8	2.9	5.1	3.6	1.8	3.0

资料来源：JIPdatabase2015。

表 3-11 反映了日本各产业的全要素生产率增长率的变化情况。从总体情况看，日本制造业的全要素生产率增长率要高于日本服务业的全要素生产率增长率。1980~2012 年日本制造业的全要素生产率增长率平均值达到 2.6%，远高于服务业的 0.46%。制造业中全要素生产率增长率最快的部门是电子机械制造业部门，其年均全要素生产率增长率高达 8.04%。而服务业中，增长较快的三个产业，即金融业、批发业和电信业的年均全要素生产率增长率分别为 3.12%、2.48% 和 2.45%。由此可见，日本制造业部门的生产率要高于服务业部门的生产率，且制造业部门和服务业部门之间的生产率差异也较大。

此外，除了服务业部门整体全要素生产率增长率较低外，日本服务企业之间的生产率同样也存在较大差异。森川正之使用日本经济产业省提供的"企业活动基本调查数据"，结合日本的相关企业数据，分析了日本服务业的生产率，指出日本服务企业的生产率存在极大差异，一些企业拥有较高的生产率，而一些企业的生产率则极低，而生产率差异的主要来源是"产业内差异"而非"产业间差异"，生产率高的企业占有的市场份额也越大。[①] 因此，日本服务业部门的规模随着工业化的完成逐渐扩大，但是同样存在生产率较低的问题，由此提高日本服务业部门的生产率就成为日本政府十分关注的问题。

---

① 森川正之『サービス産業の生産性分析：ミクロデータによる実証分析』日本評論社、2014、159 頁。

4. 日本政府提高服务业生产率的相关措施

日本政府已经认识到提高服务业生产率的必要性。服务是一种能为顾客提供其所需资源的过程。服务业还具有以下四个特征：无形性、同时性、异质性以及消灭性。服务业有着产量难以衡量以及劳动力集中这两个特性，这使得传统的依靠缩减投入以提高生产率的方法难以奏效。为此日本政府提出的解决方案是，不仅要注重缩减投入，更要注重提高产出，以及创造出新的价值。①

2006 年，日本的经济产业省就提出了"新经济成长战略"，其中就明确提出要提高服务业的生产率，使之和制造业一起成为日本经济的两个增长引擎，提出了重点要提高的服务业产业的生产率，并指出了这些产业生产率提高的目标。

2007 年，经济产业省提出的"经济财政改革的基本方针"中将"服务业的革新战略"作为重要的经济课题。② 通过设立服务业生产率协会（SPRING）以提高企业的生产率，并与大学和研究机构合作设立了服务工学研究中心，从学术研究的角度出发研究提高服务业生产率的方法。此外，为鼓励服务业企业提高生产率，还设立了"高级服务日本 300 选"，以介绍成功提高生产率的服务业企业的经验。③

2008 年 5 月，在金融危机的背景下，日本政府更加认识到提高服务业生产率的必要性，提出了"业种别生产率提高项目"，制定了包括 IT、通信、住宿、零售、批发等 17 个产业在内的提高生产率的目标和措施。④ 2013 年，日本政府又提出了"日本再兴战略"，将医疗、内容产业和观光产业指定为日本重点发展的服务业。⑤ 日本政府试图通过上述政策提高服务业的生产效率。

（二）制造业与服务业的融合趋势与生产性服务业的发展

提高服务业的生产率，需要从提高服务业内部各产业的生产率入手，而

---

① 経済産業省『サービス産業におけるイノベーションと生産性向上に向けて』経済産業省、2007。
② 経済産業省『経済財政改革の基本方針』経済産業省、2007。
③ 内藤耕・赤松幹之『サービス産業進化論』生産性出版、2009、23 頁。
④ 内閣府『業種別生産性向上プログラム』内閣府、2008。
⑤ 内閣府『日本再興戦略』内閣府、2013。

生产性服务业则是提高服务业生产率的关键，发展与促进生产性服务业的全要素生产率增长，有助于服务业整体生产效率的提高。生产性服务业主要是指，狭义服务业范畴中的对企业服务业，其主要服务对象是在市场中从事生产与经营活动的制造业与服务业企业，而非私人消费者与政府、公共服务部门。

1. 制造业与服务业的融合趋势

近年来，制造业与服务业的融合趋势日益明显。一方面，制造业对于服务的需求不断增加，制造业的生产与经营活动越来越依靠金融、租赁、信息服务等服务产业的支持，服务产品作为中间投入品的比重也在不断增加。另一方面，服务业的经营范围也在扩大，对制造业的渗透不断增强，服务业企业凭借其自身的技术优势，将其生产链扩展到产品的设计与生产领域，实现了向制造业的跨界。松崎和久认为，日本的服务业和制造业表现出相互融合的趋势，服务业的生产内容逐渐向制造业靠拢，与此同时制造业的生产内容也越来越服务化，制造业企业向销售环节发展，而服务业企业则向着设计和开发环节发展。①

在制造业与服务业融合的总体趋势之下，日本的服务业与制造业也表现出了融合互动、相互依存的共生态势，生产性服务业发展迅速，并推动了日本的制造业发展。植村博恭将产业的雇佣变化率进行了分解，揭示了日本出口行业与生产性服务业之间的密切联系。植村博恭指出，1995~2005年，日本的出口产业②等维持了高速的增长，并且其劳动生产率也呈现了升高的态势。与此同时，日本的生产性服务业在产量和雇佣两个方面都有所扩大。而2005~2010年，受到全球金融危机的打击，日本出口行业的产量出现了下降，其劳动生产率也发生了下降，与此同时，日本的生产性服务业也在产量和雇佣方面出现下降。③ 由此可见，日本的生产性服务业不仅与制造业之间存在着紧密联系，并且与制造业的生产活动之间存在相互影响的互动关系。制造业的发展会扩大对于生产性服务业的需求，这促使生产性服务业的产量和雇佣量增加，同时生产性服务业的发展也对制造业起到了推动作用。当经济形势趋冷，制造业和生产性服务业之间由于存在紧密的关系，

---

① 松崎和久『サービス製造業の時代』税務経理協会、2014、11頁。
② 日本的出口产业主要是指汽车以及机械两个产业。
③ 植村博恭・田原慎二「脱工業化の理論と先進諸国の現実：構造変化と多様性」『季刊経済理論』1号、2015。

从而会出现一冷俱冷的现象。生产性服务业的研究问题不仅是近年经济学界服务经济研究的重点课题，而且鉴于日本生产性服务业与制造业发展之间存在的紧密联系，因此有必要详细分析日本的生产性服务业发展及其影响因素问题。

2. 日本生产性服务业的发展

生产性服务业主要为制造业企业提供中间产品服务，其主要内容有财务咨询、信息服务、软件服务、金融服务、人力资源管理服务等。对于生产性服务业的划分标准，在学界还未达成共识，本书依据日本经济产业省的产业划分标准，将以下产业划归生产性服务业。这些产业包括交通运输业、批发业、电信业、金融业、邮电业、广告业、设备租赁业、修理业、设施维护业、信息服务业、广告业、其他生产性服务业总计12种产业。

生产性服务业作为衔接第二产业和第三产业的桥梁，不仅对日本的制造业有重要影响，而且在日本经济中也占有相当重要的地位。首先，自日木完成工业化以来，生产性服务业占日本经济GDP的比重就处于不断增加的上升通道之中。如图3-2所示，日本生产性服务业的产值占GDP的比重从1973年的19.5%，逐步提升到了2005年的29.4%。此后受到世界金融危机的影响，该比重有所下降，自2009年以来该比重再次回升，截至2012年，日本生产性服务业占GDP的比重为27.8%。

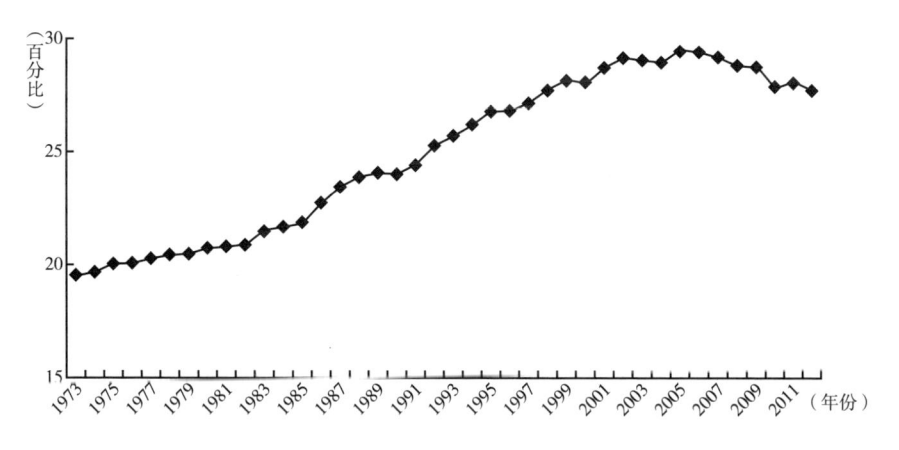

图3-2 日本生产性服务业与GDP比率

资料来源：経済産業研究所「JIPdatabase2015」、http：//www.rieti.go.jp/jp/database/jip.html［2016-08-10］。

其次，日本的生产性服务业在日本的服务业总体之中，也占有重要的地位，生产性服务业的产值占日本服务业的总产值比重始终在50%左右的范围内波动。图3-3反映了日本生产性服务业产值与日本服务业总产值比重的变化情况。日本生产性服务业产值在日本服务业总产值中的占比曾一度下滑，从1973年的50.8%，下降到了1982年的48.2%。而在1983年之后，该比值则呈现增长的趋势，从1982年的48.2%直线增加到2006年的56.5%，达到了历史最高水平。从2006年开始，受到全球金融危机的影响，日本制造业特别是日本的出口产业的生产萎缩，并波及了与其关系密切的生产性服务业，造成日本生产性服务业总产出的下降，截至2012年，这一比率为51.8%，仍然维持在50%以上。① 从总体上看，日本的对企业服务业，即生产性服务业的总产出占日本服务业总产出的50%左右，其产值的波动对日本服务业的发展有着重要的影响。

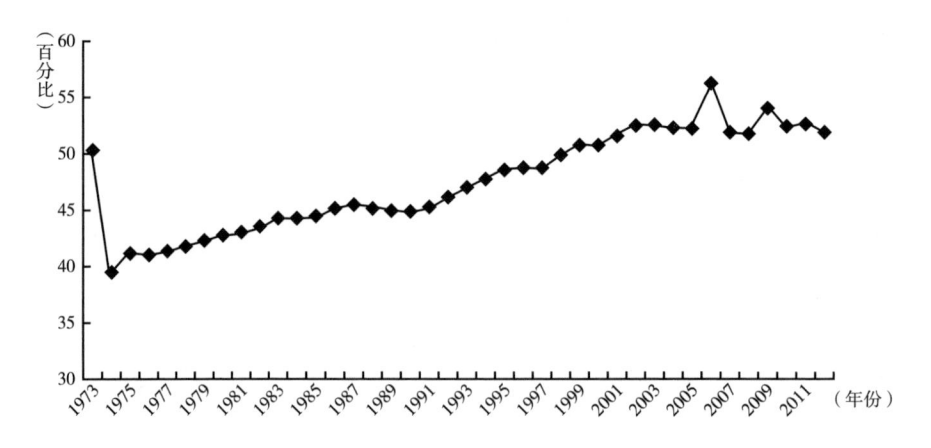

图3-3 日本生产性服务业产值占服务业总产值的比重

资料来源：経済産業研究所「JIPdatabase2015」、http：//www.rieti.go.jp/jp/database/jip.html［2016-08-10］。

再次，本文从生产性服务业的劳动人口数量变化层面，考察日本生产性服务业的发展情况。图3-4显示了日本生产性服务业就业人口的变化。从

---

① 笔者根据JIPdatabase2015数据，将交通运输业、批发业、电信业等12个产业的附加价值加总后，除以当年日本服务业附加价值总额，计算得出日本生产性服务业在日本服务业中所占比重。

1965年至2000年，生产性服务业对于劳动人口的吸纳量一直多于消费性服务业，此后呈现出持平趋势。在此期间，日本的生产性服务业的从业人口一直维持增长。从事生产性服务业的劳动人口数量从1965年的1098万人增加到了2015年的2164万人，增加了1066万人，在日本人口老龄化背景下增长显著。

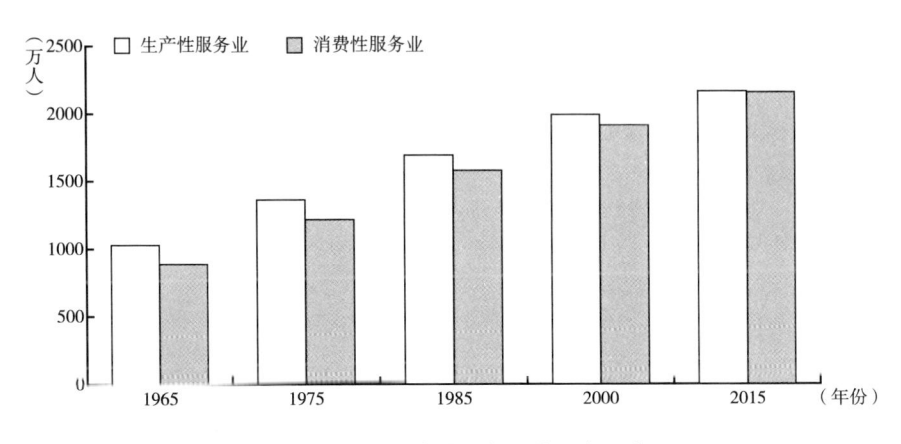

图3-4 日本生产性服务业就业人口变迁

资料来源：総務省統計局「国勢調査平成22年」，http：//www.stat.go.jp/data/kokusei/2010/ ［2016-08-22］；総務省統計局「日本の統計2015」，http：//www.stat.go.jp/data/nihon/index2.htm ［2016-08-23］。

最后，生产性服务业内部各产业的变化情况。1973~2012年，交通运输业、批发业、电信业、金融业、设备租赁业、修理业、信息服务业、广告业、设备维护业这些行业占生产性服务业的平均比值分别为18.2%、21.5%、3.9%、15.8%、2.6%、6.1%、3.6%、2.9%、10%。[①] 具体的情况如图3-5所示。

在日本生产性服务业中，相对传统的产业，比如交通运输业、批发业、金融业的占比为55.5%；相对新兴的产业，比如电信业、设备租赁业、修理业、信息服务业、科学研究业等所占比重为44.5%。随着经济的发展，日本生产性服务业中传统生产性服务业所占比重逐渐下降。交通运输业从1975年的26.9%下降到了2012年的14.1%，下降了将近一半，且还在维持

---

① 为了实现展示的简洁性，在图中未展示所占比重较小的邮电业、广告业和其他生产性服务业。

下降的趋势。批发业自 1997 年达到最高值 25.6% 后也呈现出下降趋势，2012 年所占比重为 18.2%。

与此相对的是，科技型生产性服务业所占比重逐渐提高。自 1995 年以来，电信业、信息服务业、设备租赁业所占生产性服务业的比重都出现了快速提升。电信业由 1995 年的 3.1% 提升到了 2012 年的 8.5%；信息服务业的比重由 1995 年的 2.8% 提升到了 2012 年的 6.5%；设备租赁行业的比重则由 1995 年的 1.7% 提升到了 2012 年的 7.9%。但是，科学研究行业的比重并没有出现增加的趋势，始终维持在 3% 左右。

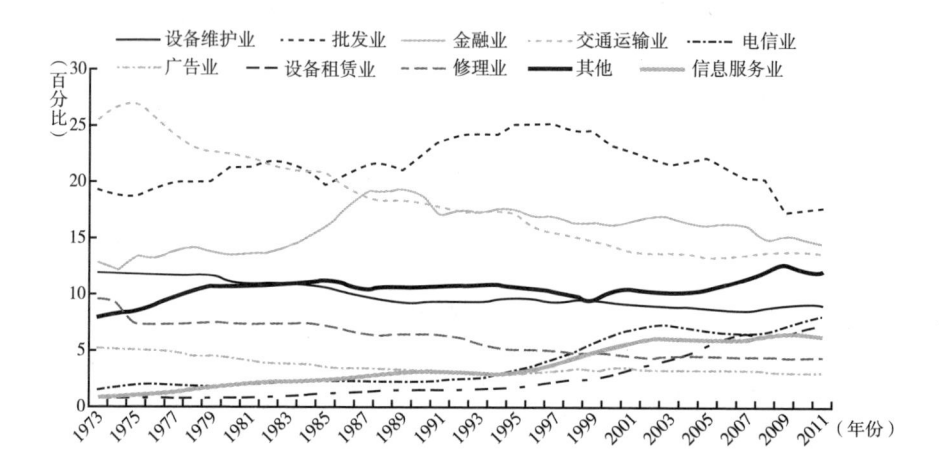

图 3-5　日本生产性服务业各细分行业占比情况

资料来源：経済産業研究所「JIPdatabase2015」、http://www.rieti.go.jp/jp/database/jip.html［2016-08-10］。

回顾日本生产性服务业的发展情况可知，随着日本经济结构服务化的程度逐步加深，日本生产性服务业在日本经济中所占的地位不断上升，吸收了大量的就业人口，其发展情况对日本经济具有重要影响。在日本生产性服务业内部，传统生产性服务业所占比重逐步下降，而新兴生产性服务业所占比重逐步提高，这说明日本的生产性服务业内部的产业升级正在不断推进，通过创造性破坏过程，催生新产业与新业态。

（三）电信业、信息服务业、设备租赁业的发展情况

电信业、信息服务业以及设备租赁业这三个新兴的生产性服务业所占的

比重逐渐增加。这反映出随着技术的进一步发展，制造业企业的需求发生了变化，从传统型服务转向了创新型服务。得益于这种变化趋势，电信业、信息服务业以及设备租赁这三个生产性服务业的发展空间也逐步扩大。因此，电信业、信息服务业及设备租赁业是日本生产性服务业中最具有发展潜力的三个产业，下文分别探讨这三个产业的发展情况。

1. 电信业

长期以来，日本的电信业受到政府的管制，国内的通信服务主要被日本电信电话公社所垄断。从1985年起，日本政府开始推动电信民营化改革，逐渐放开对电信业的管制，因而日本的电信业也开始快速发展，并成为全球第二大电信市场。受日本电信业民营化改革的影响，1995~2002年，日本电信业的运营商数量净增加1170家。[①] 此外，电信业通过民营化改革，促进了竞争，降低了通信费用，1985~2013年移动通信的使用费用下降了80%，固定电话的使用费用下降了30%，上网费用则下降了20%。日本电信业的营业额从1985年的5.3万亿日元，增长到2013年的21.5万亿日元。随着信息技术和网络技术的进一步升级与发展，日本的电信业在未来所占据的比重将继续扩大。

2. 信息服务业

信息服务业是为制造业企业提供信息处理、应用软件等与信息技术相关的服务产业。根据日本经济产业省的定义，日本的信息服务业提供的服务包括软件服务、信息处理、网络附属服务等。20世纪90年代以来，随着信息技术的迅速发展，日本的信息服务业也得到了快速发展。日本信息服务业的营业额从2002年的15万亿日元，提高到了2011年的21.3万亿日元。日本的信息服务业日益成为日本的生产性服务业中的一个重要的组成部分。

3. 设备租赁业

根据日本经济产业省的产业分类表，设备租赁业又可以细分为以下三种产业：物品租赁业、产业机械租赁业以及汽车租赁业。根据日本经济产业省的调查，2013年日本设备租赁业的企业数为12452家，从业人数为150万

[①] 李晓丹、刘广：《日本电信产业规制及其对我国的借鉴》，《广东商学院学报》2004年第1期，第41~45页。

人，全年营业额为 10.5 万亿日元。随着日本产业结构服务化的发展，日本的设备租赁业的发展也越来越迅速，并逐渐成为日本生产性服务业中具有十分重要位置的一个产业。日本设备租赁业主要提供的服务包括以下几个方面。

（1）建筑设备租赁业、土木机械租赁业

建筑设备租赁业在租赁行业中占有重要地位，其营业额占全行业营业额的 50% 以上。建筑设备租赁业的快速发展始于日本经济高速发展时期对于土木建筑需求的激增，为弥补短期设备使用的需要，建筑设备租赁业得以迅速发展。泡沫经济崩溃之后，虽然社会对于土木建设的需求减少，但是土木建筑商为了缩减成本，对于设备租赁的需求反而出现了上升的趋势。建筑设备租赁业的营业额从 1985 年的 2290 亿日元提升到了 2000 年的 8220 亿日元。[①]

（2）汽车租赁业

从 20 世纪 60 年代开始，日本的汽车通过技术引进，逐渐实现了国产化，在受到 1963 年东名高速公路的建设与 1964 年的东京奥运会的举行的刺激，日本的汽车租赁业也逐渐发展起来。从事汽车租赁的企业数从 1975 年的 3721 家增加到 2005 年的 5994 家，供租赁用的汽车数量也从 11 万台增加到 320 万台，营业额更是从 257 亿日元增加到了 3792 亿日元。[②] 丰田汽车租赁和 ORIX 汽车租赁是日本汽车租赁行业中最重要的两个企业，所拥有的汽车数分别为 48.8 万台和 52.9 万台。

（3）计算机及软件租赁业

随着计算机的逐渐普及，计算机租赁业在 20 世纪 70 年代达到鼎盛后就逐渐开始下降，计算机租赁业的营业额占总营业额的比重从 1975 年的 54% 下降到 2005 年的 15%。[③] 虽然计算机硬件的租赁比重逐渐下降，但是从 20 世纪 90 年代起，计算机软件租赁所占的份额开始逐渐增加。软件租赁公司通过获得软件的使用权，再将其租给需要的公司。截至 2017 年，软件租赁

---

① 全国建設機械リース業協会『建設機械器具リース業の現状と未来』全国建設機械リース業協会、2003、9 頁。
② 水谷謙治「物品賃貸業の歴史的研究（下）：第二次世界大戦以降」『立教経済学研究』604 号、2007、189–212 頁。
③ 経済産業省『平成 17 年特定サービス業実態調査』経済産業省、2005。

的营业额达到了3522亿日元。①

(4) 医疗和福祉设备租赁业

近年来，日本社会人口老龄化不断发展，推动了医疗和福祉设备租赁的发展，与此同时，医疗设备租赁业的营业额也出现了快速提升，从1973年不到1亿日元提升到2013年的269亿日元。② 随着日本老龄化社会的进一步发展，人们对于医疗需求进一步增加，医疗和福祉设备租赁业的市场规模会维持继续增长的趋势。

设备租赁产业不仅能够为企业提供其所需的设备，还能通过分期付款的方式，缓解企业的融资困难，使得租赁还兼具金融服务的特征。③ 日本的设备租赁行业，在20世纪60年代中期随着日本经济的起飞也开始快速发展。由于设备租赁的灵活性与多样性，以及成本上的优势，设备租赁产业即使在日本经济陷入长期低迷之后也没有停止发展，反而表现出更旺盛的生命力。因此，设备租赁业依靠其灵活的服务内容和较低的使用成本，成为日本服务业中具有提高全要素生产率潜力的产业。

（四）一个生产性服务业影响因素的实证分析

生产性服务业在日本服务业乃至日本经济中占有重要地位，生产性服务业的发展不仅能够促进制造业的进一步发展，其内部的产业升级还能够推动新产业的诞生，拉动创新，改善经济结构。因此，有必要分析影响日本生产性服务业的主要经济因素。

1. 生产性服务业影响因素的理论分析

佩蒂（Petit）认为，促进服务业增长的三个关键机制是：信息技术扩散、经济国际化与教育的稳定发展。当这三种结构性因素跨过一定门槛之后，会表现出相互依存性，信息技术的发展以及教育的普及将有助于提高经济体的人力资本，而国际化将会推动国与国之间的竞争，有利于服务业的发展④。

---

① 公益社団法人リース事業協会、リース統計、2018年1月、http://www.leasing.or.jp/statistics/docs/2017_12.pdf.
② 厚生労働省『薬事工業生産動態報告』厚生労働省、2013。
③ 水谷謙治「物品賃貸業の歴史的研究（下）：第二次世界大戦以降」『立教経済学研究』604号、2007、189–212頁。
④ Jean Gadrey and Faiz Gallouj, *Productivity Innovation and Knowledge in Services* (Cheltenham: Edward Elgar Publishing, 2002).

对佩蒂的观点进行进一步的细化,并结合生产性服务业的特征,可以从以下三个方面提高生产性服务业的全要素生产率。

其一,分工合作的进一步细化。企业各部门不断提高自身的专业化程度,专门进行自己具有比较优势的生产工作,从而实现了社会分工的进一步细化,这使得参与交易的企业部门更加能够发挥自身的比较优势,为制造业企业提供相应的服务,从而实现了自身生产率的提高,也促进了制造业企业生产率的提高。

其二,专业外包服务的发展。由于生产性服务业和制造业之间存在紧密的联系,外包服务的发展将会推动制造业的发展。当代信息技术能够把更多的环节分解外包到不同的经济主体执行,从而利用经济主体各自的比较优势。[①] 更加专业化的外包服务,将会有助于生产企业降低成本,生产性服务业的专业化服务也有助于全要素生产率的提高。服务外包的成熟度与全要素生产率之间表现出正的相关关系,因此如果日本服务业的外包能够更加成熟,将有助于提高其全要素生产率。

其三,交易成本的降低。降低制造业企业和生产性服务业企业之间的交易成本,将有助于二者降低生产成本,从而提高生产效率。在信息技术革命之前,日本曾通过发包商和承包商之间长期紧密的合作关系实现了交易成本的降低,从而实现了生产成本的下降与生产率的提高。在信息技术革命后的今天,发达的信息传输技术逐渐取代了过去日本厂商之间通过系列承包体系所实现的成本缩减。只有进一步发展信息技术,实现厂商之间更快、更紧密的信息传送,才能进一步降低企业的交易成本,实现生产率的提高。

2. 实证分析

下文结合上述理论部分的分析,运用时间序列分析等计量经济手段,对影响日本生产性服务业的影响因素进行实证分析。

(1) 变量的选择

作为被解释变量,本书使用生产性服务业产值占 GDP 的比重表示生产性服务业的发展情况。生产性服务业产值在 GDP 中所占的比重越多,则生产性服务业的发展程度越高。本书认为专业化分工、工业化程度、生产性服

---

① 江小涓:《服务经济理论演进与产业分析》,人民出版社,2014,第 115 页。

务业的效率以及信息技术投入是影响日本生产性服务业的主要因素。

第一，专业化的分工。分工的细化促进生产性服务业的独立和发展。韩德超指出，工业增加值与工业总产值的比重可以作为专业化程度的解释变量，如果专业化程度越高，工业增加值比重越小，社会的分工越细，专业化程度越高。[1] 本书使用日本制造业产值的增加值与其总产值的比重表示。

第二，工业化程度。由于生产性服务业与制造业存在着密不可分的关系，制造业的发展将推动生产性服务业发展，工业化程度越高生产性服务业发展越快。本书使用制造业产值与 GDP 比值的变化率以代表工业化程度。该指标越高，则工业化程度越高，生产性服务业也就越发达。

第三，生产性服务业效率。效率的提高有助于降低生产性服务业和制造业之间的交易成本，推动生产性服务业发展。本书使用日本生产性服务业增加值与 GDP 的比值与生产性服务业雇佣费用支出与总雇佣费用支出比值的商表示。该指标越高，则说明能够使用更少的劳动力进行生产，从而其效率也就越高。[2]

第四，信息技术投入。对信息技术的投资则有助于制造业与生产性服务业之间的融合，带动生产性服务业发展。本书使用日本实际信息投资额的年变化率，表示日本信息技术投入的情况。

（2）模型形式的设定

根据上述分析，日本的生产性服务业影响因素的分析可以依据下式进行：

$$Y_t = \alpha + \beta_1 IND_t + \beta_2 INC_t + \beta_3 EFF_t + \beta_4 IT_t + \varepsilon_t \quad (3-5)$$

其中，Y_t 表示生产性服务业增加值占 GDP 的比率；IND_t 表示专业化分工；INC_t 表示工业化程度；EFF_t 表示生产性服务业的效率；IT_t 表示信息技术的投入。本书对日本生产性服务业的总体情况，以及交通运输、金融、信息服务业、电信和设备租赁这五个行业分别进行影响因素分析，以揭示不同

---

[1] 韩德超、张建华：《中国生产性服务业发展的影响因素研究》，《管理科学》2008 年第 6 期。
[2] 刘纯彬、杨仁发：《中国生产性服务业发展的影响因素研究——基于地区和行业面板数据的分析》，《山西财经大学学报》2013 年第 4 期。

产业自身的决定因素特点。

(3) 数据的选取与预处理

本书选取的分析时间段为1973年至2011年,共包含38年的数据,并将交通运输业、金融业、信息服务业、电信业和设备租赁业五大类产业作为主要的分析对象,其中既包括传统的生产性服务业,例如交通运输业与金融业,同时也包括新兴的生产性服务业,比如信息服务业、电信业及设备租赁业等科技型生产性服务业。本书的数据来源为JIPdatabase 2014。①

在进行长期时间序列分析之前,为避免由经济变量非平稳所导致的"伪回归"问题,减少对于回归系数估计的偏差,就需要对各经济变量的平稳性进行检验。本书通过ADF检验,分析了各经济变量的平稳性,所获得的检验结果如表3-12所示。由ADF检验可知,所有需要分析的经济变量都是平稳变量,可以直接用于回归分析。

表3-12 经济变量的平稳性检验结果

经济变量	ADF检验式	ADF值	相应P值	结论
SER	(c,0,9)	-3.43	0.01	I(0)
ELE	(c,t,3)	-3.31	0.08	I(0)
FIN	(c,0,9)	-3.72	0.01	I(0)
INFO	(c,0,9)	-3.45	0.02	I(0)
RENT	(c,t,5)	-4.73	0.00	I(0)
TRAN	(c,0,9)	6.32	0.00	I(0)
IND	(c,0,9)	-6.52	0.00	I(0)
INC	(c,0,9)	-8.34	0.00	I(0)
EFF	(c,0,9)	-3.36	0.02	I(0)
IT	(c,0,9)	-4.04	0.00	I(0)

注:SER代表生产性服务业;ELE代表电信业;FIN代表金融业;INFO代表信息服务业;RENT代表设备租赁业;TRAN代表交通运输业。

---

① 経済産業研究所「JIPdatabase2014」、http://www.rieti.go.jp/jp/database/jip.html [2016-05-01]。

(4) 实证结果与分析

实证分析结果如表 3-13 所示。

表 3-13 实证分析结果

解释变量	SER	ELE	RENT	INFO	FIN	TRAN
c	-0.0001 (0.4279)	0.0006** (0.0164)	0.0006*** (0.0066)	6.76e-05 (0.6467)	-0.0005 (0.2789)	-2.11e-05 (0.9420)
IND	-0.0197*** (0.0017)	-0.0182* (0.0759)	-0.0206* (0.0845)	0.0033 (0.6687)	0.0124 (0.6287)	-0.0058 (0.7480)
INC	0.0315*** (0.0005)	0.0225* (0.0935)	0.0291* (0.0824)	-0.0051 (0.6467)	-0.0506 (0.1525)	0.0161 (0.5144)
EFF	0.3231*** (0.0000)	0.0205** (0.0283)	0.0227** (0.0376)	0.0057 (0.4089)	0.0758** (0.0027)	0.0325* (0.0536)
IT	-0.0002 (0.6121)	-0.0001 (0.8408)	-0.0007 (0.1261)	0.0004*** (0.0000)	-0.0033 (0.1497)	0.0003 (0.7892)
AR(1)				0.8332*** (0.0000)		
AR(2)	0.3950** (0.0260)					
MA(1)	0.9994*** (0.0000)	1.0600*** (0.0000)	0.4486** (0.0276)	-0.4065** (0.0548)	0.2845 (0.1497)	0.3118* (0.0800)
MA(2)		0.2190 (0.2570)				
R^2	0.99	0.61	0.49	0.62	0.66	0.49
DW	1.84	1.89	1.71	1.83	2.03	1.99

注：括号内为 p 值；***、** 和 * 分别表示在 1%、5% 和 10% 的显著性水平上显著；SER 代表生产性服务业；ELE 代表电信业；FIN 代表金融业；INFO 代表信息服务业；RENT 代表设备租赁业；TRAN 代表交通运输业。

由实证结果可知，首先，从日本的生产性服务业总体回归结果看，专业化分工、工业化程度、生产性服务业效率这三个解释变量都是在 5% 的显著性水平下是显著的，并且其符号也符合理论预期。说明这三个解释变量的提高对于促进日本生产性服务业的发展有着重要的作用。但是信息技术的投入水平与生产性服务业的发展的关系并不显著。

此外，分行业的回归结果呈现出不同的结果。新兴生产性服务业中的电信业和设备租赁行业与日本生产性服务业的总体情况相同，专业化程度以及工业化程度这两个解释变量在 10% 的显著性水平下是显著的，且符号也符合预期。生产性服务业效率在 5% 的显著性水平下是显著的，说明服务业效率的提高有助于这两个产业的发展。但是信息技术的投入水平这一解释变量并不显著。

信息服务业的回归结果表明，该产业的发展水平只与信息技术的投入水平这一解释变量密切相关，信息技术投入水平这一解释变量在 5% 的显著性水平下显著。而其他的解释变量对信息服务业的推动作用不明显。

传统的生产性服务业，即金融业和交通运输业，这两个产业的发展水平只与服务效率的提高有显著关系。生产性服务业效率这一解释变量分别在 5% 以及 10% 的显著性水平下是显著的。其他的解释变量对这两个产业的发展作用并不明显。这是因为对于传统生产性服务业而言，其发展历史较长，与制造业的融合程度已经达到了较高水平，所以专业化分工和工业化程度对促进传统生产性服务业发展的作用不甚明显，唯有提高其自身的服务效率才能够促进传统生产性服务业的发展。

因此，从总体上看，专业化分工、工业化程度以及服务效率的提高有效地推动了日本生产性服务业的发展。其中，电信业和设备租赁业的主要影响因素为工业化程度、专业化分工以及生产性服务业的效率。信息服务业的发展与信息技术投入水平表现出直接相关关系，说明信息技术的投入将有助于信息服务业的发展。此外，金融业以及交通运输业的主要影响因素为生产服务业的效率，效率的提高将有助于这两个产业的发展。

（五）服务业的"成本病"与提高全要素生产率的必要性

鲍莫尔最先指出了服务业的生产率问题，认为其生产率会低于制造业的生产率。在经济体中规模不断扩大的服务业，其生产率难以得到提高，这将对整个经济体生产率的提高造成负面影响。鲍莫尔将之总结为服务业的"成本病"问题。[①] 鲍莫尔指出，服务部门所提供的产品本身就是最终产品，没有使用资本和新技术的空间，这造成了服务业生产成本高且效率低的现象。由于经济是自由竞争的，制造业部门不断增长的资本和技术导致其实际

---

① William J. Baumol, "Macroeconomics of unbalanced growth: the anatomy of urban crisis", *The American Economic Review*, Vol. 56, No. 3, 1967, pp. 415–426.

的工资水平不断上升以及服务业部门的工资增长。但是服务业部门所增高的生产成本并不能被生产率的提高所抵消,因此服务业部门的成本变得越来越高,服务业的"成本病"问题就此出现。此后,随着生产率差距的增大和工资差距的缩小,效率低的服务业部门在经济中所占的比重会进一步的扩大,而生产效率高的服务业在经济中所占的比重则会不断缩小,经济中的资本和劳动等生产要素会不断从制造业中流出,并流向生产率低的服务业之中,从而使得经济总体的生产率水平和经济总体的增长率下降。破解服务业"成本病"问题的关键在于,提高服务部门的全要素生产率。

以下使用鲍莫尔所提出的经济理论模型,来阐明日本提高服务业生产率的必要性。假设经济存在两个部门,即制造业部门 m 和非制造业部门 s。假设两个部门都仅以劳动作为唯一的要素投入,则二者的产量可以表示为:

$$Q_m = t_m L_m, \quad t_m = \exp(r_m t) \tag{3-6}$$

$$Q_s = t_s L_s, \quad t_s = \exp(r_s t) \tag{3-7}$$

$$L_m + L_s = 1 \tag{3-8}$$

Q_i 表示两部门产量,i 表示制造业部门 m 或非制造业部门 s,L_i 表示两部门的劳动力投入,t_i 表示两部门的全要素生产率。且各部门的全要素生产率以 r_i 的速度增长。并且假设两个部门的劳动力的和为1。基本的假设是,制造业部门的全要素生产率增长率要高于服务业部门。

由于市场是完全竞争的,因此在两个部门所获得工资相同。在完全竞争市场的环境中,厂商的利润为零,厂商所面临的最大化条件如下:

$$\max_{L_i} p_i Q_i - \omega L_i \quad i = m, s \tag{3-9}$$

通过最大化3-9式,可以得到:

$$p_m = \frac{\omega}{t_m} \tag{3-10}$$

$$p_s = \frac{\omega}{t_s} \tag{3-11}$$

因此,制造业商品与非制造业商品的价格之比为:

$$\frac{p_m}{p_s} = \exp[(r_s - r_m)]t \tag{3-12}$$

两部门的产量之比为 K，由此可知制造业部门和服务业部门的劳动力需求为：

$$L_m = \frac{1}{1 + K\exp[(r_m - r_s)]t} \quad (3-13)$$

$$L_s = \frac{1}{1 + K\exp[-(r_m - r_s)]t} \quad (3-14)$$

由 3-13 式可知，当制造业全要素生产率增长率维持不变，而服务业的全要素生产率增长率得到了提高，则对于制造业的劳动力需求会增加，对于服务业部门的劳动力需求会减少，这样会使得劳动力向具有更高生产率的部门移动，并使得劳动力的资源得到了更合理的配置，从而带动整体经济的全要素生产率增长率提高。

以下考虑如果服务业的全要素生产率增长率提高，对经济增长所起到的作用。经济增长可以用如下的形式表示。

$$g = \frac{p_m Q_m}{p_m Q_m + p_s Q_s}(r_m + \frac{\dot{L}_m}{L_m}) + \frac{p_s Q_s}{p_m Q_m + p_s Q_s}(r_s + \frac{\dot{L}_s}{L_s}) = r_s - (r_m - r_s)L_s \quad (3-15)$$

因此，由 3-14 式可知，当制造业全要素生产率增长率维持不变，而服务业的全要素生产率增长率提高时，服务业部门的劳动需求下降。由于生产率的差距减小，受这两项因素的影响，整个经济的增长率获得提高。因此，要想破解服务业的"成本病"问题，关键就在于提高服务业的全要素生产率，如果服务部门的全要素生产率获得了提高，则将改善资源的错配，使得更多的劳动力资源配置到生产率更高的制造业部门中去，并且受此影响，经济整体的增长率也会得到改善。

综上所述，随着日本经济结构的服务化，服务业不断扩张的经济地位与其较低的生产率之间出现了矛盾，对日本经济总体的生产效率产生了负面影响，并以服务业"成本病"的形式表现出来。通过理论模型的分析，可以发现破解日本服务业"成本病"的关键在于提高日本服务业的全要素生产率，这不仅有利于提高资源的有效配置促进经济体全要素生产率的增长，还能够促进经济增长，并使日本经济走出经济长期低迷的困境。

三 日本信息服务业的全要素生产率

20世纪90年代后信息产业成为日本的主导产业,而日本信息服务业生产率长期处于较低水平,成为促进日本全要素生产率水平提高的障碍。在分析日本信息服务业的现状,以及理清日本信息服务业产业组织结构的基础之上,通过合同理论中的委托—代理理论分析说明日本信息服务业产业组织中的激励机制,进而分析日本的实际情况,采用日本的实际数据,探讨影响日本信息服务业全要素生产率的原因。

(一)日本信息服务业的发展

信息服务业是指利用计算机和互联网等现代信息技术,为经济社会提供信息情报的收集、处理、加工、储存等服务的行业,是信息产业的重要组成部分。根据2014年版《信息服务业白书》,日本信息服务业被分为软件业、信息处理与提供服务业、互联网附属服务业3个行业,并细分为10个子行业。2013年信息服务业增加值在信息产业增加值中的比重为19.8%,在日本国内生产总值中的比重为3.7%。

1. 信息服务业销售额与从业人员数量持续增长

自20世纪90年代以来,随着信息技术领域的不断发展,对于信息服务的需求持续增加,日本的信息服务业因而获得了长足发展,销售额不断增加。从统计数据看,日本信息服务业年度销售总额从1995年的6.3万亿日元增长到2012年的21.4万亿日元,年度增幅高达8.8%,远高于同期日本经济增长速度。近期日本的信息服务业虽然受到世界金融危机以及东日本大地震的冲击,但伴随着网络信息技术的快速发展,仍表现出小幅增长趋势。日本经济产业省《特定服务业实态调查》显示,2013年日本信息服务业的年度销售额为21.5万亿日元,其中软件业销售额为13.9万亿日元,信息处理与提供服务业销售额为5.6万亿日元,互联网附属服务业的销售额为1.8万亿日元。

随着日本信息服务业的销售额的增加与产业规模的扩大,日本信息服务业的从业人员数量持续增加。如图3-6所示,21世纪后,日本从事信息服务业的劳动力人口数量从2002年的57万人迅速增加至2013年的102.6万人,增加了0.8倍,年增长率为5.6%。

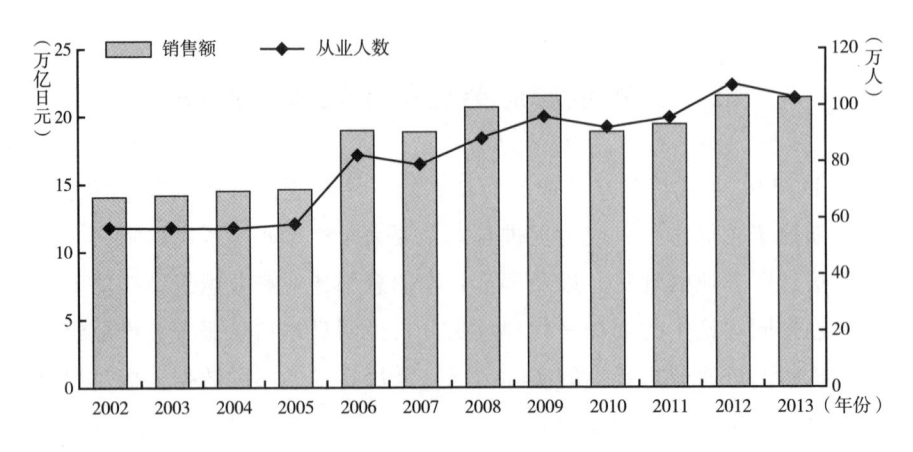

图 3-6　日本信息服务业销售额与从业人数变迁

资料来源：日本经济产业省，历年《特定服务业实态调查》。

2. 软件业在日本信息服务业中所占比重稳定增加

日本信息服务业内部的产业结构随着信息服务业的发展也发生了变化。软件业在日本信息服务业中所占的比重逐渐提高。根据日本经济产业省的《经济活动普查》，软件业销售额占信息服务业销售总额的比重从 2005 年的 62.4% 增加至 2013 年的 64.7%，而信息处理与提供服务业所占比重则从 28.5% 下降至 26.4%，互联网附属服务业所占比重也相应地从 9% 下降至 8.7%。软件业销售额的年增长率高达 5.2%。软件业是推动日本信息服务业发展的重要推动力。因此，软件业在日本信息服务业中占据了重要地位，软件的开发服务业同时也是日本信息服务业企业的主要服务内容，这是日本信息服务业在服务内容方面的一个重要特征。

3. 服务对象表现出以大企业为主导的特征

从机构情况来看，2014 年日本信息服务业机构数量为 36414 家，比 2005 年的 6880 家增长了 4.3 倍。其中雇员在 500 人以上的机构有 249 家，占总机构数量的 0.7%，这些机构的销售量占日本信息服务业所有机构的销售量比重为 44%，这说明雇员人数在 500 人以上的大企业在日本信息服务业中发挥着主导作用。

从日本信息服务业的行业销售情况可以分析日本信息服务业的需求情况。从 2014 年的数据来看，对信息通信业、制造业、金融保险业的销售额占到日本软件业销售额的 59.3%；对金融保险业和制造业的销售额占到日本信息处理提供服务业销售额的41.1%。因此，制造业和金融保险业是日本信息服务业主要的服务领域。

从信息服务业的服务对象角度看，日本信息服务业的主要服务对象是日本的大企业。根据日本经济产业省《信息服务业实态调查》的调查结果，销售收入在1000亿日元以上的大企业其年均信息服务费用为40.2亿日元，而销售收入在1亿日元至5亿日元的中小企业其年均信息服务费用仅180万日元，中小企业和大企业对信息服务方面的需求表现出了极大差异。此外，中小企业和大企业在信息费用的使用范围方面也存在较大不同。中小企业的信息服务费用主要用于硬件投资，软件费用相对较低。根据日本经济产业省的调查结果，计算机以及电子设备投资支出占中小企业信息服务费用的40%，软件相关费用仅占24%，由此可见中小企业对于软件服务的需求较低。与此相反的是，大企业的信息服务费用主要用于软件开发，硬件设备的投资占比较低。以销售收入超过1000亿日元的大企业为例，软件相关费用占总信息服务费用的60%以上，而硬件设备的投资则不到20%。由此可见，日本信息服务业的主要服务对象是日本的大企业，大企业对于信息服务的需求对日本信息服务业的发展甚至产业结构特征的形成都产生了重要影响。

通过对日本信息服务业的主营业务以及主要服务对象的考察，可知日本信息服务业的主要服务内容就是软件的开发与维护，且服务的主要对象是日本制造业和金融保险业的大企业。日本的信息服务业可以看作是日本大企业的软件服务部门，承担着为日本大企业进行软件开发的职能，因此这种市场结构对日本信息服务业的产业组织结构的形成产生了重要影响。

4. 日本信息服务业全要素生产率的低增长问题

在信息经济时代，日本信息服务业虽然获得了快速发展，但是其全要素生产率始终处于较低水平，在全要素生产率方面存在着严重问题。2005~2010年，日本制造业的平均全要素生产率增长率为1.3%，其中半导体产业为9.5%，电子机械制造业为6.6%。而同时期日本非制造业的平均全要素生产率增长率为-0.4%，信息服务业的全要素生产率增速仅有-1.1%，位于全要素生产率增速最低的行业之中。

全要素生产率水平是剔除劳动和资本要素后的残差，反映了劳动和资本的结合方式和使用效率，是一个经济主体技术水平的表征。由改变劳动和资本的组合方式所带来的全要素生产率水平提高，可提升生产要素的使用效率，促进新产品和新技术的诞生，以及扩展经营范围。在日本的高速增长时期和稳定增长时期，日本的支柱产业实现了全要素生产率的快速提高，并促进了其他产业全要素生产率的提高，带动了整个日本经济技术水平的提高，成为日本经济增长的引擎。在高速增长时期，日本的化学产业平均全要素生产率增长率为3.6%，钢铁产业为1.5%。化学产业的全要素生产率增长率提高1%会使中间产品价格下降2.1%，而钢铁产业的全要素生产率增长率提高1%会使中间产品价格下降3.5%。在经济稳定增长时期，日本的主导产业从重化学工业转向了新兴的加工组装工业，例如汽车产业、电子机械产业等。在20世纪70年代，日本汽车产业的全要素生产率增长率高达7.9%，电子机械产业的全要素生产率增长率为7.2%。在经济稳定增长时期，汽车的全要素生产率增长率提高1%会导致中间产品价格下降1.2%，而电子机械产业全要素生产率增长率提高1%会导致中间产品价格下降1.3%。因此，主导产业的全要素生产率提高，通过降低中间产品的生产成本，可带动其他产业全要素生产率的提高，有助于经济发展。但是，日本的信息服务业的全要素生产率水平始终较低，难以通过降低中间产品成本而产生产业间波及效应，从而拉动其他产业全要素生产率水平的提高，不利于日本走出长期的经济增长低迷的状况。此外，日本的信息服务业所存在的全要素生产率问题，还不利于日本信息产业的发展，因为一个完善的信息产业必须包含硬件和软件产品生产两个方面，半导体制造和信息服务业之间的关系是互补而非替代，二者必须协同发展，信息服务业的生产率提升滞后不利于日本信息产业的发展，不利于日本信息产业作为日本新兴主导产业的确立，不利于日本的产业结构升级。

（二）信息服务业的产业组织特征

1. 日本产业组织的总体特征

产业组织是现代产业经济学中的重要概念，本书所指称的是行业内部各类企业间的组织关系及其所带来的市场结构效果。从这种意义上来说，日本的产业组织主要具有以下两个特征。

第一，以大企业为中心的系列承包体系。日本产业组织的一个重要特点是，不同于欧美企业，日本的大企业和中小企业之间存在着紧密的联系关系，并形成了系列承包体系。在这种产业组织之下，日本的大企业处于发包商的地位，将一部分产品的生产委托于中小企业进行，而承包企业依据发包企业的需求进行设备投资与产品生产，从而形成了一种多层级的分工生产体制。

第二，竞争性寡头垄断市场结构。众所周知，日本的中小企业数量虽然多而且数量大，但是在市场中处于优势地位的仍然是日本为数不多的大企业。在日本的汽车、电子机械制造、钢铁等传统具有国际竞争力的制造业产业之中，都出现了较为典型的寡头垄断型市场结构。根据日本公正交易委员会的统计结果，2014年日本汽车行业的行业集中度CR4[①]高达90.5%，电子机械产业为64.5%，钢铁产业为88.8%。由此可见，日本的大企业在市场中处于支配地位，并通过竞争以获取更多利益，竞争性的寡头垄断型市场结构就此形成。根据白雪洁的研究，日本的出口产业普遍存在上述两个特征。[②]

2. 日本产业组织特征的积极作用及其产业间转移

上述产业组织特征广泛存在于日本制造业和出口产业之中，并成为日本产业国际竞争力来源的因素之一。在日本的汽车产业组织中，一个突出的特点是整车厂商与零部件厂商之间存在着紧密且稳定的交易关系。日本的汽车公司与零部件厂商进行长期的交易合作，汽车公司向零部件厂商提供在技术、资金、设备、设计图纸以及原材料等方面的援助与指导。零部件厂商则依据汽车公司的需求进行特定的设备投资与生产，并成立协调组织，如丰田汽车集团的"协力会"与日产汽车集团的"宝会"等，以方便技术信息交流的开展与生产问题的协调。在这种系列承包体系之下，发包商与承包商之间保持着紧密的信息交流，零部件厂商所生产的产品能够满足发包商在成本价格与使用功能上的需求，有助于生产成本的削减，促进了产业国际竞争力的形成。日本的汽车产业主要有五家企业，即丰田、日产、马自达、三菱、本田，不同于完全垄断的市场结构，这些寡头垄断企业在产品的设计和生产方面存在激烈的竞争，这有助于技术、生产和管理方式的革新，如丰田汽车集团创造出"看板管理"的新型生产方式，极大地提升了企业的生产效率，

---

① CR4是指四个最大的企业占有关市场的份额比率。
② 白雪洁：《日本产业组织结构研究——对外贸易框架中的特征与作用》，天津人民出版社，2001，第4~8页。

提高了产业国际竞争力,也使得汽车业成为日本重要的出口产业。

日本在经历了经济高速发展时期和稳定增长时期后,制造业和出口产业部门实现了快速发展,与之相应地,系列承包体系以及竞争性寡头垄断的市场结构作为日本制造业和出口产业部门产业组织的特点而逐渐固定下来,并形成了一种制度上的特征。信息服务业作为生产性服务业,与一般服务业不同的是,信息服务业与制造业和出口产业之间具有紧密的联系,其与制造业之间的关系是互补而非替代的。由于产业部门间的互补性,日本制造业和出口产业部门中所存在的系列承包体系以及寡头垄断的市场结构等产业组织上的特征,也移转到日本信息服务业产业之中,出现了产业组织特征的产业间转移。为满足制造业和出口部门的信息服务业需求,日本的信息服务业发展出类似的产业组织特征,以应对来自制造业和金融保险业的要求。

因此,日本信息服务业的产业组织也表现出了以大企业为中心的系列承包体系以及竞争性寡头垄断的市场结构等两大特征。

3. 日本信息服务业产业组织的主要特征

(1) 系列承包体系与竞争性寡头垄断型的市场结构

一方面,在日本信息服务业的产业组织之中一个突出的特点是形成了以大企业为中心的系列承包体系。以大企业为主的发包商处于产业组织的顶端,围绕着发包商的是一级承包商,一级承包商之下是二级承包商,如此依次展开,形成了系列承包体系。

日本信息服务业的主要发包商主要包括富士通、日本国际商业机器(日本IBM)、日立制作所、日本电气(NEC)及日本电报电话数据(NTT DATA)五家公司,这五家公司主要承担了来自日本制造业、金融保险业以及日本政府的信息服务需求,并将这些任务进行拆解,下包给一级承包商完成。

在日本信息服务业一级承包商中最具代表性的企业包括住友情报系统、新日铁住金解决方案、日立软件、NEC软件等公司。这些公司一般是大型企业集团中从事信息服务业的公司或是从大企业中独立出去的从事信息服务的部门。例如,NEC软件是NEC公司的全资子公司,NEC公司拥有其100%的股份。这些公司的主要订单来自所属大企业或企业集团,从而使得公司的收入能够获得一定的保障。但是这些公司的经营范围易受所属母公司或企业集团的限制,因而独立开发创新的动力不足。此外,还有一些从母公司或所属企业集团中彻底独立出来，不再受其他企业控制的一级承包商，如大塚商会、计算机服务株式会社（CSK）、伊藤忠科技解决（CTC）、富士软件、日本系统发展（NSD）等公司。这些公司虽然经营范围不再受母公司的局限，能够按客户需求提供多样化服务，具有较强的研究开发动力，但由于没有来自稳定的订单来源，这些公司不得不在市场中进行激烈的价格竞争，这就导致这些公司的营业利润率普遍偏低。

一级承包商在接到发包商的订单后，会继续将任务细分，下包给二级承包商。二级承包商也会根据任务需要，继续将业务分包给三级承包商。这一点可以从一级承包商的外包比率中得到确认。外包比率是指外包费用与营业额之比，反映出一个企业所承担的外包费用的多少。例如，2007年住商情报系统的外包比率为26.4%，新日铁住金解决方案公司的外包比率为28.1%，日立软件的外包比率更高达34.1%。这说明一级承包商有相当一部分任务会继续分包给二级或三级承包商完成。由此可见，日本信息服务业的产业组织中一个重要的特点是以大企业为中心的系列承包体系。

另一方面，日本的信息服务业在产业组织方面的第二个特征是竞争性寡头垄断型的市场结构。日本的五家主要信息服务业企业，即富士通、日本IBM、日立制作所、NEC以及NTTDATA，所获得的服务订单规模通常在100亿日元至1000亿日元之间，占据了主要的市场订单，具有极强的市场支配能力，这五家企业占据了日本信息服务市场的50%以上。[①] 在日本信息服务业中，大多数生产厂商处于承包商的地位，负责承担发包商的分包业务。而这五家最大的信息服务企业之间还存在着日资企业与外资企业的竞争关系，因而日本的信息服务业的产业组织也呈现出了竞争性寡头垄断的市场结构特征。

（2）产业组织特征对全要素生产率的影响

日本的信息服务业存在系列承包体系和竞争性寡头垄断型的市场结构的产业组织特征。这些产业组织特征会对全要素生产率产生影响。一方面，虽然系列承包体系为日本的制造业以及出口产业带来了比较优势，但这对于信息服务业来说并非一种有效的生产方式。其一，通过系列承包体

---

① 佐藤博子『ITサービス』日本経済新聞出版社、2006、15-18頁。

系虽然实现了企业之间的信息共享，从而使得承包商能够根据制造商的需求不断对产品进行调整，满足制造商的需求，但是20世纪90年代后信息通信技术快速发展，由系列承包体系所带来的信息共享优势被逐渐取代，制造商和承包商之间可以通过现代通信技术实现快速的信息共享，所需成本大大下降，系列承包体系所具有的降低交易成本的优势被逐渐取代。其二，系列承包体系的优势虽然具有能够提供个性化开发的优势，但是在注重模块化开发方式的当代信息服务产业中，系列承包体系会导致承包商的创新动力不足，难以通过创新实现技术水平的提升。其三，受到系列承包体系下长期交易关系的影响，发包商和承包商二者都无法很好地利用市场资源，规模经济无法得到发挥。

另一方面，日本信息服务业的市场结构特征是寡头垄断，而这会不利于创新以及资源的有效配置。其一，寡头垄断不仅会造成福利的净损失，而且还降低了企业的创新动力并延缓了技术进步。处于垄断地位大型发包企业可能会以产品的局部创新替代大规模的开拓性创新研究，不能够依据市场需求及时从事有效的研究开发，致使技术水平提高受阻。其二，处于垄断地位的企业倾向于维持现状，使用既有技术，而处于技术前沿的新兴技术却难以得到利用，降低了技术使用效率。位于垄断地位的企业会衡量创新成本与垄断利润的关系，如果新技术使用成本超过了垄断利润，则垄断企业倾向于使用既有技术，不进行技术的升级换代，造成技术使用效率的下降。其三，寡头垄断的市场结构导致劳动、资本等生产资源过分集中于大企业之中，而不是具有较高生产率的企业，造成了资源的错配，生产资源无法自由流动到具有更高生产率的企业中去，不利于全要素生产率的提高。

总之，以系列承包体系和寡头垄断为特点的日本信息服务业的产业组织结构会导致技术水平提高受阻、技术使用效率降低、规模经济难以得到发挥以及资源错配等一系列问题，从直接和间接两方面对日本信息服务业的全要素生产率产生了负面影响，降低了日本信息服务业的全要素生产率。

以下从微观角度，通过运用委托—代理理论，对日本信息服务业的产业组织结构方式进行理论与实证分析，进一步揭示日本信息服务业的产业组织特征对其全要素生产率的影响。

（三）信息服务业的全要素生产率分析

全要素生产率反映出制造商在生产时排除劳动和资本投入外的其他因素对于总生产量的影响，是衡量一个产业生产效率的重要方法。罗伯特·M. 索罗（Robert M. Solow）把全要素生产率定义为产出增长率扣除各生产要素投入增长率后的余值，称为"索罗残差"。[①] 本书使用"索罗残差"的分析方法，分析日本信息服务业的全要素生产率。假定日本信息服务业生产厂商的生产函数符合新古典经济学形式的生产函数，即 $F = A(K, L)$，则全要素生产率可以表示为：

$$\dot{A}/A = \dot{Y}/Y - \dot{K}/K - \dot{L}/L \tag{3-16}$$

在资本和劳动投入一定的假设之下，总产出的变动是全要素生产率产生的最主要决定因素。产出的变化可以分解为最终产品收入与中间产品成本之差。

$$\dot{Y} = d(PQ) - d(pq) \tag{3-17}$$

其中，P 和 Q 表示最终产品的价格和销售数量，而 p 和 q 则表示采购的中间产品的价格和数量，从 3-17 式可以看出如果中间产品的价格升高，将会导致总产出减少，从而导致日本信息服务业全要素生产率下降。而对于制造商和承包商之间的对于中间产品价格的决定过程，可以通过委托—代理理论进行分析。

本书运用霍姆斯特龙（Homstrom）和米尔格罗姆（Milglgrom）提出的中间品价格合同决定理论，对日本信息服务业的产业组织结构展开分析。[②] 日本信息服务业的产业组织结构主要由发包商和承包商构成，分别为委托人和代理人。假设委托人的风险特征是风险中性的，而代理人的风险特征是风险规避的。委托人和代理人之间签订了如下的线性报酬合同。

$$p = c + \beta(b - c) \tag{3-18}$$

[①] 罗伯特·M. 索罗：《经济增长因素分析》，商务印书馆，1991，第 13~15 页。
[②] B. Holmstrom et al., "Aggregation and linearity in the provision of intertemporal incentives", *Econometrica: Journal of the Econometric Society*, Vol. 55, No. 2, 1987, pp. 303-328.

p 为承包商向制造商提供的中间品价格,即承包商提供的信息咨询服务,制造商使用承包商所生产的产品生产出最终的产品或服务。b 表示事前商定的产品价格。c 表示承包商的产品生产成本,且生产成本受不确定因素影响,为随机变量。β 表示承包商所负担的风险,取值在 0 和 1 之间,其值越大制造商所承担的风险越小,而承包商所承担的风险会越大。但是随着 β 的增大,承包商所获的利润也会增加,因此承包商需要在风险与收益之间做出权衡。

第一,分析承包商的决策。承包商的实际生产成本 c 可以分解为生产的平均成本 c^*、努力程度 e 以及均值为零方差为 σ^2 的随机变量 ε。

$$c = c^* - e + \varepsilon \qquad (3-19)$$

因此,在承包商为风险规避的假设下,承包商的确定性等价收入等于其期望效用与风险溢出之差。3-20 式表明在线性报酬合同下承包商的确定性等价收入,即承包商所获得的效用,其中第一项表示承包商的收益,第二项表示承包商努力的成本,第三项为风险溢出,λ 表示承包商的风险规避程度。

$$U(e) = \beta(b - c^* + e) - de^2/2 - \lambda\beta^2\sigma^2/2 \qquad (3-20)$$

承包商为最大化其效用,需要选择最优的努力程度 e,通过最大化 3-20 式,可以得到承包商的努力决策,即激励相容条件,用 3-21 式表示。

$$e = \beta/d \qquad (3-21)$$

第二,分析制造商的决策。因为制造商是风险中立的,所以其期望效用就等于期望收入。

$$Eu(p) = E(p) = c^* - e + \beta(b - c^* + e) \qquad (3-22)$$

制造商需要选择所承担的风险 β,使得期望效用最优。此外,制造商在最优化过程中,需要满足承包商的参与条件 3-20 式以及激励相容条件 3-22 式,在这两个约束条件之下,制造商可以得到需要承担的最优风险。

$$\beta = 1/(1 + \lambda d\sigma^2) \qquad (3-23)$$

从 3-23 式可知,如果承包商的风险规避程度 λ 越大,对于激励的反应程度 1/d 越小,承包商生产中间产品成本的变动情况 σ^2 越大,则承包商削减中间品生产成本的激励越小,这会导致制造商所承担的风险越大,中间产品的成本更高,生产效率较低。以下结合日本信息服务业的实际情况,以确认从委托—代理理论中推导出的结论。

以下分析日本信息服务业的实际情况,采用日本的实际经济数据,证明从委托—代理理论中推导出的结论。一方面,根据理论分析,中间产品的价格高低将会影响日本信息服务业的全要素生产率水平。中间产品价格越高,则全要素生产率水平也就越低。受托软件开发费用可作为中间产品价格的代表变量。另一方面,中间产品价格受到承包商的风险规避程度、对激励的反应程度以及生产成本的变动成本三方面的影响。本书考虑到日本信息服务业主要以中小企业为主,把使用信息服务企业数量作为反应风险规避程度以及对激励反应程度的代理变量,采用企业接受派遣人数的数量反映生产成本的变动。本书采用时间序列模型进行实证分析,把回归模型的形式设定为:

$$TFP_t = \alpha + \beta SF_t + u_t \qquad (3-24)$$

$$SF_t = \gamma + \mu CQ_t + \lambda ZS_t + \varepsilon_t \qquad (3-25)$$

TEP 表示全要素生产率增长率,SF 表示受托软件开发费用增长率。CQ 表示接受派遣人数的增长率,ZS 表示信息服务业承包商数量的增长率,t 表示经济变量服从时间序列。根据上述分析,可以预期中间产品价格的上升将对全要素生产率产生负面影响,可以预期 $\beta < 0$。对于 3-25 式而言,一方面,派遣人数的增加导致管理成本上升,会增加中间产品成本。另一方面,由于中小企业所具有的风险规避程度大、对激励的反应程度不敏感的特征,因此承包商数量的增加不利于中间产品成本的削减,可以预期 $\mu, \lambda > 0$。

日本信息服务业的全要素生产率数据来自日本经济产业省 JIPdatabase2014。受托软件开发费用、接受派遣人数以及信息服务业承包商数量的数据来自日本经济产业省的《信息服务业长期数据》。所选取的分析时间段为 1990 年至 2011 年。为避免虚假回归,需要分析经济变量的平稳性,通过对 TFP、SF、CQ、ZS 进行单位根检验,结果发现只有 TFP 为平稳变量，其余三个经济变量均为一阶平稳变量。因此，使用 TFP 和 SF 的一阶差分对 3-24 式进行回归分析；对 3-25 式采用 SF、CQ、ZS 的对数值进行分析。两个模型的回归结果如表 3-14 所示。

表 3-14　回归结果分析

模型一（3-24 式）	全要素生产率	模型二（3-25 式）	lnSF
α	-0.64 (-1.06)	γ	-6.0696 (-3.3725)***
△SF	-13.43 (-1.75)*	lnCQ	1.0459 (19.0847)***
		lnZS(-1)	0.7352 (4.5086)***
		MA(2)	-0.9993 (-18.2203)***
R^2	0.15	R^2	0.97
DW	2.27	DW	1.72

注：括号内是 t 值；*** 表示在 1% 的水平下显著；* 表示在 10% 的水平下显著。

由表 3-14 的实证结果可知，受托软件开发费用的增长率对全要素生产率增长率的负影响是显著的，说明中间产品价格的升高会造成日本信息服务业的全要素生产率增长率的降低。此外，接受派遣人数以及信息服务业承包商数量对受托软件开发费用的增长的正向影响在 1% 的显著性水平下是显著的，符合实证模型的预期。通过实证分析表明以下两点。其一，中间产品价格的提高对于日本信息服务业的全要素生产率会造成负面影响。其二，承包商风险规避程度高、对激励的反应程度较小以及生产成本变动幅度较大是造成中间产品价格居高不下的三个重要因素。

第一，对激励的反应程度较小，反映出日本信息服务业企业存在着开拓创新能力低下的问题，而这并不利于企业生产技术水平的提高与生产成本的削减。在日本信息服务业的系列承包体制之下，日本的承包商和发包商之间保持着紧密联系。有关产品的设计信息自上而下地从发包商传导至承包商，在完成中间产品的过程中，承包商和发包商之间始终保持着频繁的信息交换与反馈。这种组织形式虽然能够较好地满足发包商的特定需求，减少产品设计过程中的漏洞，但是发包商在中间产品生产过程中始终处于强势地位，并持有对承包商较强的干涉能力，这无疑削弱了承包商的设计自主权，减小了承包商在软件设计开发过程中进行自主创新的余地。

日本信息服务业的承包商对于激励的反应程度较小，说明日本信息服务业的承包商自主创新的意愿不足。这也正反映出承包商在软件的生产设计过程中，主要依从发包商的设计要求与建议，而这一条件限制了承包商通过自主创新缩减生产成本的动机。自主创新的缺乏使得日本信息服务业的承包商在软件服务的完成过程中，难以产生新的技术与生产方式，这显然不利于降低中间产品的生产成本以及全要素生产率的提升。软件服务是日本信息服务业的主要组成部分，占信息服务业销售总额的80%以上。而套装软件以及软件产品的销售仅占软件服务销售总额的20%左右。这说明软件定制服务在日本的信息服务业中仍处于支配地位，信息服务业的承包商需要尽力满足发包商的软件定制需求，这不利于承包商的技术创新。

第二，中小企业是日本信息服务业主要的承包商，而中小企业对于外部环境变化的抵抗力低，应对外部冲击的能力不强，对于外部风险的抵抗性差，致使生产成本变化幅度较大，不利于降低中间产品的成本。当外部需求发生较大变化时，中小企业往往难以在短时间内做出适宜的调整，从而对中小企业的经营状况造成极大的负面影响。因此，当外部冲击发生时，中小企业的抵抗能力较低，以致外部冲击的影响被成倍扩大，生产成本波动幅度的扩大也就变得难以抑制。

在日本信息服务业中，中小企业担任了承包商的角色。日本信息服务业的企业规模在30人以下的占企业总数的近70%，其中企业人数不足10人的小型企业数量占企业总数的40%左右。从业人员人数超过300人的大企业只占企业总数的1%~3%。中小企业在日本信息服务业中所占数量最多，这些中小企业在日本的信息服务业的产业组织结构中，处于承包商的地位。数量众多的中小企业在产业链中普遍处于承包商的位置，风险承受能力较差，不利于中间产品价格的降低。

第三，日本的信息服务业承包商风险规避程度较高，一方面不利于模块化生产趋势的发展，另一方面也不利于企业开拓市场，造成企业市场开拓能力的下降。模块化发展是未来信息服务业的主要发展方向，但是日本信息服务企业间紧密的交易关系阻碍了模块化的发展。美国在信息服务产品生产方面实现了制度创新，形成了"硅谷模式"。[①] 发包商将任务分解为多个任务单元，承包商则致力于完成这些任务单元，其所生产的产品具有标准化特征，能够广泛应用。然而，在日本信息服务业的系列承包体系之下，发包商与承包商保持着紧密的联系，承包商在中间产品的生产过程中要受到来自发包商的指导与干涉，不能够独立自主地完成订单任务，自主设计能力较低。这种生产方式不利于模块化生产在日本信息服务业中产生，从而也就导致了中间产品价格居高不下，产品的竞争能力低，创新能力不足。

日本信息服务业承包商风险规避特征明显，承包商更倾向于与特定的发包商交易。日立软件是日本大型信息服务承包商，但是其主要交易对象是处于同一企业集团的日立制作所。自2005年以来，对日立制作所的销售比重不断升高，达到了50%以上。此外，根据经济产业省调查数据，在最近2至3年内没有更换交易对象的承包商占承包商总数的43%。[②] 这说明日本信息服务业承包商的销售收入主要来自主要发包商，且交易状况稳定。承包商的交易范围狭窄而单一，不利于扩展市场以及扩大经营规模，最终这种负面影响以全要素生产率低下的形式表现出来。

[①] 青木昌彦:《比较制度分析》，上海远东出版社，2001，第348页。
[②] 経済産業省『特定サービス産業動態統計調査』2015、http：//www.meti.go.jp/statistics/tyo/tokusabido/index.html。

第四章
对外贸易增长与全要素生产率

对外贸易是提高全要素生产率的重要途径。出口贸易对于日本经济增长而言有着重要的推动作用，后工业化时期的日本出口依然是推动日本经济增长的重要因素。出口能够提高出口部门的全要素生产率，并通过技术溢出效应，扩散到其他产业之中，这促进了总体全要素生产率的提高。而商品贸易及服务贸易的发展也有助于提高日本经济的全要素生产率。

一 日本的出口与经济增长

日本是一个后发展国家，在经济高速增长时期和稳定增长时期出口对经济增长起到了重要的推动作用。本书为验证出口促进经济增长假说是否在后工业化时期的日本成立，运用格兰杰因果检验和协整检验等分析方法，实证发现泡沫经济崩溃后出口仍然是日本经济增长的格兰杰原因。

（一）出口增长与经济增长之间的关系

通过绪论部分可知，高速增长时期日本出口对于经济增长有着较大的促进作用，出口的发展不仅推动了日本产业结构的升级，同时也带动了技术引进，提高了全要素生产率。然而，既有研究中对于日本完成工业化后，出口对日本经济增长作用的研究成果较少，本书在从理论层面梳理出口与经济增长关系的基础之上，使用格兰杰因果检验的方法，探究1980~2013年日本后工业化时期，日本出口与经济增长间的关系。

拉姆法鲁西（Lamfalussy）最早说明了出口与经济增长之间的关系。[①] 假设经济系统是开放的，并且政府受到财政收支平衡的约束。在这种情况

[①] A. Lamfalussy, *The United Kingdom and the Six: An Essay on Economic Growth in Western Europe*, (London: Macmillan, 1963).

下，由于一国的总收入等于一国的总支出，所以可以获得如4-1式的国民收入方程式。

$$S - I = X - M \tag{4-1}$$

其中，S 为储蓄，I 为投资，X 为出口，M 则为进口。4-1式表明一国的超额储蓄等于其贸易顺差。下面考虑投资的决定，首先收入的增加能够促进投资，其次出口部门相较于非出口部门而言通常具有较高的生产效率以及较强的创新能力，因此投资出口部门，更容易获利，所以出口也是投资的决定因素之一。根据上述分析，投资的决定方程如4-2式所示。

$$I = h'x + hy \tag{4-2}$$

在4-2式中，h 表示收入对投资的弹性，h' 则表示出口对投资的弹性。对于储蓄，根据传统的凯恩斯理论，储蓄是由收入以及收入的边际增量所决定的。因此，储蓄的决定式如4-3式所示。

$$S = s'\Delta y + sy \tag{4-3}$$

其中，s' 表示收入增量对储蓄的弹性，而 s 表示收入对储蓄的弹性。同理，根据传统凯恩斯理论，收入的增加有助于进口的增长。因此，进口同样也是由收入以及收入的边际增量所决定的。进口的决定式如4-4式所示，其中 k' 为收入增量对进口的弹性，而 k 则为收入对进口的弹性。

$$M = k'\Delta y + ky \tag{4-4}$$

将4-2式、4-3式以及4-4式代入4-1式中，可以获得出口比重与收入增长率之间的关系，如4-5式所示。

$$\frac{\Delta y}{y} = \frac{h'+1}{s'+k'} \frac{x}{y} + \frac{h-s-k}{s'+k'} \tag{4-5}$$

由4-5式可知，收入增长率和出口与收入之比之间有着正向的影响关系，出口在收入中所占比率越高，则越有助于收入的增长。所以，从经济理论层面可知，出口有助于经济增长。

（二）出口对经济增长作用的实证检验

为验证在后工业化时期，出口对日本经济增长的作用，采用格兰杰因果性检验的方法进行分析。格兰杰因果性检验的原理在于，通过观察新增解释变量对被解释变量影响的显著性，可以有效地确定经济变量之间的因果关系。出口与经济增长之间存在着双向的影响关系，其一，出口增加能够带动出口企业投资，有助于经济发展；其二，经济增长则有助于投资的增加，促进出口企业的生产能力，从而促进出口。为分析后工业化时期日本出口与经济增长之间的关系，本书使用格兰杰因果性检验的方法进行验证。

出口数据来自日本财务省的《贸易统计》①。日本实际 GDP 数据来自《世界经济展望数据库》②。所选取的时间段为 1980 年至 2013 年，涵盖了日本经济发展中的稳定增长时期和长期低迷时期。

进行时间序列分析，首先要保障经济变量的平稳性，否则会产生伪回归的问题，影响回归参数的准确性。出口额、实际 GDP 单位根检验分析如表 4-1 所示。此外，为消除异方差，本书使用出口和实际 GDP 的对数值进行分析。

表 4-1 出口额、实际 GDP 单位根检验分析

	ADF 检验式	ADF 值	相应 p 值	结论
lnEX	(0,0,8)	1.3276	0.95	I(1)
lnGDP	(0,0,7)	0.5866	0.83	I(1)
DlnEX	(0,0,8)	-5.9126	0.00	I(0)
DlnGDP	(0,0,7)	-3.0776	0.00	I(0)

注：ADF 检验式表示（截距项，趋势项，滞后项）的取值。

由表 4-1 的检验结果可知，出口与实际 GDP 都是一阶差分平稳变量。因此，可以使用出口与实际 GDP 的一阶差分进行格兰杰因果性检验。为此，构建的回归模型如 4-6 式和 4-7 式所示。

$$\Delta \ln GDP_t = \alpha_0 + \sum_{i=1}^{n_1} \alpha_{1i} \Delta \ln GDP_{t-i} + \sum_{i=1}^{n_2} \alpha_{2i} \Delta \ln EX_{t-i} + \varepsilon_t \quad (4-6)$$

---

① 日本财务省的《贸易统计》，http://www.customs.go.jp/toukei/suii/html/nenbet.htm。
② 数据源自 world economic outlook database 2013。由于按支出法统计的 GDP 中，出口额已被纳入其中，如果直接进行回归分析，检验结果势必会产生联立性偏差，导致统计结果不可信。为解决回归中的内生性问题，本小节所采用的经济增长指标为日本实际 GDP 与出口额之差。

$$\Delta\ln EX_t = \beta_0 + \sum_{i=1}^{n_1}\beta_{1i}\Delta\ln EX_{t-i} + \sum_{i=1}^{n_2}\beta_{2i}\Delta\ln GDP_{t-i} + \varepsilon_t \qquad (4-7)$$

其中，EX 表示出口额；GDP 表示实际 GDP；t 表示时间；n 表示滞后阶数。4-6 式用于检测出口对经济增长的影响。同理，4-7 式用于检验日本的经济增长对出口的影响。本书将 1980~2013 年这一时间段拆分为泡沫经济崩溃前后两个时期，分别进行分析，所得结果如表 4-2 所示。

表 4-2 格兰杰检验结果

检验区间	样本容量	滞后阶数	原假设	F 值	P 值	结论
1980~2013 年	32	1	EX 不是 GDP 的格兰杰原因	3.1035	0.08	拒绝
			GDP 不是 EX 的格兰杰原因	0.0930	0.76	接受
1980~1989 年	7	2	EX 不是 GDP 的格兰杰原因	0.4681	0.68	接受
			GDP 不是 EX 的格兰杰原因	0.2085	0.83	接受
1990~2013 年	24	1	EX 不是 GDP 的格兰杰原因	4.5449	0.04	拒绝
			GDP 不是 EX 的格兰杰原因	1.9937	0.17	接受

由表 4-2 的格兰杰因果性检验结果可以获得以下三个结论。第一，1980~2013 年，出口是日本经济增长的格兰杰原因。也就是说，即使是日本在完成工业化后的时期，出口对经济增长也仍然起到了重要的推动作用。第二，在稳定增长时期，出口和经济增长之间不存在互为因果的影响关系。这说明在稳定增长时期，促进日本经济增长的主要原因是内需，而非外需。第三，在泡沫经济崩溃之后，出口是日本经济增长的格兰杰原因，而收入的增长则不是出口的格兰杰原因。这表明在泡沫经济崩溃后，日本经济的内需疲软，出口成为推动日本经济发展的主要动因。经过本小节的分析可知，出口对于日本经济的发展具有重要作用，在日本陷入长期经济低迷之后，出口的作用更超过内需，成为促进日本经济增长的重要因素。

二 日本出口贸易的技术溢出效应

通过回顾日本在不同经济发展阶段的出口贸易情况，发现日本的出口贸易产品与其主导产业息息相关，其贸易模式也发生了从垂直向水平的转化。实证分析日本的出口与全要素生产率之间的关系后，发现出口有助于其他非出口部门的全要素生产率提高，而对出口部门的技术提高效果不明显，人力资本的投入以及自主研发则有助于改善出口部门的全要素生产率。

（一）经济发展与出口贸易增长

截至20世纪50年代中期，日本的主要出口产品是棉布、纺织品等轻工业产品，纺织产业、食品产业等轻工业产业是这一时期的主要出口产业。1955年之后，进入高速增长时期后的日本经济，出口数量出现大幅增长，从1955年的20亿美元增长到1973年的369亿美元，增长了近18倍。在高速增长时期，日本的贸易情况如表4-3所示。

表4-3 高速增长时期日本的贸易额

单位：百万美元

年份	出口额	出口增长率(%)	进口额	进口增长率(%)	贸易收支
1950	820	60.8	974	6.9	-150
1951	1355	65.2	1995	106.3	-641
1952	1273	-6.1	2028	1.7	-755
1953	1275	0.2	2410	18.6	-1135
1954	1629	27.8	2399	-0.4	-770
1955	2011	23.4	2471	3.0	-460
1956	2501	24.4	3230	30.7	-729
1957	2858	14.3	4284	32.6	-1426
1958	2877	0.7	3033	-29.2	-157
1959	3456	20.1	3599	18.7	-143
1960	4055	17.3	4491	24.8	-437
1961	4236	4.5	5810	29.4	-1575
1962	4916	16.1	5637	-3.0	-720
1963	5452	10.9	6736	19.5	-1284
1964	6673	22.4	7938	17.8	-1264
1965	8452	26.7	8169	2.9	283
1966	9776	15.7	9523	16.6	253

续表

年份	出口额	出口增长率(%)	进口额	进口增长率(%)	贸易收支
1967	10442	6.8	11663	22.5	-1221
1968	12972	24.2	12987	11.4	-15
1969	15990	23.3	15024	15.7	966
1970	19318	20.8	18881	25.7	437
1971	24019	24.3	19712	4.4	4308
1972	28591	19.0	23471	19.1	5120
1973	36930	29.2	38314	63.2	-1384

资料来源：通商产业省历年的《通商白书》。

1. 日本经济高速增长时期的出口贸易增长

在经济高速增长时期，日本出口的主要产品也出现了从轻工业品向重工业品的转变。继纺织品、棉布等轻工业品之后，钢铁、船舶、一般机械等重工业产品成为高速增长时期日本的主要出口产品。在高速增长时期，国内资本投资的迅速增加，导致日本的比较优势出现了从劳动力向资本的转变，主要的出口产业也随之从劳动密集型产业转变为资本密集型产业。日本在国际贸易中的比较优势发生了变化。

此外，在20世纪60年代中期之前，日本经常面临"国际收支天井"问题。即当经济发展过快时，国内进口数量增加，迫使政府采取紧缩措施，以维持国际收支平衡。过小的出口数额导致的"国际收支天井"成为限制日本经济增长的一个客观条件。但是，在高速增长时期，随着日本工业化的发展，出口产品的附加价值日趋增加，出口数额迅速扩大，国际收支方面的赤字不再是日本面临的主要问题。由表4-3可知，日本自1965年第一次出现贸易收支的黑字，此后日本的贸易顺差迅速扩大。截至1972年，日本的贸易顺差已经达到51亿美元。

在高速增长时期，日本进口同样出现了急剧增加的情况，进口额从1955年的24亿美元增加到1973年的383亿美元，并且在1965年之前日本的出口额小于进口额。此外，从进口商品的构成看，出现了从纤维原料进口向矿物燃料进口的转变，表4-4为高速增长时期日本进口产品的构成变化。

表4-4 高速增长时期日本进口产品构成比

单位：%

	1955年	1960年	1965年	1970年
食品	25.4	12.2	18.0	13.6
纤维原料	24.2	17.0	10.4	5.1
金属原料	7.5	15.0	12.5	14.3
矿物燃料	11.6	16.5	19.9	20.7
机械制品	4.8	7.2	8.2	12.3

资料来源：通商产业省历年的《通商白书》。

由表4-4可知，纤维原料所占的比例从1955年的24.2%下降到了1970年的5.1%。而与此同时，矿物燃料、金属原料以及机械制品所占的比例有所提升，矿物燃料从1950年的11.6%提升到1970年的20.7%。进口产品的变化反映出日本的产业结构出现了从轻工业向重化学工业的转变，因此对纤维原料的需求下降，而对矿物燃料的需求上升。

2. 日本经济稳定增长时期的出口贸易变化

20世纪70年代后，日本所处的国际形势出现了变化。1971年美国停止了美元与黄金的兑换，这导致了布雷顿森林体系崩溃，日本也不得不于1973年开始实施浮动汇率制度，放弃了实行23年之久的1美元兑换360日元的固定汇率制度。此外，1973年第一次石油危机的发生，导致石油价格大幅上升，使得日本经济的高速增长时期结束，开始进入稳定增长时期，表4-5为稳定增长时期日本的贸易额。

表4-5 稳定增长时期日本的贸易额

单位：百万美元

年份	出口额	进口额	贸易收支
1974	55536	62110	-6574
1975	55753	57863	-2110
1976	67225	64799	2426
1977	80495	70809	9686
1978	97543	79343	18200
1979	103032	110672	-7640
1980	129807	140528	-10721

续表

年份	出口额	进口额	贸易收支
1981	152030	143290	8740
1982	138831	131931	6900
1983	146927	126393	20534
1984	170114	136503	33611
1985	175638	129539	46099
1986	209151	126408	82743
1987	339221	149515	189706
1988	264917	187354	77563
1989	275175	210847	64328
1990	286948	234799	52149

资料来源：通商产业省历年的《通商白书》。

在经济稳定增长时期，日本的进出口贸易额进一步增长，贸易顺差额逐年增加。日本的出口额从1974年的555亿美元增加到了1990年的2869亿美元，增长了约4倍，同一时期的进口额也从621亿美元增加到了2347亿美元，增长了约2.7倍。贸易顺差的持续增加是稳定增长时期贸易的重要特征，日本的贸易顺差从1976年的24亿美元增加到了1990年的521亿美元，增加了近21倍，这使得日本解决了"国际收支天井"的问题，并一跃成为国际贸易中的顺差国。日本由于贸易顺差的扩大，在家电、钢铁、汽车等产品的出口方面甚至与欧美国家出现了贸易摩擦的情况。[①]

与高速增长时期内需主导的经济增长不同，日本在完成工业化后的稳定增长时期，对外贸易对经济增长所起的作用日渐凸显。1981～1985年，日本的实际GDP增长率为4.0%，其中内需的贡献率为2.9%，外需的贡献率为1.1%，外需对日本经济增长的贡献率为30%，国际贸易对于日本的经济增长所起的作用愈发突出。[②]

在经济稳定增长时期，日本的贸易结构也出现了变化。一方面，出口产品中轻工业品所占比重下降，而机械类重化学工业品所占比重上升。纤

---

① 西川俊作・尾高煌之助・斎藤修『日本経済の200年』日本評論社、1996、194頁。
② 奥和義『日本貿易の発展と構造』関西大学出版部、2012、151頁。

维品占日本出口商品的比重从1970年的12.5%，下降到了1990年的2.5%，而机械工业品所占的比重则从46.3%上升到了75%，成为日本出口的最主要产品。另一方面，出口商品中金属类产品所占比重下降，钢铁等金属制品占日本出口的比重在1970年一度高达20%，而此后则逐年下降，截至1990年金属制品所占的比重下降到了6.8%。这说明，两次受石油危机的影响，日本的主导产业出现了从钢铁、化学等传统重工业向汽车等加工组装型工业的转换，因此出口产品中机械类产品的比重提升，而金属类产品的比重则有所下降。

在日本的进口贸易中，矿物燃料所占比重迅速下降，而机械产品所占比重则迅速上升。矿物燃料占日本进口的比重在1980年曾一度高达49.8%，但是到1990年这一比重就下降到了24.2%。而机械产品的比重则从7.0%上升到17.4%。[1] 矿物燃料比重下降，机械产品比重上升，这一现象同样反映出日本稳定增长时期产业升级的发展情况。新型的加工组装型制造业取代了传统的重化学工业，成为新的主导产业。

3. 日本泡沫经济崩溃后的出口贸易情况

泡沫经济崩溃之后，日本的经济增长率迅速下降，日本经济在1996～2000年的经济增长率仅为0.8%，而到了2006～2012年则更下降到了0.2%。[2] 但是日本的贸易额在泡沫经济崩溃后，仍维持着增长趋势。出口额从1991年的42万亿日元增长到2008年的81万亿日元，进口额则从31万亿日元增加到78万亿日元。日本的出口额和进口额都表现出了快速增长。1991～2008年日本依然维持着贸易顺差国的地位，其年均贸易顺差额为9.5万亿日元。2008年以后，日本的贸易出现一定的波动，出口额从2008年的81万亿日元下降至2016年的70万亿日元，进口额也相应地从2008年的78.9万亿日元下降至2016年的66万亿日元。且2011～2015年，日本连续5年出现了贸易逆差，年均逆差额达到7.3万亿日元。直至2016年，日本的贸易顺差得以恢复，2016年的贸易顺差为3.9万亿日元。

---

[1] 伊藤元重『ゼミナール国際経済入門』日本経済新聞社、2005、221頁。
[2] 財務省『日本経済の現状と課題』財務省、2013。

表4-6 泡沫经济崩溃后日本的贸易额

单位：亿日元

年份	出口额	进口额	贸易收支
1991	423599	319002	104597
1992	430123	295274	134949
1993	402024	268264	133761
1994	404976	281043	123932
1995	415309	315488	99821
1996	447313	379934	67379
1997	509380	409561	99818
1998	506450	366537	139914
1999	475476	352680	122796
2000	516542	409384	107158
2001	489792	424155	65637
2002	521090	422275	98815
2003	545484	443620	101863
2004	611700	492166	119533
2005	656565	569494	87072
2006	752462	673443	79019
2007	839314	731359	107955
2008	810181	789548	20633
2009	541706	514994	26712
2010	674054	606390	67664
2011	655465	681112	-25647
2012	637476	706886	-69410
2013	697742	812425	-114683
2014	730930	859091	-128161
2015	756139	784055	-27916
2016	700358	660420	39938

资料来源：日本贸易会（2011）；日本财务省贸易统计。

从日本出口商品的构成来看，泡沫经济崩溃后日本的出口贸易仍然维持了稳定增长时期以机械类出口为主的趋势，汽车和汽车零部件出口是日本出口商品中的重要组成部分。随着20世纪90年代以来信息技术的发展，半导体等电子零部件的出口开始增加，截至2010年电子零部件的出口占日本总出口的比重上升到6.2%。[1] 此外，随着日本的对外直接投资增加，日本国内的制造业企业开始向海外转移，日本进口产品的构成也发生了变化。矿物性燃料所占进口比重进一步下降，而消费品、机械制品等制成品的进口开始增加。2010年日本的制成品进口比重高达55.1%。不同于高速增长时期以原材料为主的进口结构，随着海外直接投资的发展，日本的进口结构中，制成品的比重有所上升。泡沫经济崩溃后的日本贸易的变化，既反映出信息技术乃至信息产业发展的影响，还反映出日本经济服务化、制造业产业向海外转移的经济现状。

日本自20世纪80年代中期开始，其进口结构出现了明显的变化，日本的进口结构中，制成品所占的比重开始迅速上升，如图4-1所示。

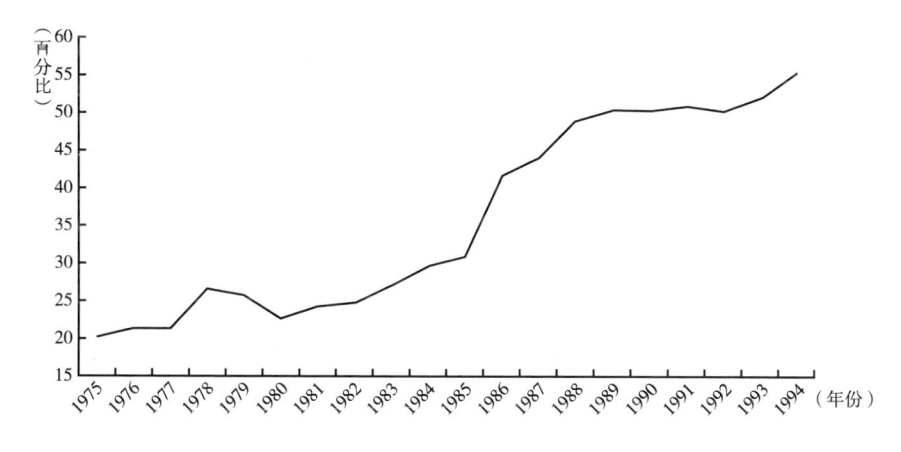

图4-1 制成品占日本进口比重

资料来源：经济企划厅（1996）。[2]

如图4-1所示，制成品占日本进口的比重在1984年之前一直维持在30%以下，增幅较缓，但是1985年之后，制成品所占比重从30%左右提升到了50%左右。这与以下两个原因有关：其一，1985年广场协议的达成使得日元迅速升值，日元升值所造成的财富效应，促进了日本对

---

① 社团法人日本貿易会『日本貿易の現状』社団法人日本貿易会、2011、74-75頁。
② 経済企画庁『日本経済の現状平成8年版』、http://www.customs.go.jp/yusyutu/index.htm。

制成品的进口。其二,日元的迅速升值导致日本对外直接投资的迅速增加,从而使得一些低端制造业从日本转移出去,日本能够以更低的价格从外国购买这些产品,从而使得制成品占日本进口的比重迅速提升。日本不再是过去单纯的购买原材料,然后进行加工出口这一垂直贸易方式,日本的贸易方式开始向进口国外制成品与出口制成品这一水平贸易方式转变。[①]

综上所述,随着日本经济的发展,日本的进出口贸易情况也发生了变化。在经济高速增长前期,日本出口产品主要是以劳动密集型的纺织品为主,随着日本的工业化发展,日本的出口产品中纺织品的比重开始下降,而钢铁、船舶等重工业产品所占的比重上升。1973年第一次石油危机发生后,日本进入稳定增长时期,由于原油价格的上涨,日本的主导产业出现了从重化学工业向加工组装工业的转换,而这一转变同时也反映在了日本的出口结构中,钢铁船舶等传统重工业产品所占比重下降,而汽车、机械装备等加工组装工业所占的比重开始上升,并成为日本出口商品中最重要的出口商品。此外,进入21世纪后,随着信息技术的迅速发展,电子产品的需求上升,电子零部件所占出口的比重上升,这使得电子零部件与汽车、机械装备一起成为日本出口商品中最重要的组成部分,这一出口商品的特点一直持续至今。

对于日本进口商品的变迁特点而言,在20世纪80年代中期之前,原材料特别是矿物燃料是日本进口商品的主要组成部分。然而在20世纪80年代中期之后,随着日本的对外直接投资增加以及制造业向亚洲周边地区的转移,矿物燃料等原材料进口所占比重下降,而制成品的比重上升。这反映出日本的贸易结构正在从垂直型的贸易结构向水平型的贸易结构转变。

(二)出口贸易的技术溢出与全要素生产率

出口与全要素生产率之间的关系并不是确定的,出口有可能促进全要素生产率的增长,但有时出口对于全要素生产率增长并没有帮助。现在经济学界对于出口和全要素生产率之间的关系没有一个统一的结论。但是,这并不意味着对于一国出口与全要素生产率之间的关系的研究没

[①] 鶴田俊正・伊藤元重『日本産業構造論』NTT出版、2001、28-146頁。

有意义。因为各国所具有的初始条件以及所处环境不尽相同,因而需要具体分析每个国家出口与全要素生产率之间的关系。尽管对于出口和全要素生产率之间的关系还存在争论,但是对于分析的对象国日本,仍可采用实证研究的方法,检验日本的出口和全要素生产率之间的关系,探讨二者之间是否存在着显著的相关关系,并分析出口对全要素生产率影响的渠道。

1. 出口与全要素生产率的内生化模型分析

根据新古典宏观经济学,可将出口这一经济变量内生化。本书依据出口的内生经济增长模型,对日本的出口和全要素生产率之间的关系进行分析。[①]

首先,根据新古典经济学的总量生产函数假设,经济体的生产函数为:

$$Y_{it} = A_{it} L_{it}^{\alpha_1} K_{it}^{\alpha_2} \qquad (4-8)$$

其中 Y_{it} 为经济体的总产出。L_{it} 是该经济体的劳动生产要素投入量。K_{it} 是该经济体的资本要素投入量。新古典经济增长理论认为 A_{it} 反映了经济体全要素生产率的水平,而出口则为影响全要素生产率的一个因素,由此可获得4-9式。

$$A_{it} = B_{it}[1 + \eta(X_{it}/Y_{it})] X_{it}^{\theta} \qquad (4-9)$$

其中,X_{it}/Y_{it} 为出口依存度,X_{it} 为出口实际额,B_{it} 为影响全要素生产率的其他技术因素。出口对于全要素生产率水平的提升反映在以下两个方面。其一,出口部门自身的生产率优势 η,反映出了出口部门通过技术引进、技术研发等方式所获得的技术水平的提高,表现出了出口部门通过出口所获得的学习效应。其二,出口部门对非出口部门的技术溢出效应 θ,反映了出口部门的生产率增长对于其他非出口部门生产率的促进作用。将4-9式代入4-8式可得:

$$Y_{it} = B_{it}[1 + \eta(X_{it}/Y_{it})] X_{it}^{\theta} L_{it}^{\alpha_1} K_{it}^{\alpha_2} \qquad (4-10)$$

[①] Andrew Levin et al., "Complementarities between exports and human capital in economic growth: Evidence from the semi-industrialized countries", *Economic Development and Cultural Change*, No. 461, 1997, pp. 155–174.

通过对 4 – 10 式的左右两边取对数可得：

$$\ln Y_{it} = \ln B_{it} + \eta E_{it} + \theta \ln X_{it} + \alpha_1 \ln L_{it} + \alpha_2 \ln K_{it} \qquad (4-11)$$

4 – 11 式为基本回归公式，其中 η 反映了出口的学习效应，预期方向为正；而 θ 则反映了出口的溢出效应，其预期方向也为正。其中，$E_{it} = X_{it}/Y_{it}$ 表示经济体的对外依存度。

2. 加入人力资本后的出口与全要素生产率关系分析

人力资本投资同样是经济提高全要素生产率的重要途径，卢卡斯（Lucas）特别强调了在内生经济增长中人力资本投资对全要素生产率的提升作用。[①] 因此，在出口贸易的内生经济增长模型中应加入人力资本投资，不仅能更加明确要素生产率的渠道，还能够检验人力资本投入对全要素生产率的促进作用。

同时，日本的自主研发是以私人企业为主的，企业的自主研发也是出口企业提高全要素生产率的重要途径，因此还应在出口的内生经济增长模型中加入企业的自主研发以反映企业的自主研发对全要素生产率的影响。综合以上两点，新的出口内生经济增长模型为：

$$A_{it} = B_{it}[1 + \eta(X_{it}/Y_{it})] X_{it}^{\theta} H_{it}^{\gamma} R_{it}^{\rho} \qquad (4-12)$$

代入 4 – 12 式则可得：

$$Y_{it} = B_{it}[1 + \eta(X_{it}/Y_{it})] X_{it}^{\theta} L_{it}^{\alpha_1} K_{it}^{\alpha_2} H_{it}^{\gamma} R_{it}^{\rho} \qquad (4-13)$$

同理，对 4 – 13 式的左右两边取对数可得：

$$\ln Y_{it} = \ln B_{it} + \eta E_{it} + \theta \ln X_{it} + \alpha_1 \ln L_{it} + \alpha_2 \ln K_{it} + \gamma \ln H_{it} + \rho \ln R_{it} \qquad (4-14)$$

4 – 14 式为包含了人力资本和研究开发的回归检验方程。γ 与 ρ 分别反映了人力资本投资以及企业的研究开发投资对全要素生产率的影响。以下，使用日本实际的经济数据，依据 4 – 11 式和 4 – 14 式两个基本回归方程，检验出口对日本全要素生产率的影响。具体的分析结果将在下一部分进行分析。

[①] R. E. Lucas, "On the mechanics of economic development", *Journal of Monetary Economics*, Vol. 22, No. 1, 1988, pp. 3 – 42.

（三）出口贸易的技术溢出效应的实证检验

1. 数据来源与平稳性分析

基本的回归公式为 4 - 11 式。其中，Y_{it} 代表国内生产总值，数据源自日本内阁府《国民经济计算》；E_{it} 代表出口依存度，数据来源自日本财务省《贸易统计》；X_{it} 为日本实际出口数额；L_{it} 为日本的劳动人口数量，数据来源自日本统计局《劳动力调查》；K_{it} 为日本的资本投资，数据源自日本内阁府《国民经济计算》。为保证 4 - 11 式回归结果的准确性，应首先对各回归变量进行平稳性检验，各经济变量的单位根检验结果如表 4 - 7 所示。

表 4 - 7　经济变量单位根分析表

	ADF 检验式	ADF 值	相应 p 值	结论
lnY	(c,t,10)	- 0.6784	0.96	I(1)
DlnY	(c,t,10)	- 4.8603	0.00	I(0)
E	(c,0,10)	- 1.7468	0.41	I(1)
DE	(c,0,10)	- 8.1261	0.00	I(0)
lnX	(c,t,10)	- 0.9974	0.93	I(1)
DlnX	(c,t,10)	- 7.6286	0.00	I(0)
lnK	(c,t,10)	- 1.8619	0.35	I(1)
DlnK	(c,t,10)	- 6.0966	0.00	I(0)
lnL	(c,0,10)	- 2.4865	0.13	I(1)
DlnL	(c,0,10)	- 3.0607	0.03	I(0)

注：ADF 检验式表示（截距项，趋势项，滞后项）的取值。

由表 4 - 7 可知，国内生产总值、出口依存度、出口实际值、资本投资以及劳动人口数量的对数值均为一阶平稳的经济变量，因此需要使用这些变量的一阶差分值进行时间序列分析。

2. 模型回归结果分析

4 - 11 式的回归结果分析如表 4 - 8 所示。

表4-8　回归结果分析

	模型1	模型2	模型3
C	0.0028 (1.3744)	0.0251 (5.1674)***	-0.0009 (-0.3358)
DE	-6.5671 (-16.0602)***	-6.9941 (-13.7530)***	-2.9986 (-3.2634)**
DlnX	0.7797 (18.5108)***	0.7364 (16.0459)***	0.4471 (4.1924)***
DlnK	0.1477 (4.9540)***	0.1072 (6.2789)***	0.0655 (1.1550)
DlnL	0.3554 (1.3573)	-0.7169 (-2.8293)***	1.4485** (3.2891)
AR(2)	-0.2987 (-2.4037)**		
MA(1)		0.9838 (32.1007)***	0.2792 (1.0648)
R^2	0.96	0.98	0.91
DW	2.00	2.19	1.91
时间段	1955~2013	1955~1990	1990~2013

注：*** 表示在1%的显著性水平下显著；** 表示在5%的显著性水平下显著；* 表示在10%的显著性水平下显著；括号中则为t值。

从表4-8的回归结果分析看，在1955~2013年，实际出口的弹性系数最高，如果出口增长1%，则经济总量将上涨0.78%。在日本第二次世界大战后的经济增长过程中，出口对经济增长有着重要的推动作用，而且还表明出口部门对非出口部门的技术溢出效应对于改善日本产业效率有着重要的推动作用。但是，出口依存度的系数显著为负，这说明出口部门并没有通过出口改善自身效率，也并没有使用高于非出口部门的技术。因此，从整体上看，日本的出口有着技术溢出效应，但是出口部门的学习效应并不显著。

对泡沫崩溃前后的日本出口效应进行检验的结果表明，泡沫经济崩溃之后日本出口部门的技术溢出效应有所下降，从0.74%下降到了0.45%。但是，日本出口部门的学习效应出现了提升，从-6.99%提升到了-2.99%。这表明泡沫经济崩溃后，日本出口部门的学习效应有所提升，出口部门通过出口改善了生产效率，但是与此同时，随着技术在产业间的扩散，出口部门对非出口部门的技术溢出效应出现了下降。

3. 基本模型的扩展分析

对于含有人力资本和自主研究开发的回归模型如 4-15 式所示。

$$\ln Y_{it} = \ln B_{it} + \eta E_{it} + \theta \ln X_{it} + \alpha_1 \ln L_{it} + \alpha_2 \ln K_{it} + \gamma \ln H_{it} + \rho \ln R_{it} + \varepsilon_t \quad (4-15)$$

其中，H_{it} 代表人力资本，使用日本的劳动力受教育年限代表，数据源自 Godo（2011）。R_{it} 代表日本的自主研究开发投资，使用的数据源自日本总务省统计局《科学研究调查报告》。受数据的限制，分析的时间段为 1955 ~ 1998 年。代入数据，进行回归分析的结果如下所示：[1]

$$\ln Y_{it} = 0.01 - 6.37 E_{it} + 0.68 \ln X_{it} - 0.33 \ln L_{it} + 0.13 \ln K_{it} + 0.39 \ln H_{it} + 0.36 \ln R_{it}$$
$$\phantom{\ln Y_{it} = }(2.26)(-11.77)\ (13.49)\ \ (-1.41)\ \ \ (6.13)\ \ \ \ (0.68)\ \ \ \ (2.37)$$
$$R^2 = 0.98, \quad D.W. = 1.96 \quad\quad\quad\quad\quad\quad\quad\quad\quad\quad (4-16)$$

括号中为回归系数的 t 值，由回归结果可知，截距项、出口依存度、出口实际额、资本总量以及自主研究开发投资这些回归系数均在 5% 的显著性水平下显著。模型不存在自相关问题。人力资本项的回归系数在统计意义上不显著。但是，加入了人力资本项，使得出口部门的学习效应得到了改善，出口依存度的弹性从 -6.56% 变为 -6.37%。此外，企业的自主研发对于经济增长有着显著的推动作用，如果自主研发数额提高 1%，则经济总量将会增长 0.36%。因此，人力资本和自主研究开发有着改善出口企业生产效率的作用，出口企业生产效率的改善，又反过来推动了日本的经济增长。

参考包群（2003）的思想，对日本人力资本投资与出口贸易的综合效应进行分析。将人力资本投资对出口的影响内生化，加入出口的内生化模型中，可获得如下 4-17 式。[2]

$$A_{it} = B_{it}[1 + \eta H_{it}(X_{it}/Y_{it})] X_{it}^{\theta} \quad\quad\quad\quad (4-17)$$

代入经济的生产函数中，并对等式两边取对数，可获得 4-18 式。

$$\ln Y_{it} = \ln B_{it} + \eta H_{it} E_{it} + \theta \ln X_{it} + \alpha_1 \ln L_{it} + \alpha_2 \ln K_{it} + \varepsilon_t \quad (4-18)$$

---

[1] 经过单位根检验可知，人力资本和自主研究开发两个经济变量都是一阶平稳的经济变量。
[2] 包群、许和连：《出口贸易如何促进经济增长？——基于全要素生产率的实证研究》，《上海经济研究》2003 年第 3 期，第 3 ~ 10 页。

对4-18式进行时间序列分析，所获得结果如下所示：

$$\ln Y_{it} = 0.03 - 0.58 H_{it}E_{it} + 0.63\ln X_{it} + 0.003\ln L_{it} + 0.13\ln K_{it}$$
$$(4.91)(-10.47)\quad(12.49)\quad(0.012)\quad(5.92)$$
$$R^2 = 0.97,\quad D.W. = 1.92 \tag{4-19}$$

括号中为回归系数的 t 值。其中，$H_{it}E_{it}$ 表示人力资本投资对出口贸易的综合效应。通过对4-18式的回归分析发现，除劳动力投入的系数不显著之外，其他的解释变量的回归系数均在5%的显著性水平下显著。在考虑了人力资本对出口部门的影响后，发现出口依存度的弹性得到了改善，从 -6.56% 下降到了 -0.58%，降低了出口依存度对经济增长的副作用，改善了出口企业的学习效应，提高了出口企业的生产率。

通过时间序列分析后发现，从整体上看，日本的出口部门存在对于非出口部门的技术溢出，出口企业的技术进步会促进非出口企业的技术进步，从而促进整个经济体的全要素生产率水平的提高。但是，出口依存度对经济增长的影响是负的，出口企业从出口的生产活动中所获得的技术水平的提高并不明显。此外，加入人力资本和自主研发这两个经济变量后，均发现这两个经济变量的加入改善了出口依存度对经济增长的负影响。因此，人力资本投资和企业的自主研发可以改善出口企业的效率，提高出口企业的学习效应。

三 日本贸易结构变化与全要素生产率

随着日本的经济发展，日本的进出口贸易产品结构也随之发生了显著变化。在回顾与分析日本贸易结构变化历史过程的基础上，本书探讨和分析了商品贸易、服务贸易及技术贸易对日本提高全要素生产率的作用，结果表明货物的出口以及服务的进口有助于日本全要素生产率的提高，而技术贸易的增加对于日本全要素生产率的提高帮助较小。

（一）经济发展与贸易结构变化

一国的国际收支主要由经常收支和资本收支两部分组成。其中，经常收支又由商品贸易和服务贸易两部分构成。从日本经济发展的长期视角看，日本在商品贸易方面长期维持顺差，服务贸易出口虽然在不断增长，但是长期处于逆差地位，随着日本服务贸易的发展，日本服务贸易的逆差额在不断减小。此外，日本的技术贸易在日本完成工业化后，有了较大发展，日本从技术净进口国转变为技术净出口国，技术贸易也从逆差转为了顺差。

1. 日本货物贸易变化情况

表4-9为日本商品贸易额的变化情况，由此可知，日本的进出口贸易额在1990年之后依然有较快的增长率，出口的年增长率为2.5%，进口为3%，远高于同一时期日本经济的增长率。一般机械、运输机械和电子机械是日本的主要出口产品，在1990~2015年这三项产品出口的增长率分别为56.5%、75%以及532%。截止到2010年，这三类主要产品的出口额占到日本出口总额的60%以上。

表4-9 日本商品贸易额的变化情况

单位：万亿日元

贸易额\年份	1990	1995	2000	2005	2010	2015
出口总额	41.5	41.5	51.7	65.7	67.4	75.6
一般机械	9.2	10.0	11.1	13.4	13.3	14.4
运输机械	10.4	8.4	10.8	15.2	15.3	18.2
电子机械	9.5	10.6	13.7	14.5	12.7	13.2
进口总额	33.9	31.5	40.9	56.9	60.8	78.4
矿物燃料	8.1	5.0	8.3	14.6	17.4	18.2
原材料	4.1	3.1	2.6	3.5	4.8	7.1
一般机械	2.0	2.6	4.5	5.7	4.8	7.1
电子机械	1.9	3.3	5.8	7.4	8.1	12.0

资料来源：财務省『貿易統計』2016年、http://www.customs.go.jp/toukei/srch/index.htm。

在进口产品方面，矿物燃料和原材料的进口额截至1995年表现出了减少的趋势，但是1995年之后，受国际油价上涨的影响，矿物燃料和原材料的进口额又呈现出上升趋势，截至2015年矿物燃料和原材料的进口占日本进口总额的23%。此外，日本的制成品进口额自1990年以来一直呈现出增长的趋势。一般机械和电子机械两项的进口分别增长了3.5倍和6.3倍。这表明日本对于制成品的进口在20世纪90年代后迅速增长，随着国际分工的日益细化以及日本产业向海外的进一步转移，日本对于中间产品的需求增加，贸易结构呈现水平化的发展趋势。

2. 日本服务贸易变化情况

随着日本经济的发展，日本的服务贸易额也在不断增加。其服务出口额从 1991 年的 603 亿美元，增加到了 2014 年的 1727 亿美元，提高了 1.9 倍。而日本的服务进口额也从 1991 年的 1166 亿美元，提升至 2014 年的 2035 亿美元，提高了 0.7 倍。与商品贸易表现出的顺差项目不同，日本在服务贸易项目中始终处于逆差状态，但表现出减小的趋势，日本服务贸易逆差在 2001 年为 563 亿日元，而到 2015 年已减少到了 167 亿日元。[①]

根据日本国际贸易投资研究所的统计数据，2013 年日本拥有 1353 亿美元的服务贸易出口额，占全球服务贸易出口总额的 3%，居世界第八位。同年，日本的服务贸易进口额为 1708 亿美元，占全球服务贸易进口总额的 3.9%，居世界第六位。[②] 虽然从绝对数额上看，日本的服务贸易额在不断扩大，但是从占世界服务贸易的比重上看，日本所占的比重逐渐缩小。2005 年，日本的服务贸易出口和进口曾分别占世界服务贸易总额的 4% 和 5.6%，2013 年则分别下降到了 3% 和 3.9%。这表明，受发展中国家服务贸易迅速发展的影响，日本服务贸易的世界占比有所下降。

表 4-10 日本的服务贸易收支

单位：百万日元

年份	服务贸易收支	运输	旅游	建筑	金融	专利
2001	-56349	-8909	-28168	1178	1293	-800
2002	-56521	-7512	-28879	1304	1881	-733
2003	-41078	-6058	-23190	1369	1508	1491
2004	-42274	-7483	-29189	2232	1898	2231
2005	-40782	-5021	-27659	2700	2608	3289
2006	-37241	-6032	-21409	3244	3678	5358
2007	-43620	-8264	-20199	2811	3062	7729
2008	-39131	-7316	-17631	2479	1523	7644
2009	-32627	-8383	-13886	945	1654	4527

[①] 財務省『国際収支統計』2016 年、http://www.mof.go.jp/international_policy/reference/balance_of_payments/bpnet.htm。

[②] 国際貿易投資研究所『サービス貿易統計データベース』2016 年。

续表

年份	服务贸易收支	运输	旅游	建筑	金融	专利
2010	-26588	-3698	-12875	2418	401	6943
2011	-27799	-6202	-12963	2596	610	7901
2012	-38110	-9907	-10617	3056	1133	9569
2013	-34786	-7183	-6545	2110	926	13422
2014	-30335	-6653	-444	898	2182	17502
2015	-16784	-6624	10905	2957	5200	23750

资料来源：财務省『国際収支統計』2016年。

由表4-10可知，运输和旅游服务是日本服务贸易收支赤字的重要来源，但是2010年以来日本旅游项目的赤字有所减少，这表明日本所推行的"观光立国"政策起到了促进旅游服务出口、减少旅游项目赤字的作用。[1] 受到"观光立国"政策的影响，2015年日本的旅游服务收入从逆差转为顺差，达到109亿日元。

日本服务贸易的顺差项目，主要由金融、专利和建筑服务三项构成。近年来，日本的建筑服务收支和金融服务收支都有所扩大，2015年分别达到29亿日元和52亿日元。值得注意的是，进入21世纪，日本服务项目中专利服务收支由逆差转变为顺差，自2003年第一次实现了14亿日元的顺差后，专利服务顺差不断扩大，并超过了建筑和金融服务，在2015年达到了237亿日元的顺差额，成为日本服务贸易顺差的最主要来源。

3. 日本的技术贸易发展情况

随着经济的发展，日本的技术水平日益提高，技术贸易情况出现了巨大的变化。在高速增长时期以及其后的稳定增长时期，日本的技术贸易收支一直处于逆差地位，即技术贸易的进口大于出口。但是在泡沫经济崩溃后，这一情况发生了改变，日本对外国技术出口数额增加，在技术贸易中的地位由逆差转变为顺差。日本发生了由技术进口国向技术出口国的转变。

日本出现技术贸易从逆差到顺差的转变，也从另一个侧面表明了伴随着日本经济的发展，日本实现了在技术水平层面对欧美发达国家的技术水平的收敛。在经济发展初期，日本通过技术引进，实现了快速的技术进步，并逐

---

[1] 凌强：《日本观光立国战略的新内容及其新特点》，《日本问题研究》2011年第2期。

渐实现了技术水平的收敛。在实现技术水平收敛之后，日本只有依靠自主创新才能够获得技术水平的进一步提升。技术贸易顺差的实现标志着日本在技术水平方面所取得的标志性进展，随着日本科学技术水平的进一步发展，可以预期日本在技术贸易方面的顺差将会进一步扩大。

然而值得注意的是，日本对外出口技术往往是日本制造业产业对外直接投资所产生的连带效应，在海外投资建厂的日资企业习惯于使用本国的技术设备，从而出现了技术贸易顺差增加的现象。日本技术贸易顺差持续扩大，伴随着日本海外直接投资持续扩张。日本海外工厂对日本技术使用需求增加，导致了日本技术服务出口的增加。① 特别是汽车、医药品、信息通信机械、电子机械、化学工业等产业领域，这一特征尤其显著，促进了日本技术贸易的出口。因此，造成日本技术贸易顺差增大的原因在于日本对外直接投资的增加，外国对日本技术的直接引进所占比重仍然较低。这也表现出，日本技术应用虽然在适应本国生产设备方面做得较好，但在技术应用的广泛性与适用性方面仍具有提升空间。

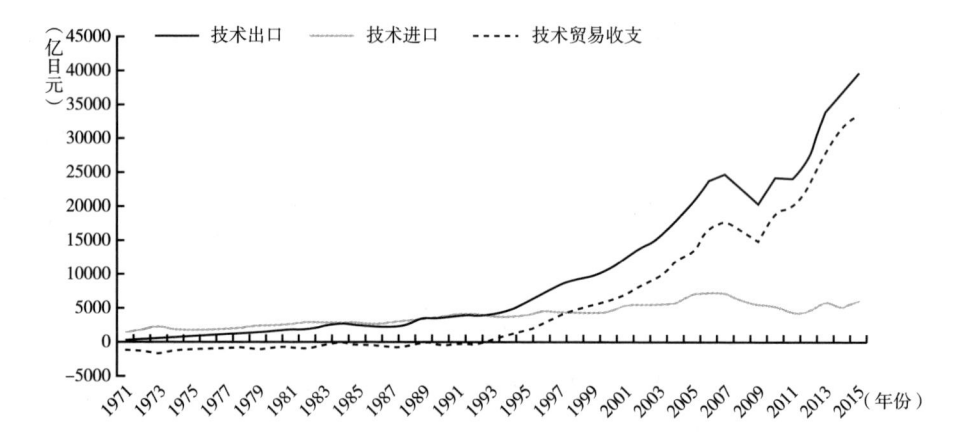

图4-2　日本的技术贸易情况

资料来源：総務省『科学技術研究調査』2016年。

由图4-2可知，在1993年之前，日本的技术贸易收支一直处于赤字状态，但是从1993年开始，日本的技术出口迅速增长，技术贸易收支也由逆

---

① 石田三樹・越智泰樹「国際取引における知的財産の重要性について—特許等使用料収支を中心として—」『地域経済研究』3号、2010年。

差转变为顺差，并且顺差状态一直持续至今。根据日本总务省2016年度《科学技术研究调查》中的统计数据，日本的技术出口由1993年的3600亿日元，增加到2007年的24000亿日元，2015年则增长到39000亿日元。截至2015年，日本的技术贸易收支顺差额达到了33000万亿日元，为历史最高值。[①] 此外，日本的技术贸易顺差额于2010年首次超过英国，成为仅次于美国的全球第二大技术贸易顺差国。

实际上，技术贸易统计存在着时间的滞后性，即技术合同的签订一般是长期的，每年都需要支付上一年所签下的技术合同所需费用。即使本年度未签订新技术引进合同，仍需支付上一年度签订合同所规定的费用。齐藤优指出，如果仅看日本在当年新签订的技术合同的收支情况，可以发现日本在20世纪70年代初就实现了技术贸易的顺差。鉴于技术贸易统计存在时间的滞后性，使用当年的技术出口与进口比率能够更加精确地反映日本的技术贸易情况。1980年日本技术贸易出口与进口之比为0.67，但如果仅看当年签订的合同就会发现这一比率上升到了2.68，实现了实际上的技术出口[②]。因此，日本在完成工业化后的20世纪80年代就实现了技术贸易方面的净出口。日本的技术贸易收支如表4-11所示。

表4-11 日本的技术贸易收支

单位：亿日元

年度	净收支	建筑	化学	电子机械	运输机械	信息服务
2000	6146	34	653	-50	5544	—
2001	6984	3	664	169	6385	—
2002	8451	-5	302	116	7458	-319
2003	9484	-7	266	240	8672	-423
2004	12018	-1	311	254	9460	-330
2005	13246	12	193	436	11074	—
2006	16728	73	398	649	12205	-280
2007	17718	109	383	673	12146	-193
2008	16255	28	289	706	10167	—

① 総務省『科学技術研究調査』2016年。
② 斎藤優『技術立国論』有斐閣、1983、50頁。

续表

年度	净收支	建筑	化学	电子机械	运输机械	信息服务
2009	14804	6	272	502	9372	106
2010	19065	10	371	702	12555	—
2011	19704	9.3	468	725	11860	—
2012	22724	-1.1	515	770	14568	-271
2013	28174	-2	523	881	17545	-923
2014	31473	—	629	1002	21098	-417

资料来源：統計局『日本統計』2015 年。

由表 4-11 可知，日本技术贸易收支中的顺差主要是由建筑、化学、电子机械以及运输机械这四个部门所带来的，其中运输机械部门的技术贸易顺差又占了日本技术贸易顺差总额的 90% 左右。2014 年，电子机械与运输机械的技术贸易顺差分别为 1002 亿日元与 21098 亿日元，分别占当年技术贸易净收支的 3.18% 与 67%。这说明，随着日本产业向海外的转移，与之相关的技术交易也日趋增加，其中以汽车产业为代表的运输机械部门的技术贸易增加最为显著，并构成了日本技术贸易收支顺差的主要组成部分。但与此相对的是，在信息服务部门，日本的技术贸易除 2009 年实现了 106 亿日元的顺差外，其余年份均为逆差，2013 年的逆差额甚至达到了 923 亿日元，这说明日本在信息服务方面的技术仍然需要依赖进口。

（二）商品、服务、技术的进出口贸易与全要素生产率

日本在实现工业化后，贸易结构出现了显著变化。在商品贸易方面，制成品与原材料进口所占份额逐渐提高；在服务贸易方面，旅游、金融与专利出口数量不断提升；在技术贸易方面，则由逆差转为顺差，转变为技术的净出口国。对此，需要从理论层面，探究贸易结构变化与全要素生产率之间的关系。

1. 商品贸易对全要素生产率的影响

商品贸易可以分为商品的出口贸易和商品的进口贸易两个组成部分，下文对这两方面分别进行分析。

一方面，商品的出口对全要素生产率的影响。一国能够出口的商品，通常是该国具有比较优势的商品。具有比较优势的部门，通常有着更高的生产

能力，从而能够降低生产成本，保证比较优势的实现。此外，商品贸易的出口部门为了继续维持其比较优势，通常热衷于技术开发，提高生产管理水平，促进了商品贸易出口部门生产率的提高，进而促进了商品出口部门全要素生产率的增长。另外，商品出口部门通过接触国外的商品，更容易了解到国际技术前沿的发展情况，从而促进商品出口部门改进产品的生产设计以及组织管理，有助于其全要素生产率水平的提高。埃文森（Evenson）指出，发达国家为了获得所需要的产品，往往会将客户的需求通过设计图纸以及生产工艺流程等方式告知出口厂商，出口厂商因而免费获得了生产工艺以及生产技术等方面的信息，从而促进了出口厂商提高全要素生产率。[1]

另一方面，商品的进口对全要素生产率的影响。商品的进口同样也是经济体提高全要素生产率的重要途径。通过商品的进口，可以直接引进国外的最终产品，直接提高国内企业的生产效率，这样不仅可以提高本国生产产品的技术含量，还可以提高经济体的全要素生产率。[2] 高凌云指出，商品进口意味着同类产品的国内生产相对于国外产品而言不具备比较优势，而市场竞争会迫使国内厂商通过研究开发以及改善生产要素利用等形式，改善产品的生产，从而会促使全要素生产率水平的提高。[3] 商品的进口是实现国际生产技术扩散和技术外溢效应的重要途径，一国通过对商品进口可以提高其全要素生产率水平。

由此可知，商品的进口和出口一方面能够直接提高企业的全要素生产率水平。另一方面受国际商品市场竞争的影响，国内的商品生产企业会改善自身的生产技术，加大研究开发力度和提高生产要素的使用效率，优化生产要素的配置，改善企业的组织与管理。通过上述方式，企业的生产率得到了改善，从而使得整个经济体的全要素生产率水平也得到了改善。

2. 服务贸易对全要素生产率的影响

按国际贸易的内容分类，国际贸易分为商品贸易、服务贸易和技术贸

---

[1] Robert E. Evenson et al., "Technological Change and Technological Strategy", *Handbook of Development Economics*, 1995, pp. 2209–2299.
[2] 胡兵、乔晶：《对外贸易、全要素生产率与中国经济增长——基于 LA-VAR 模型的实证分析》，《财经问题研究》2006 年第 5 期。
[3] 高凌云、王洛林：《进口贸易与工业行业全要素生产率》，《经济学（季刊）》2010 年第 2 期。

易。伴随着经济发展和技术进步，服务贸易所占的比重越来越高，并日益成为国际贸易中的重要组成部分。相对于商品贸易的研究而言，对于服务贸易以及全要素生产率之间关系的研究相对较少。

服务产品不同于一般的商品，主要具有如下两个特点。其一，流动性。即服务是不能储存的，服务不能像有形商品一般以存货的形式存在，从而表现出消费与提供的同时性。其二，近邻性。服务的提供者与服务的接受者之间不能存在过远的地理距离，服务的提供者与接受者之间必须具有相邻性，才能实现服务的进行。[1]

基于服务产品所具有的以上特点，产生了跨国间服务贸易的需求。根据《服务贸易总协定》（GATS）的定义，服务贸易主要包含以下四个方面：其一，跨境交易。服务的提供方与接收方都处于海外，通过电话、网络等形式提供服务。软件的测试服务就属于跨境服务。其二，境外消费。消费者赴海外消费，国际观光旅游服务就属于这一类服务。近年来，日本政府采取措施积极吸引外国消费者赴日观光，这有助于日本观光产业的发展。其三，商业据点。外国公司通过对外直接投资，直接设置海外子公司，为对象国消费者服务。无印良品、优衣库、吉野家等日本公司通过对海外的直接投资，设立海外据点，从而将自身的服务范围从日本国内扩展到世界。其四，人力资本的流动。国内的专业人员赴海外从事相应工作，即属于这一类。[2]

服务贸易的开展也将有助于推动经济体全要素生产率的增长。服务贸易的出口将会通过以下途径影响全要素生产率。其一，学习效应。企业通过接触国外的服务需求，自主地改善所提供的服务内容，从而提高生产率。其二，提供服务贸易的部门通常是经济体中具有比较优势的服务部门，这些服务部门为了保持自身优势，将着眼于提高自身技术，提高生产要素的利用效率和服务的供给质量，从而提升全要素生产率水平。[3]

服务贸易的进口将会从以下两个方面促进生产率的增长。其一，由于外国服务的进入，企业能够更加方便地使用外国服务，从而降低企业的生产成

---

[1] Joseph Francois et al.，"Services Trade and Policy"，*Journal of Economic Literature*，2010.
[2] 郑吉昌、夏晴：《服务贸易国际竞争力的相关因素探讨》，《国际贸易问题》2005年第12期。
[3] 潘爱民：《中国服务贸易开放与经济增长的长期均衡与短期波动研究》，《国际贸易问题》2006年第2期。

本，提高企业效率。其二，迫使国内企业向国外企业看齐，吸收国外先进的服务内容和服务技术，改善服务质量，从而促进企业生产率的提高。

随着日本经济的逐渐成熟，可以预见的是，服务业所占据的地位越来越重要，服务贸易的开放有助于日本全要素生产率水平的提高。因而，近年来，日本在积极推动服务贸易的发展。

3. 技术贸易对全要素生产率的影响

技术贸易同样会对全要素生产率产生重要的影响。一方面，技术出口会推动全要素生产率的增长。技术出口首先意味着该国的技术已经达到较高水平，可以为其他国家提供技术服务。技术出口可以推动技术创新，为维持技术优势，技术出口部门会进行研究，开发出更先进的生产技术以替代所出口的生产技术，从而维持技术水平，而这一过程会提高企业的生产率，促进全要素生产率的提升。20世纪80年代中期之后，随着日本工业化的完成，日本从技术进口国转变为技术出口国，电子机械和运输机械两方面的技术出口数额迅速增长。技术出口的增长会进一步推动日本的电子机械以及运输机械产业技术的更新换代，将有助于提高日本的全要素生产率。

另一方面，技术进口也可以促进全要素生产率的增长。通过技术进口可以直接获得国外先进的生产技术，改善现有的生产技术，国内厂商的生产技术前沿进一步向国际先进水平靠拢，从而实现全要素生产率水平的提高。此外，技术进口可以弥补国内厂商在技术方面的缺陷，促进国内厂商提高生产技术，淘汰既有的落后生产技术，从而提高该产业的比较优势，优化该产业的资源配置，这也有助于提高全要素生产率。20世纪70年代之前，日本通过大量的技术进口有效地实现了对欧美国家生产水平的技术赶超，对于改善日本的生产效率、提高日本的全要素生产率水平有着重要的作用。

然而，日本技术出口盈余的主要来源是日本汽车企业及其海外子公司之间的技术贸易，这些技术转移是按照法律要求进行的。汽车产业的技术贸易额中80%以上都是日本汽车企业及其海外子公司之间的技术交易。由于技术出口中日本企业之间的交易额所占比重较大，技术出口对日本全要素生产率提高的促进作用可能较小。

由上述分析可知，商品货物的进口、出口，服务贸易的进口、出口，以及技术贸易的进口、出口都会对全要素生产率产生影响。以下将采用日本的实际经济数据，运用时间序列的分析方法，进一步分析其中对于日本全要素生产率影响最为显著的因素。

（三）贸易结构变化的技术扩散效应

国际贸易和对外直接投资是两个最为重要的技术扩散途径。全要素生产率的差距是造成跨国收入差距的主要原因，而技术扩散能够缩小跨国全要素生产率的差距，使之出现收敛趋势。

1. 实证模型的设定

由上文中的分析可知，一国的全要素生产率受到商品进出口、服务贸易进出口以及技术贸易进出口的影响。根据理论部分的分析，可以构建一个实证模型，借以分析日本的全要素生产率受贸易结构变化的影响，从而分析这三类贸易对日本全要素生产率的影响情况。因此，在参考了仇怡研究的基础上[1]，我们将实证模型设定为：

$$\ln TFP = \alpha + \beta_1 \ln CEX + \beta_2 \ln CIM + \beta_3 \ln FEX + \beta_4 \ln FIM + \beta_5 \ln TEX + \beta_6 \ln TIM + \varepsilon_t$$

$$(4-20)$$

其中，TFP 表示全要素生产率水平，CEX 表示货物出口，CIM 表示货物进口，FEX 代表服务出口，FIM 代表服务进口，TEX 代表技术贸易出口，TIM 代表技术贸易进口。

2. 数据来源及平稳性分析

全要素生产率的数据依据野村浩二所提供的方法计算。[2] 货物的进出口数据源自日本财务省的《国际收支统计》。服务贸易的进出口数据来自日本银行的《时间序列数据统计》。技术贸易的进出口额来自总务省统计局的《科学研究技术调查报告》。受数据资料限制，本书选取的时间段为 1985~2012 年。[3]

仇怡没有研究回归变量的平稳性问题，其所进行的时间序列分析存在伪回归的可能性。为应对解释变量的非平稳性，本书首先对解释变量的平稳性进行检验。表 4-12 为经济变量平稳性的检验结果。

---

[1] 仇怡：《基于对外贸易结构的技术扩散效应比较研究》，《中国软科学》2009 年第 7 期。
[2] 野村浩二『資本の測定』慶応義塾大学出版会、2004。
[3] 服务贸易统计于 1985 年之前的数据不可得，因此所选取的研究时间限定于 1985 年之后。

表 4-12　经济变量单位根分析表

	ADF 检验式	ADF 值	相应 p 值	结论
LnTFP	(c,0,7)	-2.5525	0.12	I(1)
DlnTFP	(c,0,7)	-4.6139	0.00	I(0)
lnCEX	(c,0,7)	-0.8006	0.80	I(1)
DlnCEX	(c,0,7)	-5.8921	0.00	I(0)
lnCIM	(c,0.7)	-0.1537	0.93	I(1)
DlnCIM	(c,0,7)	-5.5727	0.00	I(0)
LnFEX	(c,0,7)	-0.1267	0.94	I(1)
DlnFEX	(c,0,7)	-4.6562	0.00	I(0)
LnFIM	(c,0,7)	-1.8725	0.33	I(1)
DlnFIM	(c,0,7)	-3.8578	0.01	I(0)
LnTEX	(c,0,7)	-2.1971	0.21	I(1)
DlnTEX	(c,0,7)	-4.7724	0.00	I(0)
LnTIM	(c,0,7)	-1.8087	0.37	I(1)
DlnTIM	(c,0,7)	-6.3619	0.00	I(0)
LnTC	(c,0,7)	-0.3530	0.90	I(1)
DlnTC	(c,0,7)	-5.8607	0.00	I(0)
LnFC	(c,0,7)	-0.9730	0.75	I(1)
DlnFC	(c,0,7)	-4.1706	0.00	I(0)
LnTT	(c,0,7)	0.5888	0.98	I(1)
DlnTT	(c,0,7)	-3.7503	0.01	I(0)

注：ADF 检验式表示（截距项，趋势项，滞后项）的取值。

由对上表的分析可知，货物的进出口、服务贸易的进出口、技术贸易的进出口这六个解释变量都是一阶平稳的经济变量。被解释变量，也就是日本的全要素生产率水平同样也是一阶平稳的。由于被解释变量和解释变量都是一阶平稳的经济变量，因此可以用这些变量的一阶差分值进行时间序列分析。

在六个解释变量之外，为反映日本商品贸易、服务贸易以及技术贸易这三者的总体情况对全要素生产率的影响，又增加了商品贸易总量 TC、服务贸易总量 FC 以及技术贸易总量 TT 三个解释变量。通过单位根检验结果可知，这三个解释变量也是一阶平稳变量。

3. 实证模型结果分析

实证模型回归结果分析如表 4-13 所示。

表 4-13　回归结果分析

	模型1	模型2	模型3	模型4
C	-0.001 (0.2813)	0.0008 (0.2983)	0.0065 (1.6819)	0.002 (0.4752)
DlnTC	0.109 (6.2088)***			
DlnFC		0.0897 (4.0201)***		
DlnTT			-0.0315 (-1.0009)	
DlnCEX				0.1103 (2.3575)**
DlnCIM				-0.0189 (-0.4785)
DlnFEX				-0.0734 (-1.2822)
DlnFIM				0.1061 (2.2345)**
DlnTEX				-0.0028 (-0.1184)
DlnTIM				0.01 (0.4454)
AR(2)	0.3277 (1.9130)*			
R^2	0.57	0.38	0.04	0.55
DW	2.08	2.08	1.85	2.06
时间段	1985~2012	1985~2012	1985~2012	1985~2012

注：*** 表示在1%的显著性水平下显著；** 表示在5%的显著性水平下显著；* 表示在10%的显著性水平下显著；括号中为t值。

模型回归结果分析如下：一方面，由模型1的回归结果可知，日本的商品贸易有助于日本全要素生产率的提升。如果商品贸易增长率提高1%，日本的全要素生产率增长率将会增长10%。另一方面，由模型2可知，日本的服务贸易同样有助于提高日本的全要素生产率，服务贸易增长率若提高1%，日本的全要素生产率增长率则提高8.9%。然而，根据模型3的回归结果，技术贸易对日本经济全要素生产率增长率没有显著影响，也就是说技术贸易的增长与提高日本经济全要素生产率之间没有显著的联系。

接下来，在模型 4 中，将商品贸易、服务贸易以及技术贸易三类贸易分别拆分为进口与出口两部分，并与日本全要素生产率水平相回归，进一步分析这三类贸易对日本经济全要素生产率的影响。根据模型 4 的分析结果可知，货物出口以及服务进口这两个解释变量在 5% 的显著性水平下是显著的，因此货物的出口以及服务的进口能够提升日本全要素生产率的水平。如果货物出口增长率提高 1%，则全要素生产率增长率将提高 11%；如果服务进口增长率提高 1%，则全要素生产率增长率将提高 10.6%。而货物的进口、服务的出口以及技术贸易的进出口等其他解释变量未表现出与全要素生产率增长的相关性。

货物出口对全要素生产率的促进效果表明，货物出口有助于日本的出口厂商改进生产技术、提高生产效率。出口厂商通过货物出口接触到外国厂商的生产技术，通过学习模仿，改善自身的生产效率，从而实现全要素生产率的提高。

货物的进口没有对日本的全要素生产率产生显著的影响，是因为在 1985 年之后，日本已经进入后工业化时期，此时日本的货物进口主要以原材料产品以及较低技术水平的中间产品为主，对于日本提高技术水平的帮助较小，因而货物的进口并没有表现出对日本全要素生产率的推动作用。

服务的出口没有对日本的全要素生产率提高产生显著的影响，说明日本的服务出口虽然在近年出现了增长趋势，但是并没有促进全要素生产率增长率的提高。在日本的服务贸易出口中，建筑服务的出口没有出现显著提升，金融服务的出口甚至出现了缩小趋势，只有专利服务的出口出现了增加的趋势。但是专利服务的主要提供对象是日本的海外子公司，是一种跨国企业内部的技术转移，对于促进服务出口厂商改善效率的作用较小，因此日本的服务出口并没有促进日本全要素生产率水平的提高。

服务的进口对日本全要素生产率水平的提高有促进作用。这说明服务的进口改善了日本企业的生产成本，提高了生产效率。日本的企业通过学习外国的服务，提高了服务的供给质量，从而实现了全要素生产率的提高。

不论是技术贸易的出口还是技术贸易的进口都没有对日本全要素生产率的增长起到促进作用。尽管日本技术贸易额在近年出现了快速增长，但是并未推动日本全要素生产率的增长。2015 年日本的技术贸易出口额为 3.94 万亿日元，进口额为 6026 亿元，技术贸易的顺差额为 3.34 万亿日元，为历史最高值①。从数据上看，日本的技术贸易出现了巨额的顺差，但是这些技术贸易的顺差值，主要是由以日本汽车行业为主的跨国公司集团的内部交易所带来的。在日本的技术贸易额中，日本的公司和海外子公司之间的技术贸易额高达 2.35 万亿日元，占日本技术贸易出口总额的 70%。除去出口给海外子公司部分后，日本的技术贸易实际上的顺差额仅为 6333 亿日元，仅为技术贸易顺差总额的 22.5%。由此可知，日本的技术贸易额中，对日本的海外子公司的技术出口占据了最主要的地位。而外国公司对于日本技术的需求则居于第二位。

因此，日本的技术贸易主要是面向其日益增长的海外子公司，而并不是外国公司。而对日本海外子公司的技术出口所带来的技术改善效应，要小于向外国公司出口所带来的技术改善效应。可以认为，日本的技术贸易并未实现真正的技术出口，其出口主体仍旧是其海外直接投资的子公司，因而对这些海外子公司的技术出口对于日本提高全要素生产率的作用相对较小。这也是日本的技术贸易与全要素生产率之间关系不密切的原因。

日本在完成工业化后，其贸易构成发生了结构性变化，商品出口中电子机械、运输机械所占比重日趋增大，商品进口中矿物燃料和制成品的进口比重上升。服务贸易的逆差数额在逐渐下降，旅游、金融、专利服务出口增加。随着科学技术水平的提高，日本的技术出口不断增长，最终成为技术净出口国。商品贸易、服务贸易以及技术贸易的进出口有着技术扩散效应，有助于全要素生产率的提高。本书通过使用日本的进出口数据，采用时间序列的分析方法，实证检验了商品、服务以及技术对日本全要素生产率的影响。实证结果表明，货物贸易和服务贸易对日本提高全要素生产率有着较为显著的作用，特别是货物的出口以及服务的进口有助于日本全要素生产率的提高，而技术贸易的增加对于日本全要素生产率的促进作用不甚明显。

---

① 総務省『科学技術研究調査』2016 年。

第五章
技术进步与全要素生产率

技术进步是提高全要素生产率的直接途径。战后日本的技术进步对其全要素生产率的提高同样有着重要作用。本章分析了战后日本的技术引进，以及其迅速缩小日美之间技术水平差距的原因，指出了吸收创新型技术发展对于其提高生产率的重要作用。目前技术水平差距已经缩小，自主创新成为提高技术的重要手段，然而自主创新研究的效率低下已经成为日本提高全要素生产率的障碍。

一　战后日本的技术引进

战后日本经济恢复过程中，开展了大规模的技术引进，极大地推动了日本全要素生产率的提高。回顾日本的技术引进过程后发现，日本在20世纪70年代中期在工业领域实现了对美国的技术收敛，而在农业和服务业方面与美国的技术差距依然存在。日本实现迅速技术收敛的原因在于快速增长的私人设备投资以及教育水平的持续提高。

（一）技术进步与经济增长、全要素生产率提高

技术进步是全要素生产率提高的直接原因，提高生产技术水平有助于全要素生产率的提高。技术进步对于日本全要素生产率提高有着举足轻重的作用。在1955~1960年、1960~1965年和1965~1970年三个时期，日本技术进步对经济增长的贡献分别高达64%、72%和76%。[1] 首先，本书从理论层面分析技术进步与全要素生产率之间的关系。

根据新古典经济学的经济增长理论，可以采用总量生产函数以代表经济

---

[1] 中央大学経済研究所『経済発展と就業構造』東洋経済新報社、1973、21頁。

体的生产函数，所采取的生产函数形式如下所示：

$$Q = A_t f(K, L) \quad (5-1)$$

根据索罗的研究，假设在规模报酬不变、技术为中性等一系列条件成立的情况下，上式是成立的。① 经济增长主要从两个方面得以实现。其一，通过增加资本和劳动的投入，这会导致生产函数上移，产量增加。其二，通过提高技术水平 A_t，即使投入的资本和劳动的数量不变，生产函数同样能够上移，经济的生产效率得到了提高，因而总产量增加。再假设经济体的生产函数符合柯布－道格拉斯形式，5－1 式可以重新表述为：

$$Q = A_t K^\alpha L^\beta (\alpha + \beta = 1) \quad (5-2)$$

根据规模报酬不变的假定，资本和产量可以采用人均资本（K/L）和人均产量（Q/L）分别代替 Q 和 L，此时 $q = Q/L$ 代表劳动生产率，而 K/L 则代表资本装备率。此外，α 则代表资本在总产出中所占有的份额。对 5－2 式进行上述变形，可以获得以下 5－3 式。

$$q/q = A/A + \alpha k/k \quad (5-3)$$

劳动生产率的变化被分解为技术水平和资本装备率的变化。因此技术水平变化是提高产量的重要原因，技术进步可以直接推动经济增长。

此外，根据克鲁格曼的解释，A_t 被称为索罗残差，或全要素生产率。② 技术水平的提高有助于提高经济体的全要素生产率。直接的技术引进将有助于经济体在短时间内提高技术水平，从而提高经济体的全要素生产率增长率，促进经济体的经济发展。

（二）技术引进的规模与结构

资本、劳动和全要素生产率决定了生产的数量。其中，技术是全要素生产率的一个重要方面，也是全要素生产率的重要组成部分。一个经济体的技术水平主要来自两个方面：其一，吸收其他经济体的先进技术；其二，自主

---

① 罗伯特·M. 索洛：《经济增长因素分析》，商务印书馆，1991，第 14 页。
② 保罗·克鲁格曼、罗宾·韦尔斯、凯瑟琳·格雷迪：《克鲁格曼经济学原理》（第二版），中国人民大学出版社，2013。

研发提高技术水平。在战争时期，日本技术引进的途径被切断，但是在第二次世界大战期间，欧美各国实现了新一轮的技术革新，使得日本的技术远落后于欧美各国。[1] 作为后发展国家的日本在战后重建过程中，大量汲取了当时先进国家的科学技术，这无疑促进了日本的技术进步。日本在战后较短的时间内，积极引进了欧美国家的大量处于当时科学技术前沿的生产技术与生产方式，其规模与数量在当时的世界范围内是罕见的。本书先从日本战后技术引进的数量规模以及各个产业所引进的科学技术及其发展变化等角度出发，探讨战后日本的技术引进。

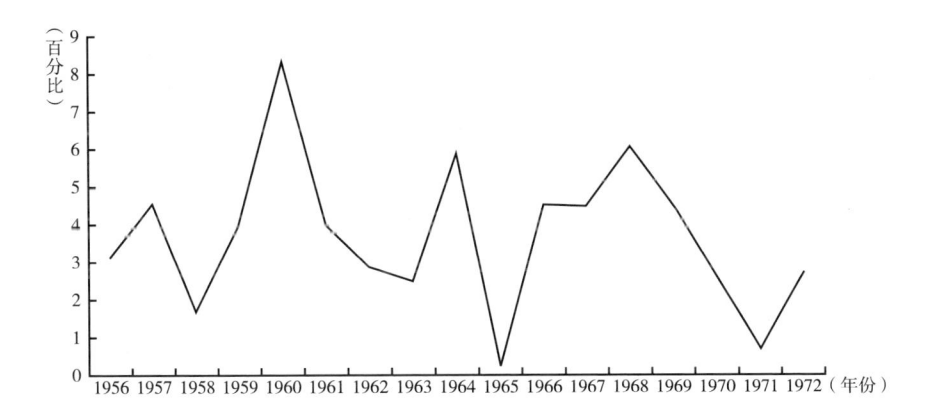

图 5-1　日本全要素生产率变迁图（1956~1972 年）

资料来源：野村浩二（2004）。[2]

如图 5-1 所示，在高速增长时期，日本的全要素生产率增长率也保持了较快的增长，这一时期全要素生产率增长率的平均值高达 3.6%，而技术引进正是这一时期全要素生产率快速增长的重要原因。为缩小与欧美国家的技术差距，日本在机械、化学、钢铁工业等方面积极引入了大量科学技术。

1. 技术引进的总体情况与数量规模的变化

日本政府在 1950 年制定了《外资法》。该法律的制定在一方面使得日本的海外技术引进有了法律依据，而在另一方面则赋予了日本政府直接干预

---

[1] 後藤晃『日本の技術革新と産業組織』東京大学出版会、1993、7 頁。
[2] 野村浩二『資本の測定：日本経済の資本深化と生産性』慶応義塾大学出版会、2004。

技术引进的权力。《外资法》规定，外汇交易需要得到政府的认可，在引进国外技术的过程中，不可避免地需要使用到外汇，这导致技术引进需要接受政府的审查。此外，在日本经济恢复增长初期，日本所拥有的外汇数额有限，因而日本政府倾向于将有限的外汇用于扶持与帮助重化学工业的发展。因此，在技术引进初期，重化学工业的技术引进占了较大部分，而与民生需求相关的技术引进则较少。

1959年日本政府修改了技术引进基准，放松了对于技术引进的限制，技术引进数量有了较大幅度的增长。20世纪60年代以后，随着日本开始进行国际化进程，技术引进变得更加活跃。1968年日本政府实现了技术引进的自由化，技术引进的规模得到进一步增加。[1]

日本的技术引进可以根据其所依据的法律分为两种，其一，根据《外资法》，引进的科学技术称为"甲种技术引进"。甲种技术引进侧重于长期技术引进，其中包括取得全部技术实施权、获取高度生产技术等；其二，根据《外汇和外国贸易管理法》，引进的科学技术称为"乙种技术引进"。乙种技术引进则更倾向于短期的技术合作，包括聘请技术人才、简单的技术引进以及部分技术引进权等。甲种技术引进是日本技术引进的主要组成部分，而乙种技术引进起到对甲种技术引进的补充作用。在总技术引进费用中，甲种技术引进费用占总技术引进费用的80%以上。[2]

此外，日本还通过间接渠道引进科学技术。比如，通过购买实验室的研究成果和学术杂志吸收世界先进的科学技术，派遣员工赴外国进行研修活动等。其后将所获得的研究成果、科学知识、生产技能等转化为实际生产技术。以下分别从日本技术引进的数量以及技术引进的产业部门两方面，分析日本技术引进的情况。

从技术引进数量的变迁上考察日本技术引进的情况。图5-2为日本所引进的科学技术的变迁图。1950~1952年，技术引进数量大幅增长，在1953~1954年短暂下降，1955年开始恢复增长。技术引进数量的波动是因为日本国际贸易赤字限制了技术引进。

1958年后，日本的技术引进数量不论是甲种技术引进还是乙种技术引

---

[1] 王永生：《技术进步及其组织：日本的经验与中国的实践》，中国发展出版社，1999，13页。
[2] 科学技術庁『科学技術白書』科学技術庁、1958、81頁。

图 5-2 日本技术引进数量变迁

资料来源:《科学技术白书》,1958~1972 年版。

进都出现了大幅增长。从 1959 年起,日本的甲种技术引进数量从之前的 100 多件迅速增加至 300 余件,到 1963 年则增加到了 564 件。伴随着 1962 年技术引进的规制缓和,乙种技术引进数量也出现了和甲种技术引进数量相同的增长,从 1960 年的 261 件,迅速增长到 1963 年的 573 件。1967 年以后,甲种技术引进数量大增,从 1967 年的 1295 件增长到 1972 年的 2403 件,这与经济高速增长时期私人企业设备投资的迅速增加有关。而乙种技术引进的数量则一直稳定在 500 件左右。

2. 各产业技术引进情况

从产业层面分析日本的技术引进情况。表 5-1 为产业层面甲种技术引进变迁表。

表 5-1 产业层面甲种技术引进变迁表

单位:件

年份	1950	1951	1952	1953	1954	1955	1956	1957	1958	1959	1960	1961
电子机械	5	11	24	43	22	17	21	29	26	39	99	59
运输机械	1	6	8	6	7	8	12	2	6	6	17	24
其他机械	9	33	38	19	14	16	19	25	23	31	71	101
金属	1	9	16	8	4	7	18	11	12	25	19	27
化学工业	8	23	16	14	22	17	46	30	11	33	77	59
纺织业		4	5	7	8	1	12	7	3	7	8	23

续表

年份	1950	1951	1952	1953	1954	1955	1956	1957	1958	1959	1960	1961
石油工业		1	14			3	5	2	5	4	7	4
橡胶	1	6	3		2	1	5	7	2	3	12	8
建筑		1	2	4		1	2	3		1		1
玻璃	1	2	2	2	3		2		1	3	7	7
纸		4	2			1	1	1	1		4	5
电气煤气		1	2									3
娱乐	1									1		
印刷			1				1			1	1	1
合计	27	101	133	103	82	72	144	117	90	153	323	322

数据来源：科学技术厅，历年《科学技术白书》。

由表5-1可知，日本在经济高速增长初期，技术引进主要集中在电子机械、运输机械、金属工业和化学工业上。1950~1961年，电子机械和其他机械制造占技术引进总件数的48%，重化学工业所引进的技术占到所有引进技术总数的70%以上。而橡胶、造纸、印刷等轻工业的技术引进数量则仅为10%。

（1）电子机械部门

电视、收音机以及电子管制造企业的技术引进构成了技术引进的主要组成部分。半导体电子器件生产企业在引进外国先进技术的同时，注意吸收国外的先进技术，将之运用于生产，并于1958年实现了出口。

（2）运输机械部门

在该部门，主要的技术引进来自飞机工业，而来自汽车以及造船工业的技术引进较少，说明飞机的制造技术主要来自国外，而汽车和造船的技术主要来自日本自身的技术研发。

（3）一般机械部门

在该部门，主要的技术引进来自于动力机械的引进，比如锅炉、内燃机等。此外，随着对于环保方面的考虑，在处理废水、废气方面的技术引进不断增加。

（4）化学部门

化学部门的技术引进则主要集中于化肥制造、无机化学、石油化学、合成树脂、合成纤维等方面。①

1961年后日本的技术引进再次发生了显著变化,电子机械部门所占的比重下降,与民生需求相关的技术引进数量则大幅度增加。如表5-2所示,1961年后其他产业部门的技术引进从9%提高到了14.4%。随着经济的发展,彩色电视、空调、娱乐用品、化妆品等方面的技术引进不断增加。②

表 5-2　按产业分类的技术导入件数（1949~1972年）

单位：%

产业	1949~1965年	1965~1972年
机械	26.3	25.5
电器机械	22.7	15.7
化学	15.4	15.3
钢铁	6.0	3.4
运输用机械	5.7	5.0
纤维制品	4.4	6.5
金属制品	3.1	3.1
精密机械制品	2.4	2.9
陶瓷制品	2.0	2.4
石油制品	1.6	2.5
建筑	1.2	1.0
食品	0.7	2.3
其他	9.0	14.4

资料来源：科学技术厅《外国技术导入年次报告》,1965~1972年;科学技术厅《科学技术白书》,1974年。

此外,从技术引进的国家来看,日本的技术引进主要来自美国,根据1958年《科学技术白书》的调查结果,在当年所引进的662件技术中,有445件来自美国,占到总数的67%,其次来自瑞士的技术引进有53件,占总数的8%,来自西德的技术引进有43件,占6%。因此,日本技术引进的主要来源是欧美国家,并且以美国为主。

经济高速增长时期,日本的技术引进快速增长的原因如下。其一,民

---

① 科学技術庁『科学技術白書』科学技術庁、1964。
② T. Ozawa, *Japan's Technological Challenge to the West*, 1950 - 1974: *Motivation and Accomplishment* (Massachusetts: MIT Press Books, 1974).

间设备投资的快速增长。民间对于设备投资的需求旺盛，现有的生产设备不能满足生产需求，对于国外技术的需求就会增大，在引进设备的同时，也引进了技术。日本通过对引进设备进行研究和改造，创造出更适合在日本生产的机器，增强了日本的国际竞争力。其二，国际化程度的增加。20世纪60年代后，日本政府放松了对于技术引进的管制，使技术引进数量增加。其三，日本具有能够消化和吸收外来引进技术的科学技术基础。日本具有较好的工业基础以及较高的教育普及度，具备接受新兴科学技术知识的潜在能力，且日本在战前和战时培养了一批具有较高教育水平的科技人员，这些科学技术人员能够较快地吸收国外的先进技术，并将之应用于生产。

（三）日美技术水平收敛的趋势

日本在经历了10年左右的战后复兴期之后，自1955年开始进入高速增长时期，在这一时期日本大量引进国外技术，使自身在很短的时间内实现了对欧美国家技术水平的收敛。

1. 日本年度技术进步率高于美国

对于日本和美国技术水平的差距，有很多研究者做了相关的研究。乔根森采用超越对数函数的分析方法，就日本两国的技术水平差距进行了分析，获得了如下结果（参见表5-3）。[①]

表5-3　日美两国年度技术进步率

年份	1	2	3	4	5	6
1952	0.757	0.303	0.426	0.270	—	—
1953	0.762	0.311	0.403	0.285	0.020	0.072
1954	0.702	0.296	0.429	0.274	-0.004	0.066
1955	0.657	0.278	0.455	0.266	0.037	0.064
1956	0.565	0.247	0.489	0.262	-0.009	0.059
1957	0.564	0.254	0.494	0.251	0.004	0.21
1958	0.585	0.269	0.484	0.246	0.003	-0.013
1959	0.517	0.243	0.503	0.252	0.026	0.069

---

① 乔根森、李京文：《生产率》，中国发展出版社，2001，第198页。

续表

年份	1	2	3	4	5	6
1960	0.399	0.199	0.551	0.249	0.000	0.092
1961	0.264	0.140	0.608	0.250	0.013	0.103
1962	0.384	0.202	0.540	0.257	0.030	-0.037
1963	0.321	0.177	0.550	0.271	0.015	0.076
1964	0.240	0.140	0.582	0.277	0.024	0.086
1965	0.263	0.153	0.560	0.285	0.020	0.004
1966	0.214	0.128	0.580	0.290	0.014	0.049
1967	0.164	0.104	0.599	0.296	-0.006	0.053
1968	0.108	0.073	0.612	0.314	0.012	0.087
1969	0.061	0.043	0.618	0.337	-0.007	0.035
1970	0.015	0.011	0.619	0.368	-0.012	0.050
1971	0.047	0.038	0.572	0.389	0.018	0.016
1972	0.009	0.007	0.580	0.412	0.025	0.040
1973	-0.047	-0.039	0.609	0.429	0.014	0.018
1974	-0.012	-0.009	0.557	0.452	-0.041	-0.085

注：1. 美日两国技术差别；2. 美日两国技术差别对产出差别的贡献；3. 美日两国资本投入差别对产出差别的贡献；4. 美日两国劳动投入差别对产出差别的贡献；5. 年技术进步率（美国）；6. 年技术进步率（日本）。

在1952年时，日本的技术水平远远落后于美国，日本的技术水平只相当于美国的四分之一，这时日美两国之间存在着较大的技术差距。从1952年起，日美两国之间的技术差异开始出现缩小的趋势。一方面，1952~1959年日本和美国的技术差异从75%减至51%，说明这一时期日本通过技术引进缩小了与美国之间的技术差距。另一方面，从1960年开始，日本的技术引进速度进一步提高，日本的技术水平也开始快速上升，相对于美国的技术差距进一步缩小。1959~1968年，日美间的技术差距从51%缩减到10%，1968年日本的技术水平几乎达到了美国的90%。到高速增长的后期，即1969~1973年，日本的技术水平实际上已经赶上美国，两国间的技术水平差距缩小到1%~5%。到第一次石油危机来临之际的1973~1974年，日本的技术水平甚至领先于美国。因此，截至1973年第一次石油危机发生之前，日本实现了缩小日美两国技术差距的目标。

日本在较短时间内，实现对于美国技术水平收敛的一个重要原因在于在 1950~1970 年这 20 年间，日本的年技术进步率高于美国。由于日本具有较高的技术进步速度，所以日本能够在战后较短的时间内实现技术水平对欧美等发达国家的技术收敛。

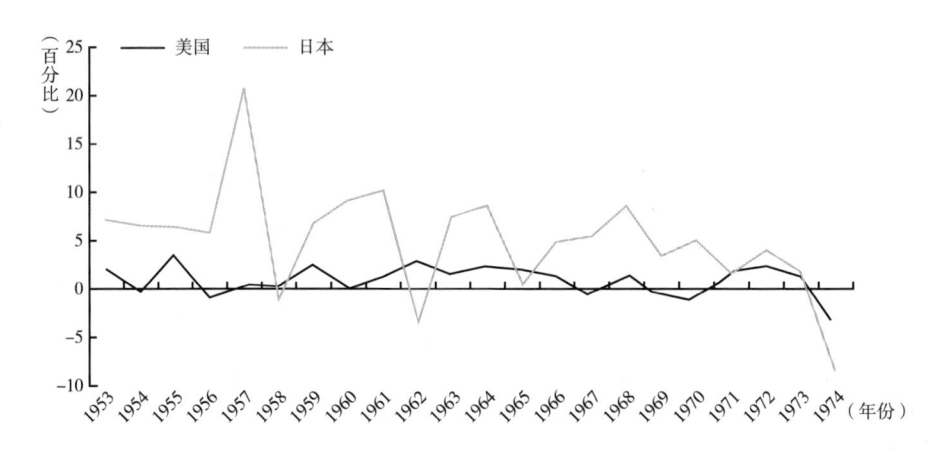

图 5-3 日美两国年技术进步率

如图 5-3 所示，1953~1974 年美国的年均技术进步率只有 0.89%，而日本的年平均技术进步率则高达 5.06%。除去 1958 年、1962 年和 1965 年这三年之外，日本的年技术进步率平均要高于美国 3%~6%，在 1957 年则更是达到了惊人的 20%。[①] 此外，到 1970 年年初，日本的年技术进步率逐渐和美国的年技术进步率持平，维持在 1%~2% 的水平，这说明此时日本和美国的技术水平逐渐收敛，两国的技术差距逐渐消失。

2. 产业层面的日美技术收敛情况

日美技术收敛的情况还反映在产业层面，表 5-4 反映了日本产业层面的技术收敛情况。

---

① 1958 年、1962 年以及 1965 年这三年处于日本三次景气循环的低谷，这三次景气循环分别为神武景气（1954~1958）、岩户景气（1958~1962）以及奥林匹克景气（1962~1965），这是日本所经历的最早的三个景气循环。由于处于景气循环的低谷，企业的设备投资减少，相应的技术引进增速也会降低，日本的年技术进步率也就跟着下降。

表5-4 美国与日本间技术差距类型及技术差距的预期情况

技术差距类型	产业	1979年时的技术差距	生产率的年均增长率(%)			
			1960~1973年		1973~1979年	
			美国	日本	美国	日本
第一类：美国在1979年技术仍领先；未来技术差距扩大	农业	美>日	1.630	-0.824	0.633	-0.680
	纺织	美>日	1.717	-0.892	2.974	2.847
	印刷	美>日	1.515	0.690	-0.192	1.767
	商业	美>日	1.408	1.506	-0.121	-0.639
第二类：美国在1979年技术仍领先；1973年前技术差距消失，但1973年后技术差距扩大，未来仍会扩大	食品	美>日	-0.934	-0.162	2.189	-3.544
	服装	美>日	0.560	1.301	2.292	0.378
	家具	美>日	0.195	1.484	0.697	-0.020
	橡胶	美>日	1.491	1.493	-0.513	-1.390
	石料黏土	美>日	0.928	2.449	-1.327	-1.429
	其他运输设备	美>日	0.944	6.020	-0.647	-3.320
	公用事业	美>日	0.896	3.000	-2.303	-3.612
第三类：美国在1979年技术仍领先；不远的将来技术差距会消失	服务业	美>日	-0.433	0.377	0.300	-0.115
	皮革	美>日	-0.200	0.348	-0.028	1.381
	机械	美>日	0.976	1.545	0.154	0.744
	电气机械	美>日	2.073	3.516	1.804	2.780
	机动交通工具	美>日	1.313	0.188	-0.173	1.410
第四类：美国在1979年技术仍领先；1973年前技术差距虽然扩大，但1973年后缩小，预期未来会消失	造纸	美>日	1.594	1.401	-1.972	-0.343
第五类：美国在1979年技术仍领先；1960~1973年技术差距未变	石油	美>日	-0.173	-0.177	-9.411	-9.615
第六类：美国在1979年技术仍领先；两国生产率增长率为负值，但未来技术差距会消失	建筑业	美>日	-0.278	-1.916	-1.766	-0.247

续表

技术差距类型	产业	1979年时的技术差距	生产率的年均增长率(%)			
			1960~1973年		1973~1979年	
			美国	日本	美国	日本
第七类:日本在1979年技术已经领先;未来美日的技术差距预期会继续扩大	矿业	美＜日	0.450	3.369	-10.506	-0.434
	木材	美＜日	-1.112	1.641	0.794	2.424
	化工	美＜日	2.445	3.580	-2.419	-0.018
	初级金属	美＜日	0.305	1.130	-0.205	0.400
	金属加工	美＜日	0.954	2.510	-0.262	0.584
	精密仪器	美＜日	1.522	2.260	-0.839	3.426
	杂品制造	美＜日	0.955	2.355	-2.855	4.073
	交通通信	美＜日	1.030	2.564	1.019	2.801
	金融不动产	美＜日	0.171	4.973	0.929	2.109

资料来源:乔根森,《生产率》,第366页。

乔根森测算了各产业的生产率,并推测出日美两国各产业的技术收敛情况。日本在1979年于矿业、化学工业、金属加工业、精密仪器、交通通信业、金融不动产等产业层面的技术水平已然超过美国。这些产业的生产率增速要高于同时期的美国,美国的生产率增速要普遍低于日本一个百分点。20世纪70年代后,这些产业的生产率增速仍在不断增加,最终使这些产业的技术水平甚至超过了美国。除了化学和金属加工业外,木材、杂品制造等产业的技术水平也超过了美国。日本在重工业和轻工业两方面都实现了对美国的赶超。

此外,日本的电气机械、石油、建筑业截至20世纪80年代初期仍然和美国有着一定的技术差距,但是预期在未来这些产业的技术差距将会被较快的生产率增速所弥补。日本在这些产业方面的生产率增速要快于美国0.5~1个百分点,因此日本了实现这些产业的技术收敛。

但是,日本在食品、纺织、农业以及服务业和商业等方面的技术水平仍然落后于美国。这些产业的生产率增速普遍落后于美国0.5~1个百分点,因此这些产业的技术水平差距将会扩大。在此后日本产业结构出现服务化倾向时,服务业较低的生产率无疑成为日本所面临的重要问题。

因此,从上述分析可知,日本经过高速增长期后,在工业方面,也就是制造业方面的技术水平基本实现了向美国收敛,但是在农业以及服务业方面的技术水平仍然和美国有一定的差距。通过回顾日本的技术收敛过程,可知其符合技术差距越大则其技术收敛的速度则越快的经济增长理论。

(四)日美技术水平收敛的原因

日本在战后的发展过程中,走过了一条从技术引进到自主创新的过程。战后日本在1973年第一次石油危机之前完成工业化的同时,在制造业层面实现了对欧美国家的技术收敛。日本实现技术赶超的具体机制和日本成功实现技术水平收敛的原因仍有待探究。迅速增长的资本设备投资和较高的人力资本水平,是日本能够在较短时期内实现技术收敛的两个重要因素。

1. 资本设备投资促进技术水平收敛

新的技术会促进生产效率的提高,厂商为提高生产效率获得超额利润会更新生产设备,因此技术进步能够促进设备投资。但同时,设备投资同样能够促进技术进步,表现出一种资本体现型的技术进步。阿吉翁(Aghion)、霍伊特(Howitt)分析了设备投资和技术进步之间的关系,在他们的模型中,劳动力被用于从事研发和从事制造业两方面。从事研发工作会带来创新,创新过程服从泊松分布,并以一个泊松抵达率 λn 出现。资本设备的投资有助于研究人员数量的增加,从而有助于创新的出现,促进技术进步,提高全要素生产率。[①] 以下依据该模型,分析日本的设备投资和技术进步间的关系。

在一个垄断的市场中,创新者始终处于垄断地位。但是,新的创新将会取代原有的创新,从而使得新的创新者拥有整个市场,独占市场利润,表现出"创造性毁灭"的特征。该模型假设经济体的总资本存量为 K_t,资本市场均衡要求垄断的生产者所生产的产品数量 x 满足以下条件:

$$K_t = A_t x_t \tag{5-4}$$

这意味着每个中间品厂商所生产的商品数量必须满足资本密集度 k_t。因此,垄断的中间品厂商所能获得的利润为:

[①] Philippe Aghion et al. , "A model of growth through creative destruction", National Bureau of Economic Research, 1990.

日本全要素生产率研究

$$\pi_t = \alpha(1-\alpha)A_t L^{1-\alpha}k^\alpha \quad (5-5)$$

由此可知，在创新被新的创新所替代之前其所能够获得的预期现值为：

$$V_t = \frac{(1-\alpha)\alpha A_t L^{1-\alpha}k^\alpha}{r+\lambda n} \quad (5-6)$$

根据套利条件 $A_t V_t = \lambda V_t$，创新所带来的收益等于创新所需要的成本，此时经济达到稳态。等式两边同除 A_t 即可获得：

$$1 = \frac{\lambda(1-\alpha)\alpha L^{1-\alpha}k^\alpha}{r+\lambda n} \quad (5-7)$$

根据此式，可以获知设备投资和技术进步之间的关系。

从5-7式中可知，从事研究的人员数量 n 和利率水平 r 成反比，和研发生产力 λ 以及创新的规模 γ 成正比，此外与劳动力数量 L 以及资本密集度 k 成正比。因此，资本密集度的提高将有助于经济体的从事研究人员的数量的提高，这会使得经济体具有更高的创新成功率，因而会间接促进全要素生产率增长率的提高。设备投资是资本密集度提高的主要手段，因此设备投资的增加将有助于全要素生产率的提高。

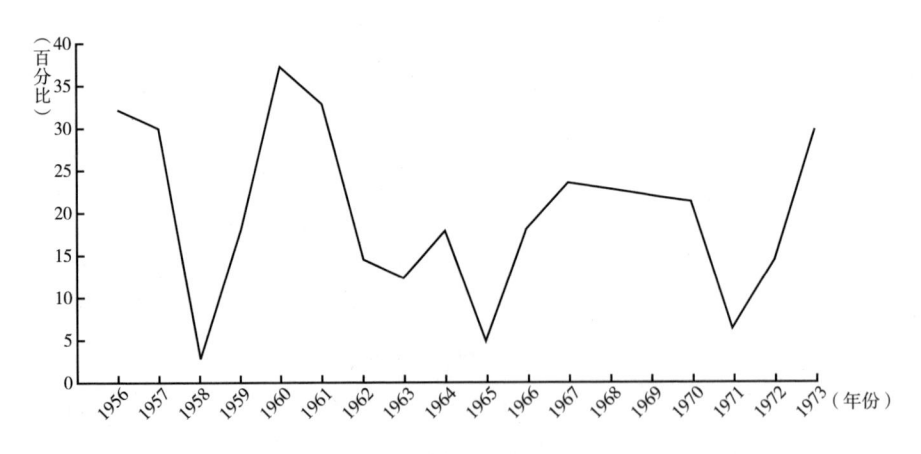

图5-4 固定资产年增幅

资料来源：日本长期统计，国民经济计算。

在经济高速增长时期，日本的设备投资迅速增加。如图5-4所示，高速增长时期日本的固定资产年均增幅在20%以上，其中1960年的增幅达到

37.5%，为这段时间的最高值。① 从绝对数量上看，日本固定资产从1955年的1.5万亿日元增加到1965年的8.3万亿日元，到1973年日本的国内固定资产达到了32.8万亿日元，是1955年的22倍。机械、钢铁、化学、电力等重化学工业的设备投资占总投资的70%。② 因此，重化学工业的设备投资带动了日本经济高速增长时期的设备投资，由设备投资引发的内需增加极大地推动了日本经济发展。

技术引进所带来的创新增加，促进了日本经济在这一时期设备投资的增长，而反过来，设备投资的增长又进一步带动了技术的进步，从而形成了技术进步与设备投资增长的良性循环。技术进步与设备投资相互促进的良性循环是日本经济高速增长时期的重要特征，提升了这一时期日本经济的全要素生产率。

为验证固定资本投资对日本全要素生产率增长率的影响，本书采用时间序列分析的方法对设备投资和全要素生产率增长率之间的关系进行实证分析。首先，需要对经济变量的平稳性进行检验。被解释变量为全要素生产率增长率，解释变量为私人设备投资增长率以及政府投资支出增长率。对这三个经济变量进行单位根检验的结果表明这三个经济变量都是平稳的，不存在"伪回归"问题。分析时间段为日本经济高速增长时期，即1955~1973年，所得结果如表5-5所示。③

表5-5 回归结果分析

C	PINV	GINV	AR(1)	
0.03**	0.11**	-0.07	-0.32	R^2 = 0.51
(0.011)	(0.029)	(0.054)	(0.28)	D.W. = 1.63

注：** 表示在5%的显著性水平下显著；其中PINV代表私人设备投资增长率；GINV代表政府投资支出增长率。

由表5-5的回归结果分析可知，只有常数项和私人设备投资增长率是显著的，说明私人设备投资的增长促进了高速增长时期全要素生产率的增长，这一时期政府投资支出没有表现出对全要素生产率增长率的提高作用，可见这一

---

① 固定资产形成包括民间固定资产形成和政府固定资产形成，本书将二者合并计算得出。
② 武田晴人『高度成長期の日本経済：高成長実現の条件は何か』有斐閣、2011、25-29頁。
③ 所依据的实证模型的形式为：$TFP = c + PINV + GINV + \varepsilon_t$。

时期的全要素生产率的增长是以民间设备投资为主导的，而非政府投资所主导。

2. 较高的教育水平促进技术水平收敛

不同于其他发展中国家的一点在于，日本在实现工业化过程中，具有一个重要的前提条件，即日本具有较高的教育水平，因此受过教育的年轻人作为主要劳动力在日本实现工业化进程中发挥了重要作用，较高的教育水平也使得日本具备了吸收科学技术的基础，从而使得技术收敛的实现成为可能。

明治维新后，日本政府就积极推动国民接受教育，明治政府更是在1872年就颁布了"学制"，规定国民必须接受基础教育，这为战前日本实现经济的快速增长打下了重要的人力资本基础。①

此外，日本在第二次世界大战中，也仍然注重对工人技术水平的培养。1939年日本政府颁布了《工厂事业厂技能者养成令》，②将工厂培养熟练工人作为一种制度固定下来，这对于战后日本的技术进步有着重要影响。在电子机械以及一般机械领域的大企业比如东芝和日立，在战争期间都培养了大量的技术熟练工人。③因此，战前和战争之中日本政府的这些提高人力资本的举措对于战后日本吸收国外技术都有着积极作用。

衡量一国的教育水平，主要有两个重要参考指标。其一是教育参与率，其二是平均受教育年限。神门（Godo）对日本、美国、韩国的教育参与率进行了估算，所得结果如表5-6所示。④

表5-6 日、韩、美三国教育参与率与平均受教育年限

年份\国别	教育参与率(%)			平均受教育年限(年)		
	日本	韩国	美国	日本	韩国	美国
1930	58	16	73	5.6	0.8	9.1
1940	62	38	74	6.5	1.1	9.8
1950	70	50	78	7.6	2.3	10.5
1960	75	56	85	8.7	3.3	11.3

---

① 南亮進『日本の経済発展』東洋経済新報社、1992、202頁。
② 岡崎哲二『工業化の軌跡：経済大国前史』読売新聞社、1997、208頁。
③ 隅谷三喜男・古賀比呂志『日本職業訓練発展史：労働力陶冶の課題と展開戦後編』日本労働協会、1978。
④ Godo et al., "Estimation of Average Years of Schooling by Levels of Education for Japan and the United States, 1890-1990", *Paper at the Meiji Gakuin University*, 2001.

续表

年份 \ 国别	教育参与率(%)			平均受教育年限(年)		
	日本	韩国	美国	日本	韩国	美国
1970	78	68	87	9.8	4.8	12.0
1980	87	77	85	10.7	6.9	12.8
1990	85	80	87	11.5	9.0	13.5
2000	87	89	89	12.3	10.5	14.0

注：教育参与率计算的是年龄段在6~20岁之间的人接受教育的比率。
资料来源：Godo（2001）。

由表5-6可知，在第二次世界大战前的20世纪30年代和40年代，日本的教育参与率已经维持在50%以上，远超过同时代的韩国，说明日本这一时期的劳动力人口接受过较好的教育培训，为第二次世界大战后快速引进科学技术打下了良好基础。在20世纪50年代以后，日本的教育参与率继续呈现增长趋势，至20世纪80年代教育参与率达到了87%，已经和美国持平。

从平均受教育年限上看，战前日本的平均受教育年限虽然低于同时期美国的平均受教育年限，但是远远超过同一时期的韩国，表现出了较高的受教育水平。日本具有较高的人力资本水平，有助于战后日本引进国外技术。同样到1980年，日本的平均受教育年限已经达到了10年以上，基本达到了美国的水平。

以下基于上述数据对日本的全要素生产率增长率和教育水平之间的关系进行实证检验。选取的变量包括日本的全要素生产率水平、15~64岁劳动力人口的平均受教育年限、15~39岁劳动力人口的平均受教育年限以及39~64岁劳动力人口的平均受教育年限。

为避免出现伪回归，首先对这些变量进行了单位根检验，结果发现这些变量虽然都是非平稳变量，但这些变量的一阶差分都符合平稳变量的要求。因此，可以使用这些变量的一阶差分进行回归分析，所得结果如表5-7所示。[1]

---

[1] 所依据的实证模型的形式为：$TFP = dtotal + dyang + dold + \varepsilon_t$。

表 5-7　回归结果分析

	被解释变量全要素生产率	
	模型 1	模型 2
dtotal	0.44*** (0.05)	
dyang		0.12 (0.11)
dold		0.36** (0.16)
ma(1)		-0.26 (0.29)
R^2	0.10	0.14
D.W.	1.95	1.76

注：*** 表示在 1% 的显著性水平下显著；** 表示在 5% 的显著性水平下显著；dtotal 代表 15~64 岁劳动力人口的平均受教育年限；dyang 表示 15~39 岁劳动力人口的平均受教育年限；dold 代表 40~64 岁劳动力人口的平均受教育年限。

由表 5-7 可知，15~64 岁人口的平均受教育年限如果提高一个单位，全要素生产率水平就会提高 0.44 个单位。因此，劳动力人口受教育年限的提高将提高日本全要素生产率水平。此外，如果将劳动力人口层次进一步细分，可以发现比起 15~39 岁劳动力人口平均受教育年限的提高，40~64 岁劳动力人口平均受教育年限对日本提高全要素生产率水平有着更显著的作用。这是因为 40~64 岁的劳动力人口比起 15~39 岁的劳动力人口来说从事工作的时间较长，从工作中所积累的"干中学效应"较大，他们的受教育水平提高能够起到更快地促进经济增长的作用。因此，教育水平的提高有助于提高日本的全要素生产率水平，其中来自高年龄层次教育水平的提高对提高全要素生产率起主要作用。因此，通过上述分析可知，较高的教育水平为日本吸收国外先进技术奠定了良好基础，而教育水平的不断提高则是推动日本全要素生产率增长的动力之一。综上所述，较快的设备投资以及较高的教育水平是日本实现快速技术收敛的两个重要原因。

二　日本吸收创新型技术发展

战后日本在工业化过程中具有较低的技术模仿成本和较多的劳动力人口

资源等优势，这些优势是日本实现吸收创新型技术发展的重要基础。通过分析电子机械、化学以及汽车产业的技术模仿过程，得知在引进技术的基础之上进行创新是日本吸收创新型技术发展的主要特点。日本吸收创新型技术发展不仅推动了各产业的全要素生产率的发展，还提高了日本的出口贸易能力。

（一）技术模仿、技术进步与技术收敛

日本在战后初期，受到战争时期美国技术封锁的影响，其技术水平要远远落后于同时期的美国，两国间的技术水平有着较大差距。根据新古典宏观经济学的理论，两国的技术差距越大则落后国家赶超的速度越快。巴罗（Barro）和萨拉-伊-马丁（Sala-I-Martin）使用新古典宏观经济学的方法，建立了技术扩散模型，分析了技术是如何在国家间传播的。[①] 以下基于巴罗和萨拉-伊-马丁的方法，分析战后日本的技术模仿与技术扩散。

1. 技术模仿与技术扩散的模型分析

首先，技术领先国和技术落后国的生产函数采用以下形式：

$$Y_1 = A_1 L_1^{1-\alpha} \int_0^{N1} X_{1i} d_i \tag{5-8}$$

$$Y_2 = A_2 L_2^{1-\alpha} \int_0^{N2} X_{1i} d_i \tag{5-9}$$

其中 $0 < \alpha < 1$，Y_1 表示技术领先国家的产量，而 Y_2 表示技术落后国家的产量。A_1 表示生产率，反映了技术领先国的技术水平，而 A_2 则反映了技术落后国的技术水平。L_1 代表了技术领先国的劳动力数量，而 L_2 代表了技术落后国的劳动力数量。每个国家都不只生产一种中间产品，中间产品数量的多少决定了该国的技术水平，能够生产更多数量的中间产品说明该国的生产水平更高，技术水平也相应更高。因此，N_1 代表技术先进国家的中间产品生产数量，而 N_2 代表技术落后国家中间产品的生产数量。

由完全竞争的假设可知，在均衡状态下，每种中间产品的生产数量都是相同的，因此可知中间产品的生产数量和一国产量间的关系：

$$Y_i = A_i N_i L_i^{1-\alpha} X_i^{\alpha} \tag{5-10}$$

[①] 巴罗：《经济增长》，中国社会科学出版社，2000，第262页。

由 5-10 式可以看出，中间产品生产数量的提高能够促进产量的增加，其所起到的效果类似于技术水平的提高。因此，一国中间产品生产数量的增加，意味着其技术水平的提高。

此外，还需假设每个中间品生产商都是垄断的，新产品的发明者可以获得垄断利润，在这一假设下，技术领先国的中间品生产商可以获得如下的垄断利润：

$$\pi_{1j} = (1-\alpha/\alpha)A_1^{1-\alpha}\alpha^{2/1-\alpha}L_1 \qquad (5-11)$$

假设 r_1 是技术领先国的利率，因此技术领先者所获得的利润的净现值为 π_{1j}/r_1，并且在自由进入的条件下，该净现值等于创新成本 η。此外，由消费者最优化的条件可知，在经济稳态的情况下，该技术领先国的消费、生产量以及中间品生产量都会以一个相同的速度增长，即：

$$\gamma_1 = (1/\theta)[(L_1/\eta)(1-\alpha/\alpha)A_1^{1/(1-\alpha)}\alpha^{2/(1-\alpha)} - \rho] \qquad (5-12)$$

5-12 式不仅代表了技术领先国的消费以及生产量在稳态时的增速，同时也代表了技术领先国的技术进步速度。而对于技术落后国来说，除了初始条件不同之外，其技术不能通过自主创新获得，而需要通过技术引进等手段从技术领先国获得，此后再通过模仿实现，模仿的成本要小于自主创新的成本，假设模仿的成本为 ν，则 $\nu < \eta$。根据技术落后国的消费者最优化条件可知，该国的消费、生产量以及中间品生产量会以 5-13 式的速度增长。

$$\gamma_2 = (1/\theta)[(L_2/\eta)(1-\alpha/\alpha)A_2^{1/(1-\alpha)}\alpha^{2/(1-\alpha)} - \rho] \qquad (5-13)$$

5-13 式同样反映了技术落后国的技术进步速度。为比较技术领先国和技术落后国的技术进步速度，将 5-12 式除以 5-13 式可知：

$$\frac{\gamma_2}{\gamma_1} = \frac{\eta}{\nu}\frac{L_2}{L_1}\left(\frac{A_2}{A_1}\right)^{1/1-\alpha} \qquad (5-14)$$

由此可知，当技术落后国符合 $(L_2/L_1)(A_2/A_1)^{1/1-\alpha} > 1$ 的条件时，则技术落后国的技术进步速度将会超过技术领先国。

但是这一技术进步速度会随着技术差距的减小而逐渐减慢。因为随着技术落后国的技术水平越来越接近技术领先国的技术水平，其模仿成本 ν 就会逐渐变大，慢慢向技术领先国的创新成本 η 接近，在其他条件不变的情况下,势必会导致 γ_2 和 γ_1 之间的差距越来越小,最终会出现 $\gamma_1 = \gamma_2$ 的结果,技术落后国的技术进步速度和技术领先国的技术进步速度趋同,此时技术落后国也就实现了对于技术领先国在技术水平方面的赶超。

然而通过技术模仿,技术落后国虽然能够在技术水平方面实现对技术领先国的赶超,但是这也是技术落后国并不能实现高于技术领先国的技术进步率,也就是说技术领先国的技术进步率是在模仿情况下技术落后国技术进步率的上限。技术落后国要想实现高于技术领先国的技术进步率,唯有通过自主创新这一途径,通过降低创新成本 ν,使得自主创新的成本低于技术领先国的技术成本,进而 $\nu < \eta$ 这一条件得以成立。在这种情形下,技术落后国的技术进步率会超过技术领先国,从而实现高于技术领先国的经济增长率。

2. 实现技术模仿与技术扩散的原因分析

战后日本和美国在技术水平问题上可以借用上述理论进行分析,美国是技术领先国,而日本则是技术落后国。根据上述理论,战后日本具备了赶超欧美先进国家的基础条件。

一方面,战后日本具有较丰富的劳动力。战后,大批人员从国外返回日本国内。此外,随着产业结构的变化,劳动力人口逐渐从第一产业农业中转移出来,进入生产率较高的制造业部门。[①] 日本的劳动力数量从 1950 年的 4966 万人增加到了 1970 年的 7157 万人,增加了 44%。南亮进认为,截至 20 世纪 60 年代初期,日本在经济发展过程中享受了人口带来的红利,从 20 世纪 60 年代初期开始人口红利逐步消失。[②] 这说明,日本在战后初期仍具有大量丰富的劳动力资源,而这些劳动力资源成为日本实现技术赶超的基本条件之一。因此,作为技术落后国的日本,在劳动力方面符合 $L_2 > L_1$ 这一条件,但是随着日本在高速增长时期的中期,也就是 20 世纪 60 年代中期迎来了刘易斯拐点,日本在劳动力方面的优势逐渐消失。

另一方面,日本作为技术落后国,通过购买、学习等手段从欧美国家获得新技术并投入生产中时,极大地提高了日本自身的生产率。因为从欧美国家获得的新技术不仅能够改善产品的生产过程,从而降低产品的生产成本,而且还能够促进日本生产出此前没有过的新产品,进而扩大了日本能够生产

---

① 伊藤修『日本の経済:歴史・現状・論点』中央公論新社、2007、56 頁。
② 南亮進『日本の経済発展』東洋経済新報社、1992、201 頁。

产品的种类。技术水平的提高，使得日本能够以此前同样的资本和劳动生产出更多的产品，从而提高日本的生产率。而且这种生产率提高的效应，在技术引进初期相对明显，而且更加显著，随着两国技术水平的逐渐接近，由技术引进所带来的生产率提高的效应会逐渐减弱。在这里，可以用全要素生产率增长率作为衡量日本生产率变化的经济指标。在战后初期，日本刚开始进行技术引进时，1957年的全要素生产率增长率高达4.5%，而在1973年高速增长时期结束时，日本的全要素生产率则只有0.6%。① 因此，可以看出日本在技术引进初期具有较高的生产率，而在技术引进后期其生产率较低。由此，作为技术落后国的日本符合 $A_2 > A_1$ 这一条件。但是这一条件在技术引进后期，日本的生产率逐渐接近美国，从而这一条件所带来的技术进步增长率的效果逐渐减小。

综合上述两点，在日本战后实现工业化的过程中，具有符合实现技术赶超的基础性条件，即 $(L_2/L_1)(A_2/A_1)^{1/1-\alpha} > 1$，因此日本在战后技术引进的过程中实现了较快的技术进步率。根据乔根森的计算结果，1953~1974年日本的年技术进步率高达5.6%。② 这也证明了日本在战后通过技术引进，实现了较快的年技术进步率，并逐渐实现了在技术水平上向欧美国家的收敛。可以认为截至1973年，日本实现了工业化，其高速增长时期结束，而这时日本同时也实现了在技术水平方面对于欧美国家的赶超。

日本在引进国外技术，将之用于自己的生产中时，采取的是技术模仿的方式，并通过吸收国外的先进技术，将之应用于自己的生产线上，降低自己的生产成本，主要采取的方式是购买引进以及学习。通过技术模仿吸收国外的先进技术，虽然同样要付出技术专利费等一系列费用，但是这些费用的成本远小于从零开始自主研发，因此在技术引进的初期阶段，技术模仿的费用要小于自主研发的费用，也就是 $\nu < \eta$，这一条件虽然在技术引进的初期成立，但是随着所引进的技术在深度和广度方面的增加，技术引进的成本会逐渐升高，并逐渐接近技术领先国家的自主开发成本。因此，在技术引进的后期，技术模仿的难度会逐渐增加，技术模仿的余地也会逐渐变小。

随着技术模仿余地的减小、技术引进成本的升高，以及生产率提高效果

---

① 野村浩二『資本の測定：日本経済の資本深化と生産性』慶応義塾大学出版会、2004。
② 乔根森、李京文：《生产率》，中国发展出版社，2001，第202页。

的降低，日本的年技术进步率也逐渐降低，从1958年的6.9%下降到了1973年的1.8%。[①] 日本在技术水平不断向欧美国家接近的同时，其年技术进步率也逐渐降低，最终实现了向欧美国家技术进步率的收敛。

日本引入国外的先进技术，通过消化和吸收，将之转用到自身的生产过程中，并实现了对外出口，日本通过技术模仿实现工业化这一过程，形成了"吸收创新型"的技术进步增长模式。但是在实现工业化后，日本自身已经成为技术领先国，这时必须通过自身的自主创新实现技术进步。实现技术赶超的国家，不能再依靠技术引进实现技术水平的提高，此时则需要进行自主创新。但是日本在通过自主创新实现技术进步的过程中，遇到了较多问题，限制了其自主创新的发展。

（二）吸收创新型技术发展的产业案例

日本在实现工业化的过程中，积极引进国外的先进技术，并将这些技术吸收改造应用到日本的生产线上，并实现对外出口，从而形成了一种从技术引进到技术模仿和吸收再到产品出口的一种生产方式。技术的吸收与模仿对于日本实现技术水平向欧美国家收敛有着重要作用，是日本在实现工业化过程中技术进步的一个不可或缺的组成部分。本书结合日本技术引进的具体事例，分析日本是如何获得国外技术，从而实现技术的模仿创新的。

从表5-8可以看出，日本在战后初期，对于国外的先进技术进行了积极的引进。尤其是在电子机械、化学工业和运输机械这三个产业上所支出的引进金额最大，在所有产业中占据第一至第三位，同时这三个产业在战后日本经济发展中也是具有代表性的三个重要产业。因此，以这三个产业为聚焦点，分析日本战后初期的技术引进情况以及日本是如何将这些引进的技术运用到生产中去的，这对于进一步理解日本吸收创新型技术发展有着重要意义。

与此同时，电子机械业、化学工业和运输机械业这三个产业通过对先进技术的大量引进，实现了生产技术的快速进步，并且通过生产技术的进步降低了生产成本，成为日本此后的主要出口产业。

---

① 乔根森、李京文：《生产率》，中国发展出版社，2001，第198页。

表 5-8　日本技术引进情况（1950~1955 年）

单位：百万日元

产业部门	技术引进件数（件）	引进金额	研究费支出	机械设备投资
纤维	23	303	997	1326
造纸	3	17	119	—
印刷	1	8	—	10
化学	81	4821	12546	23362
石油	19	2479	888	10064
皮革	7	1157	1666	4051
陶瓷	5	96	1164	280
钢铁	26	1574	4984	18061
非铁金属	3	118	1528	90
金属	3	43	2	—
机械	105	1129	821	4055
电子机械	80	5015	18790	5835
运输机械	42	3023	4368	2114
其他	10	707	230	399
合计	408	20490	48103	69647

资料来源：通商产业省企业局（1962）。

1. 电子机械工业的技术引进方式与特点

电子机械工业的技术引进在日本战后的技术引进中占有重要地位。日本在 1950 年到 1960 年这 10 年间在电子机械领域共引进技术 303 件，主要集中在通信设备、电子管、半导体等方面。为引进这些技术，日本所支付的费用高达 300 亿日元，在日本战后技术引进过程中占有重要地位。[①] 日本的电机产业可以分为以下三类，即综合电机产业、通信产业以及家庭电器产业。

日本电子机械产业在战后技术引进过程中的一个重要特征就是以大企业为中心进行技术引进。综合电机产业主要包括以下四家公司，即日立、三菱、东芝和富士，它们被称为"重电四公司"。根据日本电机工业会的资料，三菱电机与美国的西屋电器公司（Westinghouse Electric）于 1951 年开始进行技术合作，除去电风扇、缝纫机等一些产品外，几乎囊括了所有的产

---

① 通商産業省企業局『外国技術導入の現状と問題点：甲種技術導入調査報告書』通商産業省、1962、16-17 頁。

品范围。① 东京芝浦电气（东芝）与美国的国际电器通用公司（International General Electric）展开技术合作，涉及的方面包括电气火车、蒸汽发电机、变压器制造等。此外，富士公司与德国的施莱歇尔电子公司（Schleicher Electronic）在弱电产品方面展开合作。而日立公司同样与美国的国际电器通用公司展开了在发电机生产方面的合作。此外，日本电气是通信业的大企业，在1950年与美国的西电公司（Western Electric）再次展开了合作。松下、三洋等公司则是日本家用电器业的大公司，这些公司在战后也进行了技术引进。松下电器与菲利普公司在1952年建立了合资工厂，导入菲利普公司的生产方式，实现了电子管、灯泡产品的大量生产。②

日本的电子机械工业企业在与国外的公司展开技术合作时，通常采用以下合作方式。一方面，外国公司按一定比率入股日本的电子机械公司。另一方面，日本公司可以自由使用外国公司的专利，在遇到无法解决的技术问题时，可以获得外国公司的帮助。外国公司需要向日本派遣技术人员，进行技术指导，同时日本也可以向外国派遣人员，学习生产技术。③ 战后日本电子工业产业的技术引进是以大企业为中心实施的，在国外公司的技术援助下，实现了在短时间内技术水平的提升。

2. 化学工业的技术引进方式与特点

化学工业的技术导入主要是甲种技术导入，即根据《外资法》规定使用外币支付的技术导入，合同时间一般在一年以上。根据科学技术厅的资料，日本的化学工业在1955年到1973年实现了快速增长，逐渐发展成为当时日本的主导产业，这期间技术引进的作用是不可忽视的。1959年日本化学工业的技术引进件数仅有33件，到1960年增加到77件，增加了一倍多。随着1963年关于技术引进的限制逐渐撤销，化学工业的技术引进件数再次出现快速增长，1963年的技术引进件数高达237件。

在化学工业的技术引进中，又以工业药品和石油化学工业的技术引进最为突出。1959年到1969年，化学工业共引进外国技术1320件，其中工业药品产业引进技术796件，占总体的60.3%，而石油化学工业引进外国技

---

① 日本電気工業会『日本電気工業史』日本電気工業会、1955、201–203頁。
② 竹内宏『現代の企業電気機械工業』東洋経済新報社、1962、220頁。
③ 日本電気工業会『日本電気工業史』日本電気工業会、1955、201–203頁。

术370件，占总体的28%，两个产业的技术引进总和占化学工业技术引进总数的80%以上。①

对于石油化学工业而言，其技术引进过程可以分为三个时期。在第一个时期（1955~1959年），日本企业注重引进的是在海外已经成熟的生产技术，这不仅可以为化学工业的发展奠定基础，而且风险更低。在第二个时期（1960~1965年），日本企业在第一个时期引进的基础上，为了使产品差异化，从不同的公司引进不同的生产技术，这是技术引进多样化的时期，同时也是技术引进数量增长最快的时期。在第三个时期（1966~1973年），日本企业为追求规模效益，引进的是大规模的生产设备，因此这一时期的引进数量虽然有所下降，但是设备投资的增长速度是这三个时期中最快的。②

在日本化学工业的技术引进过程中，可以观察到三个重要现象。

其一，日本的化学企业通常在已有的技术研究基础上，积极引进欧美等国的先进技术。例如，住友化学在战争时期的1943年已经开始研究聚乙烯的生产技术，奠定了技术引进的基础，在此基础上，日本又于1954年从英国的ICI公司引进了新的聚乙烯生产技术。③

其二，化学工业企业之间具有激烈的竞争关系，激烈的竞争反过来促进了技术引进。各个企业为了获得垄断利润，就必须掌握其他公司所不具备的特殊技术，从而以更低的成本生产出质量更高的产品，实现产品差别化，从而获得超额利润。因此，在战后化学工业的技术引进过程中，各工业企业展开了激烈的竞争。例如，在高压法聚乙烯生产技术上，日本的各个化学公司就分别从世界各地的工厂引入了技术，日本在当时共有5家生产聚乙烯的工厂分别从5个不同的公司引进了生产聚乙烯的技术。住友化学的技术来自英国的帝国化学工业公司（Imperial Chemical Industries），三菱油化的技术来自西德的巴斯夫公司（BASF），宇部兴产的技术来自美国的瑞克苏尔公司（Rexall）等。④虽然这些技术引进的目的都是相同的，都是为了生产聚乙

---

① 科学技術社・重化学工業通信社『外国技術導入要覧1969年版』重化学工業通信社、1969。
② 張英莉「日本石油化学工業における設備投資について」『一橋研究』4号、1994、55-70頁。
③ 張英莉「日本石油化学工業の技術導入に関する考察」『秀明大学国際研究学会国際研究論集』4号、1999、160-177頁。
④ 石油化学調査所『石油化学工業年鑑1967年版』石油化学新聞社、1967。

烯，但是各个公司为了在产品上获得与其他公司不同的优势，在技术引进方面展开了竞争，从其他国家的公司引进先进技术，并进行技术改造，以适应自己的生产线，从而获得更多的利润。

其三，日本企业改造从外国引进的技术，从而生产出新产品。例如，三井石油化学开发出的新型碳酸合成法，就是结合了美国 SD（Scientific Design）公司和英国蒸馏器公司（Distillers）的生产技术而开发出来的。① 灵活地运用国外的先进技术并改造出新的生产方法，是日本吸收创新型技术发展的一大特征。

此外，日本政府在石油化学工业的发展中起了重要作用。日本政府 1957 年提出了"石油化学工业的育成对策"，确定了实现乙烯类产品国产化等目标，并采用审查企业技术引进、给予资金援助等方式促进目标实现。② 政府在资金以及技术引进方面的援助同样起到了推动战后日本化学工业发展的作用。

3. 运输机械产业技术引进的方式与特点

运输机械产业包括汽车、火车、船舶、飞机制造等行业在内，是日本战后重要的主导产业，而在运输机械产业中，又以汽车行业的发展最为迅速，在日本的工业化过程中起了重要作用。日本汽车行业受战争影响，直到 1949 年才恢复生产，因此到日本恢复汽车生产时，日本国内的汽车生产技术已经远远落后于欧美国家，因此日本在战后同样从欧美等国引入了汽车生产技术。

1950～1960 年日本的运输机械产业共引入技术 122 件，其中汽车业 24 件，火车业 41 件，飞机制造业 44 件。为引进运输机械产业，所支出的费用总共为 78 亿日元，而其中汽车业支出费用为 36 亿日元，是运输机械产业技术引进所支出费用最多的产业。③ 在整个 20 世纪 60 年代，日本运输机械产业的年技术引进数量维持在 20～30 件，随着 1968 年技术引进的自由化，运输机械产业的技术引进数量出现了快速增长，1968 年的技术引进数量达到了 60 件。④ 日本的汽车制造业在战后的技术引进方面，具有以下三个特征。

---

① 化学経済研究所『化学工業基本資料』化学経済研究所、1960、27 頁。
② 川村醇之介「戦後日本の技術導入の経験——1950 年代の事例」『国民経済研究協会』147 号、1983、25 – 53 頁。
③ 通商産業省企業局『外国技術導入の現状と問題点：甲種技術導入調査報告書』通商産業省、1962、16 – 17 頁。
④ 若杉隆平『技術革新と研究開発の経済分析——日本の企業行動と産業政策』東洋経済新報社、1986。

第一，各主要汽车生产公司，除了丰田之外，都与国外的汽车公司展开了技术合作。战前日本汽车行业主要的产品是卡车，但是战后考虑到日本自身的特征，日本认为发展小汽车更适合，于是日本的各大汽车公司纷纷和国外的汽车公司展开了技术合作。日产的合作公司为英国的奥斯汀汽车公司（Austin Motor），五十铃的合作对象为英国的鲁特公司（Rootes Motor），日野的合作公司为法国的雷诺公司（Regie Nationale des Usine Renault），新三菱公司的合作对象为美国的威科斯奥夫兰多（Willys Overland）（通商产业省，1990）。丰田公司虽未直接和国外公司展开技术合作，但是受美国福特公司的影响很深。[①] 为获得国外先进技术，与国外的公司展开技术合作，是战后日本汽车行业的一大特征。

第二，技术引进的过程是从组装零部件开始的，其后日本的汽车公司逐渐学习国外的技术，并实现汽车的国产化。例如，日产公司于1952年和英国的奥斯汀公司签订了为期7年的技术合作合同。合同中规定，日产公司每年需进口2000台奥斯汀公司"A40"型号的汽车并进行组装，同时学习汽车零部件的生产方式，以实现国产化。在此过程中，奥斯汀公司需向日产公司提供必要的技术援助，包括设计图纸、原材料以及派遣技术人员等。[②] 在与奥斯汀公司学习技术的过程中，日产公司逐渐掌握了最重要的引擎的生产技术，并以此为基础逐渐实现了其他汽车零部件的生产，最终日产公司在1956年实现了汽车的国产化。此外，五十铃公司在与鲁特公司的合作中，同样遵循了和日产公司相同的技术引进过程，在进行汽车组装的过程中逐步吸收先进技术，并于1961年实现了汽车国产化。[③]

由此可见，日本汽车的产业技术引进过程是从组装外国汽车出发，逐步学习各个汽车部件的制造方法，同时学习和掌握发动机等关键零部件的生产方法，在此基础上加以消化吸收，从而实现日本汽车的国产化。

第三，在日本汽车技术引进的发展过程中，日本的通产省起到了积极的引导作用。最初引进国外技术，遭到了包括运输省在内的许多部门的反对，但是通产省坚持认为汽车制造业对于日本的工业化发展有着重要作用，并在

[①] 小浜裕久・渡辺真知子「戦後日本の経済発展と構造変化 - 6 - 外国借款と技術導入」『経済セミナー日本評論社』488 号、1995、108 - 116 頁。
[②] 桜井清「戦後の自動車産業の技術導入（4）」『和光経済』2 号、1996、15 - 29 頁。
[③] いすゞ自動車『いすゞ自動車史』いすゞ自動車、1957、85 - 107 頁。

1952年发布了"乘用车关系外资导入的基本方针"等文件，积极支持日本汽车制造业的发展。日本通产省采取的措施包括，为汽车产业制订合理化计划，并通过日本开发银行为汽车产业融资。日本政府给汽车制造业的设备投资贷款从1951年的2492亿日元增加到了1955年的3732亿日元，[①]并减免汽车企业在税收方面的负担，对于设备投资实行特殊的折旧制度，允许汽车企业在第一年对设备投资进行高达50%的折旧。通产省的这些扶持特定产业的措施对于战后汽车产业技术引进起到了有效的推动作用。

由上述分析可知，日本战后的吸收创新型技术发展具有以下几个特点。首先，大企业凭借在战前和战时所积累的资本和技术，在战后的技术引进过程中起到了主导作用。其次，日本的企业在通过技术引进的过程中，注重吸收国外的技术，并在此基础上进行创新，开发出新的产品以实现产品的差别化，从而获得超额利润。最后，日本政府特别是以通产省为主导的政府部门，通过产业政策的方式对日本企业战后的技术引进起到了推动作用。

（三）吸收创新型技术发展的经济绩效

日本在吸收国外的先进技术后，技术水平得到了提升，生产产品的范围得到了扩大，产业国际竞争力得到了提高。日本的吸收创新型技术发展为日本经济带来的效果，主要体现在：各产业的全要素生产率水平提升、产品国产化比率增加以及产品的出口获得了快速增长。吸收创新型技术发展不仅提高了日本各产业的全要素生产率，而且实现了进口替代促进了出口，提高了日本的产业国际竞争力。

1. 吸收创新性技术发展提高了产业全要素生产率

对于日本产业层面的全要素生产率，泉弘志和李洁使用产出的增量减去以产业比率赋权的投入增量的方式进行了测算。[②]根据其测算结果，可以分析日本在高速增长期以及稳定增长期，日本通过积极引进外国技术，采用吸收创新型技术发展模式，对各产业全要素生产率的影响。

[①] 桜井清「戦後の自動車産業の技術導入（3）」『和光経済』1号、1995、1-18頁。
[②] 泉弘志・李潔「全要素生産性と全労働生産性」『統計学』89号、2005、18-27頁。

表 5-9 产业层面日本的全要素生产率增长率

单位：%

产业名称	1960~1970 年		1970~1980 年	
	TFP1	TFP2	TFP1	TFP2
农林水产业	1.61	1.61	1.08	1.08
矿业	4.11	5.38	1.92	1.73
食品业	-0.35	0.89	1.12	1.39
纤维制品业	0.81	0.95	1.91	1.91
纸业	2.72	3.25	0.76	0.78
化学制品业	8.50	9.15	3.26	3.16
石油制品业	-0.43	-1.52	-0.03	0.24
陶瓷土石业	2.63	4.52	0.63	0.64
钢铁业	3.12	3.65	1.23	1.30
非铁金属业	-2.69	-1.39	0.25	-0.17
金属制品业	5.20	7.98	1.61	1.81
一般机械业	6.22	7.09	2.46	2.35
电子机械业	8.26	9.21	6.73	6.66
运输机械业	3.71	4.38	7.45	3.43
精密机械业	4.13	5.49	6.97	6.97
其他制造业	6.63	7.95	-0.57	-0.45
平均	3.39	4.29	2.29	2.05

注：TFP1 是指在计算固定资产时包括了营业利润以及固定资产减损专款；TFP2 是指在计算固定资产时仅包括固定资产减损专款。

由表 5-9 可知，从平均值上看，首先，日本 20 世纪 60 年代的全要素生产率增速要快于 20 世纪 70 年代的增速，按 TFP1 的方法计算的结果，60 年代全要素生产率的平均增速为 3.39%，而这一数字到 20 世纪 70 年代后则降到了 2.29%，说明技术水平差距的减小，缩小了全要素生产率增长率的提高空间。其次，20 世纪 60 年代全要素生产率增速较快的产业为化学产业、电子产业、一般机械产业，钢铁产业、金属制品行业也具有较快增速，因此在 20 世纪 60 年代重化学工业的全要素生产率增长速度较快。最后，20 世纪 70 年代后，随着工业化的完成以及技术水平的缩小，全要素生产率的平均增速下降，化学、电子、钢铁、金属制品等行业的全要素生产率增速都要小于 20 世纪 60 年代，而在 20 世纪 70 年代运输产业的全要素生产率增速要高于其他产业，同时也高于其 20 世纪 60 年代的全要素生产率增长率水平，这与技术引进的方式有关。

日本在高速增长时期，对于技术引用投入最多的三个产业分别是电子机械、石油化学和运输机械。由表5－9可知，在1960～1970年的高速增长时期在采用TFP1方法时，化学制品业的全要素生产率增长率高达8.5%，电子机械制造业的全要素生产率增长率同样高达8.26%，运输机械的全要素生产率增长率则为3.71%。电子机械产业以及石油化学产业的全要素生产率增长率非常惊人。这说明以大企业为中心的技术引进与技术合作，在对于电子机械产业以及化学产业的技术水平的提高方面有着很大的促进作用。另外，电子机械产业和化学产业的全要素生产率增速要快于运输产业，这是因为电子机械产业和化学产业通过设备引进等方式能够迅速将国外的先进技术应用于生产之中，而运输产业的技术引进则是从组装环节开始的，在初始阶段对于全要素生产率的贡献作用不如直接使用先进技术明显。这一差异在实现工业化后的20世纪70～80年代更加明显。20世纪70年代初期之后，日本实现了工业化，同时技术水平也逐渐追赶上了先进国家。这时可以发现化学产业和电子产业的全要素生产率增速出现了下降，分别为3.26%和6.73%。[①]但是这时运输产业全要素生产率的增速则高达7.95%，在所有的制造业产业中具有最快的增长速度。这说明在实现工业化后，随着技术差距的逐渐缩小，所能直接引进的技术逐渐减少，因此电子和化学工业全要素生产率的增速出现了下降，但是与此同时，运输产业在经历了组装阶段的技术学习，逐渐掌握了国外的先进技术后，生产力水平得到了提高，全要素生产率的增速迅速提高，直至超过了电子和化学产业。

综上所述，日本在高速增长时期积极进行技术引进，不仅在宏观层面实现了全要素生产率增速的提高，同时在产业层面也实现了各个产业全要素生产率水平的快速增长。尤其是电子、化学和运输产业的全要素生产率增速最为显著，而且表现出运输产业全要素生产率增速后来居上的趋势。

2. 吸收创新型技术发展推动实现进口替代

吸收创新型技术发展促进了日本的进口替代，即不再需要依赖外国产品，本国国内可以生产同样的产品，日本所能生产的产品范围获得了扩大。例如，在化学产业方面，通过技术引进，日本可以开始生产之前不能生产的

[①] 采用TFP1的计算方法得出的结果。

密胺树脂、硅酸树脂等特种涂料用树脂。在电子机械方面，通过技术导入，日本的电视机、真空管等电子产品的国产化比重逐渐升高。在运输机械领域，日本的汽车产业通过学习国外的先进技术，五十铃汽车在1956年实现了11000台汽车的国产化。[①]

表5-10 日本汽车产业技术合作情况

日本企业	日产	五十铃	日野
外国合作公司	Austin Motor（英）	Rootes Motor（英）	Regie Nationale des Usine Renault（法）
合作时间	1952.12	1953.3	1953.3
合作期间	7年	7年	7年
完全国产化时间	1956.9	1957.10	1958.2
合作结束时间	1960.3	1960.3	1960.3
合作延期	否	延长5年	延长4年

资料来源：岩越忠恕『自動車工業論』東京大学出版会、1968、92頁。

由表5-10可知，日本的主要汽车公司于1952年年底开始与国外的汽车公司展开合作，并纷纷于1956年到1958年完成了汽车生产的国产化。日本的汽车公司通过技术合作，不仅掌握了组装技术，更重要的是掌握了汽车零部件的设计与制造技术。在此基础上，日本的各大汽车公司最终于1965年结束了与国外汽车公司的技术合作。[②]

日本产品发展的一大特征是相对于产品创新而言的，日本更加善于过程创新。[③] 日本通过引进外国技术，在外国技术的基础上进行改造，通过过程创新降低了生产成本，从而使得不具备竞争力的产品在国际市场上具有了国际竞争力。过程创新是指企业通过改善生产过程、生产方式以及营销过程，减少产品的生产成本，但是所生产的产品本身并没有变化。日本的企业在引入国外技术后，为增加产业竞争力，通过系列承包关系等方式，进行产品的过程创新，在这一过程中虽然没有产生新的产品，但是却使得企业能够以更

[①] 通産省企業局産業資金課『外資導入主として技術導入の現状と効果』通商産業省、1953、45-49頁。
[②] 郝躍英「中・日両国乗用車工業における技術導入と国産化の比較」『経営研究』5号、1992、139-152頁。
[③] 斎藤優『技術立国論』有斐閣、1983、27頁。

低的价格进行产品生产，从而获得超额利润。

例如，日本发明了水银电解法制造苏打的技术，使得苏打的纯度上升，降低了生产成本。日本还发明了壳型铸造法，不仅能够提升铸造的精密程度，而且该技术还能够用于大量生产，有助于降低产品的生产成本。[①] 因此，随着技术的引进，日本通过消化吸收外国的先进技术，进行产品生产过程中的创新，从而获得更强的竞争能力。

3. 吸收创新型技术发展促进了各产业产品出口

日本的吸收创新型技术发展促进了日本各产业产品的出口。日本通过技术引进促进了国内各产业的生产，不仅提高了产品的国产化率，还提高了日本产品在国际上的竞争能力。

首先，汽车产业在1965年完成了与国外汽车公司的合作之后，其出口数量有较快的上升，如表5-11所示。

表5-11 日本汽车出口情况

单位：台

年份	小汽车	卡车	巴士	总计
1960	7013	31028	768	38809
1970	100716	351611	9579	1086776
1975	18272868	833672	16654	2677612
1980	3947160	1953685	66116	5996961
1984	3980619	2072325	56240	6109184

资料来源：日本自動車工業会『日本の自動車工業』日本自動車工業会，1985、12-13頁。

日本的汽车出口量在1960年刚完成汽车国产化的初期仅有3.8万台，到1975年增加到267万台，到1984年更增加到610万台。在汽车出口中，增长最为显著的是小汽车的出口数量，1960年小汽车的出口数量仅有7000多台，1975年后就达到了18272868台，到1984年达到了3980619台。日本汽车出口数量的迅速增加，说明日本的汽车公司通过技术引进，掌握了汽车的生产技术，并通过在原有汽车生产技术上进行创新，取得了更低的生产成本，从而在国际汽车市场的竞争中获得了胜利，实现了汽车出口数量的大幅

---

① 科学技術庁『科学技術白書』科学技術庁、1971。

度增长。除了汽车产业之外，技术引进对日本出口的促进作用同样可以在其他产业中观察到。

表 5-12 技术引进与出口（技术引进出口率）

单位：%

年份	化学	石油	钢铁	机械	电子机械	全产业
1951	0.2	—	0.5	8.5	5.3	4.1
1952	1.0	—	0.8	0.4	3.5	3.5
1953	5.0	—	9.4	2.3	12.5	9.8
1954	8.5	—	20.6	9.2	10.6	10.9
1955	18.2	1.6	16.7	13.6	11.5	10.9
1956	24.4	14.3	16.1	13.3	18.7	10.0
1957	22.5	31.3	26.7	32.3	33.9	14.0
1958	32.6	21.7	28.5	18.2	38.8	16.1
1959	37.9	34.5	43.8	15.0	57.4	22.3
1960	38.2	53.8	40.3	23.2	58.9	24.3

注：技术引进出口率 = 由技术引进所带来的出口/该产业出口。
资料来源：通商产业省企业局『外国技術導入の現状と問題点：甲種技術導入調査報告書』通商産業省、1962、16-17頁。

日本化学产业的出口从1951年开始出现迅速增长，到1960年化学产业的出口额达到了840亿日元。而在这些出口之中，由技术引进所引致的出口达到38.2%，这说明技术引进推动了化学产业出口。钢铁产业的出口同样呈现增加趋势，出口额从1951年的300亿日元提高到了1960年的1150亿日元，与此同时钢铁产业的技术引进出口率由1951年的0.5%提升到了1960年的40.3%，说明技术引进有助于钢铁产业出口。电子机械产业的出口额从1951年的38亿日元提高到了1960年的700亿日元，技术引进出口率也同时提高到了58.9%。从制造业总体上看，技术引进所带来的出口效果显著，导入技术所带来的出口从1951年的4.1%提高到了1960年的24.3%。

日本的吸收创新型技术发展还促进了日本的技术出口。日本在高速增长时期以及其后的稳定增长时期的技术贸易收支一直处于赤字地位，即技术进口大于技术出口。但是在泡沫经济崩溃后，情况发生了改变，日本在技术贸易中逐渐变为顺差，说明日本对外国技术出口数额增加了。

日本通过技术引进，不仅提高了本国各产业的技术水平，促进了各产业的全要素生产率增长率的提高，同时带动了各产业产品生产的国产化，并间接带动了日本的出口，增强了日本的产业国际竞争力。日本通过技术引进和吸收创新型技术，还实现了技术的净输出，从技术引进大国一跃成为技术出口大国。

三 后工业化时代日本的自主创新

自主创新是后工业化时代日本提高技术水平的重要途径。在总结日本创新系统特点的基础之上，发现私人企业的研究开发构成了日本研究开发的主体，且日本研究开发额长期位居发达国家前列，但是泡沫经济崩溃后日本的研究开发收益率不断下降。日本大企业的"自负主义"、垂直的技术创新方式以及研究成果的低商业转化率是导致日本自主创新效率低下的重要原因。

（一）创新系统由引进到自主研发的转变

日本在实现工业化后，随着技术差距的缩小，技术模仿的先决条件不复存在，自主创新成为日本提高技术进步的唯一途径。研究日本的自主创新，需要从研究日本的创新系统入手。

创新系统是指一国与创新相关的各部门的有机动态的组织形式，各创新部门通过何种组织方式推动创新发展。日本的创新系统由于其工业化以及技术赶超的实现在不同的经济阶段表现出了不同的特征。日本创新系统的特点按时间可以分为两个阶段：其一，是泡沫经济崩溃之前的阶段。其二，是泡沫经济崩溃之后的阶段。

1. 泡沫经济崩溃前以"拟基础研究所"为特征

泡沫经济崩溃前，日本创新系统的特征为"拟基础技术研究所"。[①] "拟基础技术研究所"是指日本企业设置基础技术研究所，吸收引进欧美等技术领先国家的基础研究成果，并在此基础上实施应用型研究，将研究成果应用于产品生产之中。20世纪90年代之前，日本的基础科学技术研究并非通过自身完成，主要是通过从欧美等技术先进国家引进而来。因此，在技术差

---

① 元橋一之「日本のイノベーションシステムの現状と課題」『技術計画学会年次学術大会講演要旨集研究』16号、2001、122－125頁。

距较大的时期，这种创新方式，不仅提升了日本各个产业的技术水平，而且促进了日本的产业国际竞争力的提升。

日本的基础技术研究所通常是由大企业所设置的，这与欧美由政府设置的"中央研究所"模式不同。日本大企业内部的基础技术研究所在吸收消化欧美国家的先进技术后，将研究成果在以大企业为中心的企业集团中进行共享，由此以中小企业为代表的零部件厂商在共同信息的指导下生产出设计方法类似的产品，并且这些中小企业之间也进行产品的开发竞争，从而降低生产成本。企业与企业之间的信息共享成为这一时期日本创新系统的代表性特点，同时也构成了日本20世纪80年代产业国际竞争力的重要来源。

2. 泡沫经济崩溃后加大研发力度促进自主创新

随着技术差距的缩小，以"拟基础技术研究所"为代表的创新系统模式逐渐解体。由于能够从欧美国家引进的技术逐渐消失，这一阶段的特点逐渐演变为日本企业的自主研发以弥补技术引进消失所带来的空缺。在20世纪90年代后，日本企业从两个方面着手以推进自主研究开发。其一，加大基础研究开发的力度。2013年日本产业技术振兴协会的调查显示，日本的化学和机械产业60%以上的研究经费用于基础研究。此外，电子机械和汽车产业的基础研究经费占研究经费总额的50%左右。[①] 由此可知，日本企业为了促进自主创新，实行长期的研究创新策略，在基础研究开发方面加大了力度。其二，加强新产品的生产力度。伊地知宽博指出，日本100家制造业企业中，共有22家企业进行研究开发活动，其研究开发可以分成以下三类：只进行产品创新的企业有10家；只进行产品生产过程创新的企业有4家；同时进行产品和产品生产过程创新的企业则有7家，共有17家企业的研究活动中包括了产品创新。[②] 泡沫经济崩溃后，日本与欧美国家的技术差距消失，日本的企业通过加大新产品开发力度以促进自主创新。

20世纪90年代后，随着信息技术的日益进步，信息共享不再成为日本

[①] 経済産業省『平成25年民間企業の研究開発動向に関する実際調査』経済産業省、2013。

[②] 伊地知寛博「日本のイノベーションシステム——「全国イノベーション調査」データに見る民間企業全体の現況（特集競争力の検証——日本企業は本当に復活したのか?）」『一橋ビジネスレビュー』3号、2004、36~51頁。

企业竞争力的来源。这一时期，信息共享在日本创新系统中的地位下降。除了大企业在加大自主创新力度，一些以创新为导向的创新型中小企业也在独立地进行着研究开发，这种中小企业被称为"研发型中小企业"。元桥一之指出，这些研发型中小企业由于自身的研究资源有限，从而倾向于与大学进行技术合作，这与大企业的研究创新行为表现出了不同的新特征。[①] 与以往的大企业不注重产学合作的方式不同，这些研发型中小企业积极与大学展开合作，在创新系统方面表现出了不同的特征。基于这种变化，近期日本的大企业也开始寻求与研发型中小企业的合作，从而间接地实现了与大学之间的研究开发合作。在研究开发创新系统方面表现出了大企业、中小企业、大学之间全面的"官产学"合作的特征。

（二）研究开发投入的增长与效率[②]

日本在20世纪70年代初通过吸收创新型技术，使得其技术水平达到了欧美国家的技术水平。此时，日本面临的问题为要想实现高于技术领先国家的技术水平，就必须通过自主研究开发实现技术水平的提高。日本在研究开发上投入了大量资金，但研发效率较低。本书在阐明日本研发投资概况的基础上，围绕日本研究开发投资效率问题展开分析，构建经济理论模型，通过计量经济学的方法，实际验证日本研究开发投资效率低下的问题。

1. 日本研究开发投资概况

研究者人数和研究费用的增长是分析日本研究开发投资问题的两个侧面情况。其一，自有数据统计以来，日本研究者人数一直维持着增加的趋势。如图5-5所示，从1952年到1973年，日本研究者人数从3万人增长到37万人，增长了10倍多。即便在日本泡沫经济崩溃之后，经济长期陷入低迷之中，仍然没有减少对研究开发的人力投资，从事研究的工作者人数从1991年的55万余人，持续增长至2015年的84.7万余人。

[①] 元桥一之、姜波：《日本企业的R&D合作及其对国家创新系统改革的政策启示》，《科学研究》2006年第2期，第481~487页。

[②] 本节出自《日本研究开发投资效率实证研究》，发表于《特区经济》2015年第9期。收入本稿时添加了部分内容并修改了部分措辞。

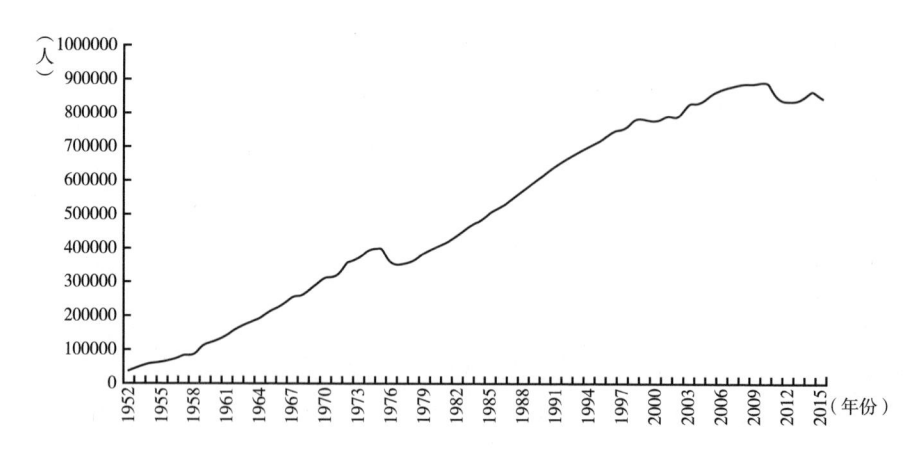

图 5-5 日本的研究者人数变化

资料来源：总务省统计局，《科学技术研究调查》。

此外，日本的研究费用同样表现出快速增长的特征。由图5-6可以看出，日本的研究费用变迁可以分成两个阶段。第一阶段，即1952年至1990年，日本处于经济持续增长时期，日本的研究开发费用增长呈现指数增长的趋势，在此期间日本的研发费用增长了400倍，从320亿日元增长到了13万亿日元。1991年，日本的泡沫经济崩溃之后，日本的研究开发费用增长情况出现了变化，其发展阶段也进入了稳定增长的第二阶段。在第二阶段，虽然日本的研发费用仍处于增加的上升通道之中，但此时其研发费用的增速则要小于第一阶段的增长速度，其增长呈现出了倒"U"字形的增长特征。日本的研发费用在2007年达到了历史最高峰，研发费用总额高达18.9万亿日元，此后受到全球金融危机以及日本财政赤字的影响，日本的研发费用开始逐步下降。截至2015年，日本的年研发费用为18.9万亿日元。①

由此可见，作为一个后发展国家，日本在研究开发方面进行了大量的投资，且伴随了日本经济发展的所有阶段。在完成工业化之前，研究开发投资用于对所引进的科学技术进行消化和吸收。在完成工业化之后，研究开发投资则主要应用于自主创新之中，以促进企业的科学技术研发。

---

① 総務省『平成26年科学技術研究調査』総務省、2016。

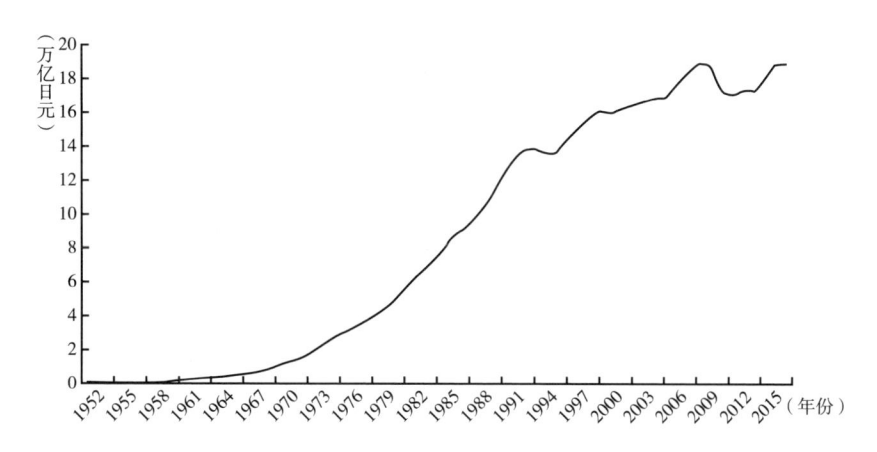

图 5-6 日本的研究费用变化

资料来源：总务省统计局，《科学技术研究调查》。

以上从研究者人数和研究费用变迁的角度，阐述了日本研究开发投资的整体情况。从整体上看，虽然日本的研发费用投资在长期经济低迷以及全球金融危机的双重打击之下，增速以及投资额都出现了下降，但是日本始终没有放松对于研究开发投资的重视，研究者人数即使是在泡沫经济崩溃之后也仍在持续增加，这都表明日本对于研究开发的投入是十分重视的，且其投入额度也是十分巨大的。

从国际视角出发，对日本的研究开发投资进行一个横向比较，可以进一步得知日本研究开发投资的巨大规模。根据日本总务省的统计数据，2009年研究开发费用与 GDP 之比，日本为 3.64%，美国为 2.9%，德国为 2.82%，法国为 2.26%，英国为 1.86%。[1] 研究开发费用与 GDP 之比可以反映一国对研究开发的重视程度，日本的这一比率甚至超过了美国、德国、法国等研究开发强国，居世界第一位，由此可见，日本对于研究开发投资是十分重视的。

以私人企业为主导是日本研究开发投资的重要特征。研究开发投资的主体是私人企业，而非政府或大学等科研机构。在日本 3.64% 的研发费用与 GDP 之比中，政府和大学仅占 0.94%，而私人企业所占到的比重则高达 2.9%。私人企业的研究开发投资占日本研究开发投资总额的

---

[1] 総務省『平成 26 年科学技術研究調査』総務省、2014、120 頁。

70%以上。由此可见，私人企业在日本的研究开发投资中占据了最重要的地位。[①]

表5-13 企业、政府和大学的研究开发费用

单位：亿日元

年份	企业	政府	大学	总计
2004	118673	17963	32740	169376
2005	127458	16920	34074	178452
2006	133274	17533	33824	184631
2007	138304	16897	34237	189438
2008	136345	17206	34450	188001
2009	119838	17127	35498	172463
2010	120100	16659	34340	171100
2011	122718	15668	35405	173791
2012	121705	15917	35624	173246
2013	126920	17420	36997	181336
2014	135864	16888	36962	189713
2015	136857	16095	36439	189391

资料来源：总务省，《科学技术研究调查》，2016年。

由表5-13可知，日本的研究开发投资的主体是民间的私人企业，私人企业的研发投入大约占总体的70%以上，每年新增的研究开发投资同样主要来自于私人企业的研究开发投资活动，而非政府以及大学的研究开发投资。与此相对的是，长期以来日本政府和大学研究机构的研究开发投资费用处于一个较为稳定的水平，2004~2015年，并没有表现出剧烈的波动，政府部门的研究开发投资受制于有限的预算，无法对日本的研究开发投资起到主导的作用。

日本的研究开发投资是以私人企业为主导的，在日本的寡头垄断的产业结构之下，化学、电子、运输这三个产业部门又占据了私人企业研发中最重要的地位。这三个产业的研究开发投资情况如表5-14所示。

---

① 总务省『科学技术要览』总务省、2012。

表5-14 化学、电子和运输三大产业的研究开发投资额

单位：亿日元

三大产业＼年份	1965	1970	1975	1980	1985
化学产业	39.62	605.39	1275.62	2599.42	4764.07
电子产业	71.34	563.09	953.38	1769.21	8437.19
运输产业	13.19	—	638.65	1168.83	2456.47

资料来源：张健浩（1990）。

化学、运输以及电子产业作为长期以来日本的主导产业，其研究开发投资总和占日本研究开发投资总额的70%。以1985年为例，化学、运输以及电子产业的研究开发投资占总额的比重分别达到21.8%、11%和38.6%，构成了日本研究开发投资的最主要的组成部分。但是20世纪90年代之后，这三个产业投资开发所占的比重开始逐渐下降，到2013年这一比率则分别为4.2%、13.8%和13.4%，这三个产业的研究开发投资总额占日本研究开发总额的32%左右。[1] 代替化学和电子产业，成为仅次于运输产业研究开发投资额的是医药品制造行业。20世纪90年代后，随着日本人口老龄化的发展，社会对于医疗保障的需求增加，政府对于社会保障的投入同样呈现增加趋势，这促进了医药品制造业的发展，医药品制造业的研究开发投资额也随之增加。到了2013年，医药品制造业的研究开发费用达到了14371亿日元，是日本研究开发投资费用增长最快的部门。

在化学、医药、电子、运输产业的研究开发投资中，大企业的研究开发支出最大。例如，医药品制造业的研究开发总额为14371亿日元，规模在100亿日元以上的大企业的研究开发投资额就达到了14073亿日元，占全部医药品制造业研究开发投资额的98%。同样，在化学产业部门大企业的研究开发投资额占到研究开发投资总额的91%，在电子产业部门，大企业的研究开发投资额占研究开发投资总额的95%，在运输产业部门大企业的研究开发投资额占研究开发投资总额的99%。[2] 由此可见，化学、医药、电子、运输等产业部门的研究开发投资

---

[1] 科学技术厅『科学技术研究调查报告』科学技术厅、2013。
[2] 数据来源于日本科学技术厅，《科学技术研究调查报告》，2013年。其具体数字分别为：化学产业的大企业的研究开发投资额为6836亿日元（研究开发投资总额为7519亿日元），电子产业的大企业的研究开发投资额为10210亿日元（研究开发投资总额为10724亿日元），运输业大企业的研究开发投资额为24913亿日元（研究开发投资总额为24971亿日元）。这里的大企业是指销售额在100亿日元以上的企业。

都是由日本的大企业所主导的,这一点符合日本的寡头垄断型的产业结构特征。

通过对日本研究开发投资的情况进行分析,可以总结出日本研究开发投资的主要特征,即日本的研究开发投资是以私人大企业为主导的,并且化学、电子、运输产业的研究开发投资构成了日本研究开发投资的主要组成部分。近年来,由于社会保障需求的增加,医药品制造业部门的研究开发投资大增。此外,日本研究开发投资数额巨大,位居世界前列。

不论是在研究人员投入还是研究经费投入方面,日本都有着较多的投入。日本的研究开发投资是以民间私人企业为主导的,而且研究开发投入数额巨大。但是日本在自主创新方面的研究开发投资要落后于其他发达国家,因此这些投入所起到的效果究竟有多少,日本研究开发投入的效率究竟如何,还需要进行进一步分析。日本虽然进行了大规模的研究开发投资,但是所带来的创新效果不佳,使得日本面临着研究开发投资效率低下的问题。下文使用经济理论模型,并通过经济数据实证检验日本研究开发是否存在研究开发投资效率低下的问题。

2. 日本研究开发投资效率的经济理论分析

从世界范围看,就规模而言,日本研究开发的数额是巨大的。但是泡沫经济崩溃以后,日本不仅面临着全要素生产率增长率下降的问题,而且在电子产品的竞争力方面还出现了下降的趋势。其研究开发投资是否促进了自主创新,是否提升了产量,还有待于进一步实证检验,因此有必要就日本研究开发投资的效率问题展开分析。本书基于曼斯菲尔德(Mansfield,1980)、格里利谢斯(Griliches)以及后藤晃(1993)所提出的经济理论模型,构建分析日本研究开发投资效率问题的经济理论框架,而后采用计量经济学的方法,进行实证分析。

首先,假设经济的生产函数是符合柯布-道格拉斯形式的生产函数,即:

$$Q = Ae^{\lambda t}L^{\alpha}K^{1-\alpha}R^{\gamma} \qquad (5-15)$$

在5-15式中,K代表资本变量,L代表劳动变量,R代表研究开发投资,而$Ae^{\lambda t}$则表示技术进步。根据全要素生产率的定义,即经济增长中除去要素投入外的部分,可以获得如下的5-16式。

$$TFP = \frac{Q}{L^{\alpha}K^{1-\alpha}} = Ae^{\lambda t}R^{\gamma} \qquad (5-16)$$

由5-16式可知,全要素生产率的提高分别源于技术水平的提升与研究开发投资的增加，对该式两边同时取对数，并对时间求导后，可以获得 5 – 17 式。

$$\frac{\dot{TFP}}{TFP} = \lambda + \gamma \frac{\dot{R}}{R} \quad (5-17)$$

此外，经济体研究开发投资的边际收益为 ρ，并对研究开发投资边际收益作如下定义：

$$\rho = \frac{\partial Q}{\partial R} = \frac{\partial Q}{\partial R} \cdot \frac{R}{Q} \cdot \frac{Q}{R} = \gamma \frac{Q}{R} \quad (5-18)$$

$$\gamma = \frac{\partial Q}{\partial R} \cdot \frac{R}{Q} \quad (5-19)$$

由此可知，研究开发投资的收益可以理解为由研究开发投资所带来的产出的增加。γ 为研究开发投资收益率，反映出研究开发所带来收益的边际效应。将 5 – 18 式和 5 – 19 式代入 5 – 17 式中整理可得：

$$\frac{\dot{TFP}}{TFP} = \lambda + \gamma \frac{\dot{R}}{R} = \lambda + \frac{\partial Q}{\partial R} \cdot \frac{R}{Q} \cdot \frac{\dot{R}}{R} = \lambda + \frac{\partial Q}{\partial R} \cdot \frac{\dot{R}}{Q} = \lambda + \rho \frac{\dot{R}}{Q} \quad (5-20)$$

由 5 – 20 式可知，经济体全要素生产率增长率取决于新增的研究开发投资与总产量之比。根据以上的模型分析，有一些学者对日本的研究开发投资效率进行了测算，铃木和志和宫川努进行测算的结果是日本的研究开发投资收益率为 0.32，且 20 世纪 70 年代后研究开发投资收益率呈现出下降趋势。[1] 后藤晃的研究指出，1974~1996 年的日本的研究开发投资收益率为 0.29，且逐渐呈下降趋势。[2] 但是这些研究的时间没有包含 21 世纪后的日本经济数据。因此，将分析时间延至 21 世纪后的 2010 年，以观察日本研发投资收益率的变化。

3. 日本研究开发投资效率的实证模型分析

根据上述理论模型，本书建立的实证模型如下：

$$TFP = \alpha + \beta RQ + \varepsilon \quad (5-21)$$

如 5 – 21 式所示，等式左边表示全要素生产率增长率，在等式的右边，除了包含常数项和扰动项之外，RQ 表示新增研究开发投资经济总产量之比，γ 表示研究开发投资收益率。模型的被解释变量为 TFP，解释变量为新增研

---

[1] 鈴木和志・宮川努『日本の企業投資と研究開発戦略』東洋経済新報社、1986。
[2] 後藤晃『日本の技術革新と産業組織』東京大学出版会、1993、25 頁。

发与 GDP 之比 RQ[①]。全要素生产率增长率的数据来自野村浩二（2004），日本的研究开发投资数据则来自日本科学技术厅历年的《科学技术研究调查报告》，总产量使用日本内阁府历年《国民经济核算》上所得出的日本实际 GDP 数据。本节的实证分析为时间序列分析，所选取的研究时间段为 1965~2010 年，涵盖了日本经济持续增长和长期低迷两个不同时期。本实证分析的关键在于研究开发投资效益的边际效应，也就是说，回归参数 γ 的大小，如果 γ 较大则说明通过研究开发所带来的收益较高，反之则较低，从而可以反映出一国研究开发投资的效率情况。

为进行时间序列分析，通常会面临"伪回归"问题，为确定经济的平稳性，以获得一致的平稳变量，在进行时间序列分析之前，需要对所涉及的经济变量进行单位根检验。本节单位根检验的结果如表 5-15 所示。

表 5-15 单位根检验结果

	TFP	RQ		TFP	RQ
ADF 检验式	(c,0,10)	(c,0,10)	ADF 值	-4.53	-3.28
相应 P 值	0.00	0.00	结论	I(0)	I(0)

注：TFP 表示全要素生产率增长率；RQ 表示新增研发投入与 GDP 的比值。

由单位根检验的结果可知，全要素生产率增长率和研究开发投资效率都是平稳经济变量，可以直接进行时间序列分析。本书为了获得百分比形式的回归参数，使用了 TFP 和 RQ 两个经济变量的对数值进行回归分析。通过对 5-21 式进行的回归，所得到的结果如表 5-16 所示。

表 5-16 实证模型结果（因变量：TFP）

	c	RQ	AR(1)	R^2	DW
1965~2010	-0.8425 (0.7786)	0.3344 (0.0949)***		0.23	2.05
1965~1990	14.1864 (4.8124)***	2.1947 (0.5771)***	-0.4194 (0.1848)**	0.43	1.85
1991~2010	-0.6488 (1.0038)	0.2670 (0.1254)**		0.34	2.25

注：***、**、*分别表示在 1%、5%、10% 的显著性水平下显著；括号内为标准差。

---

① 本书使用的 RQ 的计算方法为，使用每年新增的研究开发投资除以经济总产量 GDP。

由表 5-16 可知，在 1965~2010 年这一时间段范围内，研究开发投资效率的提升显著促进了日本经济全要素生产率增长率的提高。以泡沫经济崩溃与否为分界线，日本的研究开发投资收益率出现了显著变化。从整个时间段上看，如果新增研究开发投资与 GDP 之比提升 1%，则经济总体的全要素生产率增长率则提高 0.33%。在泡沫经济崩溃之前的 1965~1989 年，这一数值高达 2.19%，而泡沫经济崩溃之后，日本的研究开发投资收益率则下降到了 0.27%，日本的研究开发投资收益率在泡沫经济崩溃前后，下降了近 2 个百分点。这说明在泡沫经济崩溃之后，日本的研究开发投资效率出现了大幅下降，同样的研究开发投资所获得的收益下降。受此影响，提高同样一单位的全要素生产率增长率，在泡沫经济崩溃后需要更大规模的研究开发投资。这也从一个侧面解释了纵使日本有着大量的研究开发投资，然而其自主创新水平仍然较低这一问题。研究开发投资效率的下降已经阻碍了日本提高全要素生产率。

此外，根据理论部分的分析，全要素生产率增长率的提高可以归结为以下两个因素。第一，外生性的技术进步，即通过技术引进所导致的技术进步，由常数项 λ 代表。第二，内生性的技术进步，即通过本国的研发活动所带来的技术水平的提高，由研发收益率与研发增量和 GDP 之比的乘积表示。根据表 5-16 的回归结果可知，在 20 世纪 60 年代至 90 年代，外生性的技术进步项是显著的，这说明技术引进推动了这一时期日本全要素生产率的增长。但是在 1990 年之后，外生性技术进步项并不显著，这说明随着技术水平的提高，日本要想进一步提高全要素生产率，只能依靠自主的技术研发，在技术水平收敛到技术前沿的情况之下，唯有通过自主创新，才能够促使日本的全要素生产率进一步提升。

与此前研究的结果相似，日本研发投资的收益率逐渐呈现下降趋势，泡沫经济崩溃之前的研发投资收益率要高于泡沫经济崩溃之后的研发投资收益率。此外，随着技术水平差距的缩小，技术引进对全要素生产率增长所起到的推动作用逐渐减小，这时自主创新的重要性就凸显出来。然而，20 世纪 90 年代之后，通过实证分析发现，日本的研究开发投资收益率开始下降，较低的研究开发投资效率严重影响了日本通过自主创新提高全要素生产率。

(三) 泡沫经济崩溃后面临的问题以及政府的对策

虽然日本的研究开发投入位居世界前列，但其研究开发投资的收益率在泡沫经济崩溃后出现了下降，以下分别从大企业的"自负主义"、高新技术领域的生产方式创新以及技术商业化三个方面进行分析。

1. 日本研究开发投资效率下降的原因分析

第一，日本大企业中所存在的"自负主义"倾向。日本的研究开发是以大企业主导的，因此这些大企业大多拥有较为丰富的资源，从而使得这些大企业产生了不愿意与外界合作的倾向，这被称为"自负主义"。[1] "自负主义"使得大企业不愿意与外部的研究机构展开合作，大企业偏向于使用其内部研究所开发的技术。但是这带来两个问题。其一，由于与外部合作较少，因而大企业不了解市场的需求，并且对于市场需求的认识存在误差。研究开发的成果不能与市场需求对接，致使研究开发的收益率下降。其二，实现工业化后，随着技术水平的收敛，可供直接汲取的技术减少，导致日本大企业进行自主研究开发的成本逐渐升高，此时日本的大企业却不能够利用市场中已经存在的成本更低的生产技术，从而导致产品的生产成本和研究成本上升，研究开发收益率下降。

第二，高新技术领域的创新方式问题。2000年之前，日本在以电子科技为代表的高科技产业领域具有较强的国际竞争力，但是21世纪后，日本的高科技产品的国际竞争力却出现了下降，这说明日本在高新技术领域的生产方式出现了问题。[2] 日本在20世纪70年代以大野耐一为主导，创造了"丰田生产方式"，实现了产品库存为零，是日本制造行业的一次重要革命。[3] "丰田生产方式"逐渐扩散到了其他产业中，例如电子机械、精密机械等行业中，形成了一种生产方式上的共识。此外，这一时期的日本企业之

---

[1] 元橋一之「産学連携の実態と研究開発型中小企業の重要性——日本のイノベーションシステムに対するインプリケーション」『開発技術』10号、2004、1-10頁。

[2] 中馬宏之「サイエンス産業における国際競争力低下の要因を探る」藤田昌久・長岡貞男『生産性とイノベーションシステム』日本評論社、2011。

[3] 野中郁次郎『日本型イノベーションシステム：成長の軌跡と変革への挑戦』白桃書房、1995、138頁。

间还有着紧密的合作关系，交换产品生产信息，受此影响，日本的高新技术产业比如半导体产业的大企业和中小企业积极进行技术合作，实现了大企业和中小企业的整合，形成了半导体产业群。大企业和中小企业共享相似的产品设计，并在此基础上进行进一步的创新活动，这种生产方式使得日本的半导体产业在2000年之前具有较强的竞争能力。[①] 但是，在2000年后美国的英特尔公司创造出了"平板战略"，将芯片的生产技术标准化，并公开这些技术，形成一种公共知识，在此基础上，形成了生产互补的半导体产业群，从而实现了对全球半导体产业的整合，极大地促进了英特尔公司的发展。[②] 从此，日本的半导体产业逐渐被边缘化，只在生产制造方面具有优势，而设计等盈利丰厚的部分则日本企业无法参与进去。在20世纪八九十年代，日本实现了国内大企业和小企业之间的资源整合，从而提高了国际竞争力。但2000年之后，美国的半导体产业通过"平板战略"逐渐整合了全球的资源，相较于日本一国的资源整合，表现出了更强大的国际竞争力。由于美国实现了在高新技术领域的生产方式创新，收益额上升，但日本的半导体产业受此影响，出现收益额下降的趋势，因此也就间接导致了日本研究创新收益率的下降。

第三，研究成果的商业转化效率低下。日本通过大量的研究开发投资，获得了大量的研究开发成果，但是在将这些研究开发成果转化为收益方面却做得不尽如人意。例如，美国发明者使用自身所发明的技术设立公司的比率为6.9%，而日本不到4%，美国是日本的两倍。[③] 设立新的公司，将自身的技术推向市场，从而实现技术的商业化，其研究开发的收益率也就较高。此外，设立新的公司，不仅能够实现技术的商业化，还能够促进新产业的形成，从而进一步推动产业升级。日本的情况与美国不同，首先大企业是研究开发的绝对领导者，其研究开发资金比重占研究开发总额的60%以上，日本中小企业的研究开发资金仅占14%。[④] 在研究开发领域美国中小企业的地

---

① 野中郁次郎『日本型イノベーションシステム：成長の軌跡と変革への挑戦』白桃書房、1995、223頁。
② 立本博文「PCのバスアーキテクチャの変遷と競争優位：なぜintelはプラットフォームリーダーシップを獲得できたか」『東京大学ものづくり経営研究センター discussion paper』2007。
③ 長岡貞男「日米のイノベーション過程」藤田昌久・長岡貞男『生産性とイノベーションシステム』日本評論社、2011、180頁。
④ 長岡貞男「日米のイノベーション過程」藤田昌久・長岡貞男『生産性とイノベーションシステム』日本評論社、2011、181頁。

位要重要得多，其研发资金占研发总额的47%，接近一半，而大企业的比重只占3成。活跃的中小企业的研发部门不仅能够开发出更多的技术，而且在商业领域有着更多、更新的尝试，从而获得较高的收益。以大企业为主导的日本的创新体系，在新技术的开发以及新的商业领域的进入方面表现得更为保守，倾向于在固有的生产技术上进行创新，因而其研究开发的收益率较低。

2. 日本政府促进自主创新的有关对策

在劳动力和资本增长受限的情况之下，提高全要素生产率增长率成为日本经济增长的一个重要问题。而在技术水平已实现与欧美国家收敛的情况之下，促进自主创新对于提高日本经济的全要素生产率增长率十分关键，为此以日本经济产业省为主导的日本政府有关部门也提出了许多政策措施，以促进日本的自主创新。

日本通过立法手段促进自主创新，1995年日本通过了《科学技术基本法》，第一次提出了"科学技术立国"的方针政策。基于这一法律，日本将分成四个时期实施科学技术基本计划，这四个时期分别为：第一期是1996～2000年，第二期是2001～2005年，第三期是2006～2010年，第四期是2011～2016年。

基于这些计划，日本政府对于科学技术研究的投资额分别为第一期17万亿日元、第二期24万亿日元，第三期和第四期的研究开发投资额均为25万亿日元。这些由政府主导的研究开发投资，直接增加了日本的研究开发支出。[①] 四期的科学技术基本计划奠定了新世纪日本研究开发的制度基础，主要从以下几个方面促进了日本的自主创新。

第一，促进基础研究开发以及人才培养。在基础研究开发方面，日本政府积极鼓励在生物和材料技术等方面的基础研究，并积极培养青年研究人员以及女性研究人员。这些领域的研究开发将有助于日本医疗以及环保产业的发展，从而形成日本经济新的增长点。在这一政策的引导下，日本的基础研究经费的支出逐渐出现了增加趋势。根据日本经济产业省的调查，日本的基

---

① Kazuyuki Motohashi, "Innovation Policy Challenges for Japan", *Asian Discussion Paper*, 2011, http://www.mo.t.u-tokyo.ac.jp/seika/IFRI_asievisions45kmotohashi.pdf.

础研究经费支出从 2010 年的 2 万亿日元增加到了 2011 年的 2.4 万亿日元。[①]

第二，加强产学合作。以大企业为主导的日本创新体系与大学之间的合作较少，为改变这种情况，日本政府于 1998 年通过了《促进大学向民间产业转移技术法》，以促进大学与私人企业之间的合作，鼓励私人企业利用大学的科研成果。2000 年，日本政府制定了《产业竞争力强化法》，允许公立大学的科研人员到企业兼职，并允许大学的科研人员到政府的研究机构中进行科学交流，为官、产、学三者间人员的合作交流奠定了基础。元桥一之指出，1000 人以上的大企业中有 60% 以上的企业已经加强了与大学的合作，但是规模在 100 人以下的中小企业中只有 26% 的企业加强了与大学之间的合作。[②] 这说明制度上的调整促进了大企业与大学之间的技术合作，但在促进中小企业与大学之间的技术合作方面则有待加强。

第三，加强大企业和中小创新企业的合作。2009 年日本政府允许企业间进行技术合作时设立有限责任公司，以鼓励企业之间的研发合作。元桥一之指出，近期大企业和中小企业之间的合作越来越多。[③] 经济产业省的调查显示，不论企业规模的大小，在近 5 年中，企业间的合作比率呈增高的趋势。[④] 随着研究开发的分散化，中小企业中也涌现出一批具有较高研究开发能力的企业，与这些中小创新型企业合作，将有助于提高日本的自主创新能力。

第四，促进国际化。随着全球化的发展，日本政府同样也在推进研究开发的国际化，如政府鼓励大学招收国外留学生和国外研究者，并提出构建亚洲研究区的设想等。日本试图构建一个开发的平台，来自世界的大学和产业共同加入这个平台，以促进研究开发。

综上所述，日本政府在研究开发方面进行了许多政策引导，可以归结为促进基础研究、企业合作以及促进国际化。但是从后发达国家的发展经验

[①] 経済産業省『平成 25 年民間企業の研究開発動向に関する実際調査』経済産業省、2013。
[②] 元橋一之「産学連携の実態と効果に関する計量分析：日本のイノベーションシステム改革に対するインプリケーション」『RIETI Discussion Papers Series』2003。
[③] 元橋一之「中小企業の産学連携と研究開発ネットワーク：変革期にある日本のイノベーションシステムにおける位置づけ」『RIETI Discussion Papers Series』2005。
[④] 経済産業省『研究開発外部連携実態調査』経済産業省、2004。

中，可以看到，日本在20世纪70年代实现工业化后由于实现了"丰田生产方式"等创新革命，整合了国内的企业资源，大企业和中小企业之间的紧密合作构成了日本当时竞争力的来源。但是，进入21世纪，美国通过"平板战略"等创新革命，进一步地整合了全球的资源，日本被整合进美国的新生产方式之中，从而使得日本在半导体等高新科技领域的竞争力日益下降。

第六章
制度及其变革与全要素生产率

制度及其变革是影响全要素生产率的重要影响因素。本章从产业政策、贸易政策以及规制缓和等角度，分析了日本政府的经济政策对全要素生产率的影响。本书在探讨日本式经济制度的基础之上，进一步分析了日本的劳动雇佣制度、金融制度以及政府与民间企业之间的关系对全要素生产率的影响。

一 政策、规制与全要素生产率

日本在战后实施了大量的产业政策，促进了特定产业的发展。其所实施的出口导向型的贸易政策同样对经济增长起到了极大的促进作用。泡沫经济崩溃后，为促进市场竞争，日本采取了规制缓和的经济政策，放松了对于产业部门进入的限制。本节探讨产业政策、贸易政策以及规制缓和对于日本全要素生产率所起的作用。

（一）产业政策对全要素生产率的影响

产业政策是指国家在工业产业群中选择出特定产业，通过政策倾斜优先发展该产业所采取的相关政策措施，包括税收、财政、金融政策等。产业政策在战后日本经济的发展过程中占有重要地位，日本战后实施的产业政策之多，取得成果之显著为世界经济学界所瞩目。战后日本实施的产业政策不仅推动了日本战后经济的快速增长，而且对日本实现工业化也发挥了重要作用。根据韦尔的观点，全要素生产率可以分解为技术进步和生产效率改善两方面，如果技术进步得以实现并且生产效率得到了提高，则全要素生产率就会增加。[1] 本节

---

[1] 韦尔：《经济增长》，中国人民大学出版社，2011，第146页。

从促进技术进步以及提高生产效率两个方面，分析日本战后所实施的产业政策对其全要素生产率的影响。

1. 实现工业化过程中的日本产业政策

日本经济在 20 世纪 50 年代到 70 年代初高速发展，这一时期也被称为日本经济的高度发展时期。到 20 世纪 70 年代初日本已经成为继美国之后的位居世界第二的资本主义国家，实现了工业的现代化以及国民经济的现代化。① 不同于战后复兴时期所实行的"倾斜式生产方式"等经济复兴政策，只考虑增加要素投入，不考虑技术进步以及生产效率的提高，日本政府于 20 世纪 50 年代所实施的以合理化政策为核心的产业政策，是第一个现代意义上的产业政策。在实现工业化的过程中，日本政府不仅注重重点产业的培育，而且通过政策手段，引导企业促进生产技术的进步以及生产效率的提高。1949 年吉田内阁做出了《关于产业合理化》的决定，其中就提到了普及先进技术以及提高生产效率。②

一方面，在促进技术进步方面，日本政府的产业政策主要通过促进企业增加设备投资，从而推动生产技术的提高。日本政府通过产业结构政策确定需要扶植的产业，采用产业技术政策促进技术的引进与开发。日本政府通过合理化计划，确定重点扶持的产业，20 世纪 50 年代产业政策的重点支持产业包括：煤炭、钢铁、电力、造船，20 世纪 60 年代后产业政策支持的重点逐渐转向石油化学工业以及机械工业。随着钢铁业"合理化计划"的实施，日本进口了一批具有世界先进水平的钢轧机，使得钢铁业生产率迅速得到提高，1955 年新设备使得单位能耗下降 74%，单位产量提高 66 倍。③ 为发展煤炭业日本政府推动煤炭生产体制改革，鼓励煤炭生产企业采用竖井开采，开展井下生产的机械化，引导煤炭生产向高效率矿井集中。④ 对于海运造船业，日本政府普及推广了电气焊接和分段造船等先进技术，促进造船企业完成了技术设备更新。⑤ 对于石油化学工业，日本政府则促进企业生产设备现

---

① 金明善：《日本现代化研究——日本现代化过程中的经济、政治》，辽宁大学出版社，1993，第 374 页。
② 加藤尚文『日本経営資料大系 3』三一書房、1989。
③ 経済企画庁『戦後日本の資本蓄積と企業経営』経済企画庁、1957。
④ 通商産業省『商工政策史第 10 巻』通商産業省、1972、367-369 頁。
⑤ 杨栋梁：《国家权力与经济发展：日本战后产业合理化政策研究》，天津人民出版社，1998，第 158 页。

代化，提高生产中硫黄的使用效率。① 对于机械工业，日本政府给予引进设备和自主技术开发以资金上的补助，帮助企业引进外国的先进生产技术以及生产设备。

除了产业结构政策和产业技术政策引导外，日本政府还通过政策性融资和租税特别措施进一步促进企业进行生产设备投资，更新生产设备，促进企业生产技术水平的提高。日本政府通过财政投资政策实现了对特定产业的补助，通过租税特别措施，减轻了特定部门的负担，增加了企业扩大生产投资的动机。促进技术进步和经营效率的产业政策的效果是非常显著的，极大地带动了生产技术的提高，从而间接地提高了全要素生产率。根据橘木俊诏的测算结果，日本20世纪60年代前期制造业的生产率提高幅度为30%，而20世纪60年代后期生产率提高的幅度达到惊人的89%。② 日本的产业政策在经济高速发展时期极大地促进了日本技术水平的提升，缩小了与其他发达国家的差距，极大地提高了日本经济总体的全要素生产率。

另一方面，日本不仅注重从外国引进科学技术，而且注重学习外国先进的经营管理方法。在提高生产率方面，日本政府通过开展生产率运动，促进企业经营方式的现代化，从而带动企业生产效率的提高。日本在20世纪50年代中期开展了声势浩大的生产率运动，致力于提高日本企业的经营效率。③ 此外，日本政府通过制定产业的工业生产标准，迫使企业加强经营和管理，提高生产效率，甚至通过产业合理化审议会直接对企业提高经营效率进行行政指导。④

因此，在日本经济实现工业化的过程中，日本的产业政策从促进技术进步以及提高生产经营效率两方面提高了日本的全要素生产率。黑沃德（Haward）认为日本的产业政策有效地推动了特定部门的发展，从而提高了

---

① 杨栋梁：《国家权力与经济发展：日本战后产业合理化政策研究》，天津人民出版社，1998，第159页。
② 橘木俊詔『戦後日本経済を検証する』東京大学出版会、2003。
③ 杨栋梁：《国家权力与经济发展：日本战后产业合理化政策研究》，天津人民出版社，1998，第78页。
④ 杨栋梁：《国家权力与经济发展：日本战后产业合理化政策研究》，天津人民出版社，1998，第318页。

整个经济的全要素生产率水平。① 乔根森测算了1960~1979年日本各产业部门的全要素生产率水平，如表6-1所示。②

表6-1　日本各产业部门全要素生产增长（1960~1979年）

部门	全要素生产率增长率(%)	部门	全要素生产率增长率(%)
食品	-1.20	橡胶	1.02
纺织	0.47	塑料	0.55
服装	1.98	玻璃	0.92
皮革	1.03	钢铁	2.86
木材	2.81	其他材料	0.16
家具	1.74	金属	3.41
造纸	1.44	机械	2.30
印刷	-0.18	电子	5.38
化学	3.36	运输工具	4.32
其他	4.98	精密仪器	4.45

从上表可以看出，在日本实现工业化时期，重点支持的化学、钢铁、机械、运输工具等行业都有着较高的全要素生产率增长率，分别为3.36%、2.86%、2.30%、4.32%。这些部门都属于重化学工业部门，在日本经济中占有重要位置，是日本经济的主要组成部门，这些占有经济中较大比率部门的全要素生产率增长率的提高，极大地促进了日本经济总体全要素生产率增长率的提高。

实现工业化之前日本的产业政策从生产技术和生产效率的改善两方面推动了生产率的增长。但是在20世纪70年代中期，日本实现工业化之后，产业政策不仅没有起到促进全要素生产率增长的作用，反而通过补助产能落后的产业，使得该退出的产业不退出，限制了产业结构的转变以及新兴产业规模的扩大，抑制了产业转型，阻碍了日本经济全要素生产率的提升。

2. 工业化完成后的日本产业政策

日本经济于20世纪70年代初发生石油危机之后，从高速增长期进入了

---

① Howard Pack et al., "Accumulation, exports, and growth in the high-performing Asian economies", *Carnegie-Rochester Conference Series on Public Policy*, Vol. 40, North-Holland, 1994.

② D. W. Jorgenson et al., "Japan-US industry-level productivity comparisons, 1960-1979", *Journal of the Japanese and International Economies*, Vol. 1, No. 1, 1987, pp. 1-30.

稳定增长时期，日本经济出现了从"重厚长大型"工业向"短小轻薄型"产业的转变。在20世纪80年代中期之前，日本政府通过一系列产业政策促进产业结构的转换，引导产业向新兴的电子机械产业方向调整。但是20世纪80年代后，受全球新自由主义经济政策实施的影响，日本逐渐开始推行经济自由化改革，对于产业结构的调整就被搁置了下来，从而使得日本错过了调整经济结构的最佳时机。20世纪90年代以后，随着日本经济泡沫的崩溃，日本注重采用短期的财政政策刺激经济体恢复增长，将大量财政经费用于公共投资等生产率提升较低的领域，对于提高全要素生产率不利。在2012年第二次内阁上台以来，日本政府重新开始重视提高全要素生产率，配合安倍经济学的第三支箭，提出了一系列的提高全要素生产率的产业政策措施。

20世纪70年代到80年代中期的产业政策。这一时期日本的产业政策逐渐从直接对企业生产进行干预转为间接引导产业以及经济的发展。石油危机之后，日本开始重点支持知识密集度高的产业的发展，比如电子信息以及机械制造等产业。日本通常使用法律手段促进产业政策的实施，为促进这两个产业的发展，日本分别于1971年和1978年颁布了《电子机械产业特别措施法》和《特定机械和信息产业振兴特别措施法》两部法律。受此影响，以电气机械、运输机械、精密机械等为代表的加工组装型产业迅速发展，由于这些产业都是知识密集型的产业，日本的技术水平也得到提升，生产率水平随之提高。根据植草益的数据，1974～1981年，加工组装工业整体的生产率提高了10.7%，而同一时期，精密机械产业提高了19.8%，电子机械产业则提高了10.7%。[1] 此后，随着日本产业升级的逐步推进，日本产业层面的知识集约化水平进一步提高。日本政府除了鼓励电子机械、精密机械等产业的发展外，还将包括生物技术的开发、新材料的研发、新能源技术以及第五代计算机在内的高新技术的研发列入了重点发展的对象。

新自由主义下的日本产业政策。20世纪80年代前期，日本政府的产业政策有效地引导了日本产业结构的发展，为全要素生产率的提高做出了贡献。20世纪80年代中期之后，日本政府受到全球新自由主义经济政策的影

---

[1] 植草益：《日本的产业组织理论与实证的前沿》，经济管理出版社，2000，第106页。

响,依照新自由主义的做法,开展了包括金融自由化、通信产业自由化等在内的一系列规制改革。虽然这些改革对于提高日本的经济效率有一定的帮助,而且对这些产业的全要素生产率水平提高同样有着不可忽视的贡献,但是随着泡沫经济出现,日本政府的产业政策对产业结构的调整作用不再像此前的经济阶段一样明显。莽景石指出,泡沫经济时期应该退出的重化学工业部门没有及时退出,并且过高的地价、房价使得新兴技术产业进入市场的成本过高,阻碍了新兴产业的诞生。[①]

20世纪90年代后,受泡沫经济的影响,日本的产业政策实际上对经济发展没起到多大作用。[②]大量的财政经费被用于像建筑、道路整备等基础设施的建设,对于促进新兴的信息产业等知识密集型产业发展效果甚微。这些资金既没有用于提高生产技术水平,也没用于改善企业的生产效率,因此20世纪90年代后日本经济全要素生产率水平下降与产业政策的设计不善有很大关系。此外,根据Breinlich(布莱因利希)以及ChiaraCriscuolo(克里斯库奥洛)的观点,生产率较低的企业接受更多补助会使生产率较低部门的扩大,从而导致经济总体生产率的下降。[③]20世纪90年代日本公共支出增加同样起到了延长落后部门寿命的作用,使得应该退出市场让位于生产率高的产业部门没有退出,延长了落后部门的生存时间。

Beason(比森)等使用乔根森所提出的超越对数函数,测算了日本各产业的全要素生产率,采用最小二乘回归的方法分析了减税、日本开发银行贷款、政府补助、关税保护等经济变量与日本各产业全要素生产率之间的关系。[④]根据他的分析,1974~1990年的日本的产业政策对日本全要素生产率增长率的提高没有帮助,全要素生产率增长率较高的产业所获补助较少,而全要素生产率增长率较低的产业所获的补助较多。

为应对日本经济20余年以来的持续低迷的局面,促使日本经济恢复自律增长,在安倍第二次上台后,日本的产业政策出现了新的调整,不同于以

[①] 莽景石:《经济停滞,生产率下降与体制运行环境的变化——20世纪90年代的日本经济》,《日本研究》2000年第4期,第1~9页。

[②] 秦嗣毅:《日本产业政策的演变及特点》,《东北亚论坛》2003年第2期,第68~71页。

[③] H. Breinlich et al. , "International Trade in Services: A Portrait of Importers and Exporters", *Journal of International Economics*, No. 84, 2012, pp. 188 – 206.

[④] R. Beason et al. , "Growth, economies of scale, and targeting in Japan (1955 – 1990)", *The Review of Economics and Statistics*, 1996, pp. 286 – 295.

往的引导产业结构发展的产业政策，此次的日本产业政策主要以提高全要素生产率增长率为第一要务。

日本经济存在劳动和资本的配置扭曲问题，使得资源无法得到有效的利用，生产率较高的部门无法获得足够的劳动和资本，出现"过小投资""规制过剩"以及"过度竞争"等问题，导致全要素生产率低下。日本政府于2013年通过了《产业竞争力强化法》，从以下几个方面入手，解决问题，提高全要素生产率。[1]

第一，促进民间设备投资带动产业升级换代。日本经济产业省指定2013~2016年为集中促进投资时期，通过财政政策、货币政策以及制度改革等手段，鼓励私人投资。日本政府还支持企业引入高端设备，支持企业进行先进生产线和生产设备等有较高质量的私人投资，给予折旧等方面的减免措施。此外，日本政府还鼓励企业使用租赁方式引入机械设备，这样不仅能够减轻企业的资金负担，还能促进机械设备的二次利用。

第二，继续推进规制改革，消除"灰色区域"。旧有的规制改革中存在没有明确规定的地方，使得政府的权力过大，增加了企业开拓新领域的阻力。日本政府通过推动规制改革，构建新的企业创新框架体系，不再以地区为单位进行规制缓和，而改为以企业为单位推动规制改革，根据企业所开展的不同业务，实施相应的改革措施。通过这项措施鼓励企业尝试新兴服务领域，促进日本发展具有较高附加价值的服务业。

第三，促进创新和研究开发。首先，调整日本的创新体系，通过官、产、学的紧密合作，倡导依据企业需求进行研究与开发，引导企业从大学中吸收能为企业所采用的技术，强化日本新能源产业技术综合开发结构（NEDO）的项目管理功能。在此基础上，推动知识财产认证的标准化，为企业的创新提供制度上的保障。推动大数据等新兴IT技术以及机器人技术在企业中的运用，提高企业的生产率。其次，吸引具有较高生产率的海外企业到日本进行投资，此举不仅能够带来新的生产技术与生产方式，实现生产技术的转移，还能够扩大就业，解决雇佣问题。最后，鼓励中小企业创新。促进中小企业与大学以及企业之间的研究开发合作，通过提供信息平台，为具有较高生产率的企业开拓销路。

---

[1] 経済産業省『平成26年度経済産業政策の重点』経済産業省、2014。

第四，促进人员的有效利用。通过再教育以及职业培训为从生产率较低的产业中转移出来的人员提供就业支持，使得具有较高技术的人员能够得到有效利用，不至于产生资源的错配。通过挖掘年轻人、年长者以及女性工作人员为中小企业提供合适的人才，从而提高中小企业的全要素生产率。通过宣传企业创新的优良事例，促进女性的就业。为应对日本的跨国投资活动，日本政府培养熟悉海外经营、销售、设计等方面的人才，提高海外投资的效率。[①]

通过上述分析可知，日本的产业政策在经济高速增长时期从生产技术和生产效率改善两方面起到了对全要素生产率的促进作用；在稳定增长时期日本政府由于没有及时对产业政策做出调整，导致其对全要素生产率提高的作用下降；在20世纪90年代日本产业政策对全要素生产率的作用变得更加微乎其微，而进入21世纪后，日本政府终于认识到了全要素生产率对维持经济稳定发展的重要作用，开始不断推出促进全要素生产率提高的相关产业政策。

（二）贸易政策对全要素生产率的影响

作为后发展国家，为促进经济发展，日本于战后确立了"奖出限入"的贸易政策，鼓励出口，有限制地进口，积极扶持出口导向型产业，且出口导向型的经济意识始终伴随着日本贸易的发展。现代经济理论没有对贸易政策与全要素生产率的关系进行出明确的界定，一国所具有的资源禀赋及其初始经济状态都会使贸易政策和全要素生产率的关系不同。在经济发展的不同阶段两者的关系表现出不同的特征。本部分主要探讨日本在不同经济发展阶段贸易政策与全要素生产率之间的关系，结合各阶段日本的贸易政策，分析其背后的作用机制。

贸易政策可以分为贸易保护政策和贸易开放政策两种，贸易保护政策是指通过关税、补贴等措施，减少外国商品与本国商品的竞争，而贸易开放政策是指废止贸易保护措施，积极参与国际市场的竞争，允许外国商品在本国市场中进行平等竞争。

---

① 経済産業省『平成26年度経済産業政策の重点』経済産業省、2014。

1. 日本贸易政策与全要素生产率的关系

通过文献综述部分可知，虽然多数研究都倾向于贸易开放政策会促进全要素生产率的增长，但缺乏强有力的事实证明这一点。因而在分析日本贸易政策与全要素生产率的关系时，尤其需要结合日本的实际经济情况，为此首先需要对日本的贸易政策与全要素生产率的关系进行实证检验，为进一步展开分析提供依据。

"贸易开放度"直接体现了一国贸易的对外开放程度，其有效的衡量指标是贸易依存度，虽然针对贸易开放度的衡量标准学界还存在一定争议，但对"贸易依存度"的分析比较简单、直观，一直为研究者广泛使用这一衡量指标。[①] 贸易依存度是指进出口贸易总额与 GDP 之间的比值，表示贸易开放程度，间接反映出一国所采用的贸易政策。1955～2015 年日本的贸易依存度如图 6-1 所示。

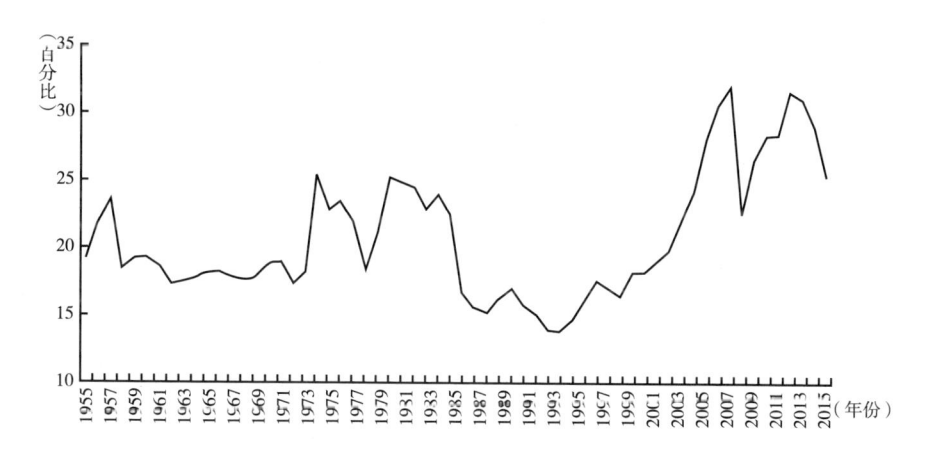

图 6-1 日本的贸易依存度变迁（1955～2015 年）

注：贸易数据来自日本财务省；日本的 GDP 数据来自内阁府《国民经济计算》。

从贸易依存度的变迁情况可知，日本的"贸易依存度"曾于 20 世纪 70 年代初以及 90 年代中期分别有过两次较大程度的提升，而这两次提升都与贸易政策的开放有着紧密关系。20 世纪 70 年代初日本开始发展自由贸易，降低对进口贸易的限制，日本的贸易依存度从 1955 年的 17% 提高到了

---

① 包群在《贸易开放度与经济增长》中综合分析了五种贸易开放度指标，最终指出贸易依存度能够较好地反映出开放与经济增长之间的关系。

25%。20 世纪 90 年代中期，以桥本龙太郎为代表的新自由主义改革派积极推进结构改革，贸易政策变得更加开放，"贸易依存度"再次出现快速增长，从 20 世纪 90 年代中期的 15% 左右，迅速提高到 2013 年的 31% 左右，创下历史新高，而后有所下降，截至 2016 年日本的贸易依存度为 25.3%。因此，每一次贸易政策的开放都伴随着贸易依存度的上升，贸易开放程度进一步加深。

为分析贸易开放度与全要素生产率之间的关系，建立如 6-1 式的回归模型，运用时间序列分析的方法展开讨论。

$$TFP = \alpha + \beta TRADE + \mu \quad (6-1)$$

其中，TFP 代表全要素生产率增长率，TRADE 代表贸易依存度。1960~1972 年的全要素生产率增长率的数据来自黑田昌裕 1985 年的测算结果。[①] 1973~2011 年的全要素生产率增长率数据来自日本经济产业研究所 JIPdatabase2014 数据库。[②] 为进行时间序列分析，避免伪回归，需要对经济变量的平稳性进行检验，表 6-2 为 TFP 和 TRADE 两个经济变量的单位根检验分析结果。

表 6-2 TFP、TRADE 单位根检验分析表

	ADF 检验式	ADF 值	相应 p 值	结论
TFP	(0,0,10)	-4.51	0.00	I(0)
TRADE	(0,0,9)	-1.65	0.45	I(1)
DTRADE	(0,0,10)	-7.21	0.00	I(0)

由单位根检验结果可知，TRADE 是非平稳序列，但其一阶差分序列 DTRADE 是平稳序列。TFP 是平稳序列。因此可以用 TFP 和 DTRADE 这两个平稳的时间序列进行如 6-1 式所示的时间序列分析。

将日本经济发展阶段的因素考虑进去，对 TFP 和 DTRADE 两个变量分别在 1960~1972 年以及 1973~2011 年这两个时间段进行时间序列分析，所得结果如表 6-3 所示。

---

① 黑田昌裕「経済成長と全要素生産性の推移：日米経済成長要因の比較」『三田商学研究』2 号、1985、25-52 頁。

② 经济产业研究所，http://www.rieti.go.jp/jp/。

表6-3 时间序列分析结果

检验区间	解释变量	回归系数	P值	检验指标
1960~1972年	C	2.97	0.00	$R^2=0.007$
	DTRADE	-32.94	0.79	D.W.=1.76
1973~2011年	C	0.008	0.02	$R^2=0.18$
	DTRADE	0.35	0.00	D.W.=1.47

由回归结果可知，1960~1972年，即日本的经济高速发展阶段，贸易依存度与全要素生产率增长率之间没有显著的相关关系。而在日本完成工业化后的1973~2011年，贸易依存度与全要素生产率增长率在5%的显著水平下呈现出正相关关系，如果贸易依存度提高1%，则全要素生产率增长率就会提高0.35%。显然在后工业化时期，贸易开放程度的增加有助于日本全要素生产率增长率的提高。下面以实证结果为基础，结合日本实际所实施的贸易政策，探究日本的贸易政策在全要素生产率增长中所起的作用。

贸易政策与全要素生产率之间的关系是复杂的，在不同的经济发展阶段，日本的贸易政策和全要素生产率增长率之间表现出了不同的关系。在20世纪60年代到70年代初的日本经济高速发展时期，"奖出限入"的贸易政策与全要素生产率提高没有表现出相关关系。反而在完成工业化后，进入稳定增长时期，日本逐步地放开了对于进口产品的限制，在新自由主义观念的指导下，贸易自由化得以开展，这一时期的贸易政策和全要素生产率增长之间表现出了正相关关系，经济的开放有助于全要素生产率的提升。

2. 日本经济高速增长时期的贸易政策

日本在20世纪50年代仍处于追赶欧美的经济发展阶段，此时日本需要大量进口欧美的机械产品，长期以来面临"国际收支天井问题"，难以保持国际贸易收支的平衡。日本有时为了过剩的国内需求，不得不采用紧缩的经济政策，以抑制进口需求，平衡国际收支，而这无疑影响了日本的经济发展。为解决这一问题，日本确立了贸易立国的经济政策。[1] 日本为限制进口，促进出口，采取了包括财政、税收、货币等政策在内的多种贸易政策手段，在鼓励企业出口的同时，限制进口以及外国对日本的直接投资，从而将资源集中于特定的扶植产业。通过"奖出限入"的贸易政策，严格控制企

---

[1] 张季风：《日本经济概论》，中国社会科学出版社，2009，第365页。

业的技术引进，鼓励企业通过设备投资的方式，提高出口生产能力。日本的贸易政策极大地推动了日本的贸易发展，提高了日本产业的国际竞争力，但是"奖出限入"的贸易政策已经演化为一种制度结构，深深地植根于日本的经济发展过程之中，并形成了一种无形的贸易障碍，左右着日本的对外贸易的发展。

20世纪60年代以后，随着日本经济的发展，日本的贸易额持续增加，继纺织、服装等劳动密集型产业之后，钢铁、化学等重化学工业也发展为日本的出口产业，日本的产业国际竞争力与日俱增。与此同时，日本与欧美国家的贸易摩擦则不断升级，受到欧美国家贸易开放的压力，日本也不得不开始实行贸易自由政策，废除前一发展阶段中对于贸易的限制和对进口产品的限制。但是长久以来的"奖出限入"政策所形成的制度结构，导致日本经济的内部形成了独特的长期交易习惯以及固有的商品流通渠道，这种无形中的贸易壁垒，阻碍了外国商品进入日本市场。在20世纪60年代，日本的贸易进口额迅速增加，进口数额从45亿美元提升到了189亿美元。[①]

在日本经济高速增长时期，贸易政策以20世纪60年代为界限从封闭走向了开放，虽然日本逐步实行了贸易自由化政策，放宽了对于进口商品的限制，但是这一阶段的贸易开放并没有表现出与全要素生产率增长之间的相关性，其主要原因有两个。

其一，如图6-2所示，从日本的进口贸易结构上看，在1960~1970年日本进口贸易的主要组成部分是纤维、金属、矿物性原料等产品，而机械等工业加工品仅占10%左右。此时的日本在"奖出限入"的出口导向型经济政策的鼓励下，主要发展出口产业，实际上实行的是一种进口替代政策，该政策虽然有效地促进了日本出口产业的发展，但是由于进口的工业制成品较少，所接触到的先进的工业生产品的可能性降低，因此对于日本的厂商学习外国先进科学技术不利，因而对提高全要素生产率增长率的帮助也就较小。

其二，在高速增长时期，日本实施了出口导向型经济政策，受此影响，这一时期日本的出口企业相对于提高生产效率而言更注重提高产量。高速增长时期日本的出口企业采用投入大量劳动力和资本的方式进行生产，由于接

---

① 数据来源自日本贸易振兴会database2015。

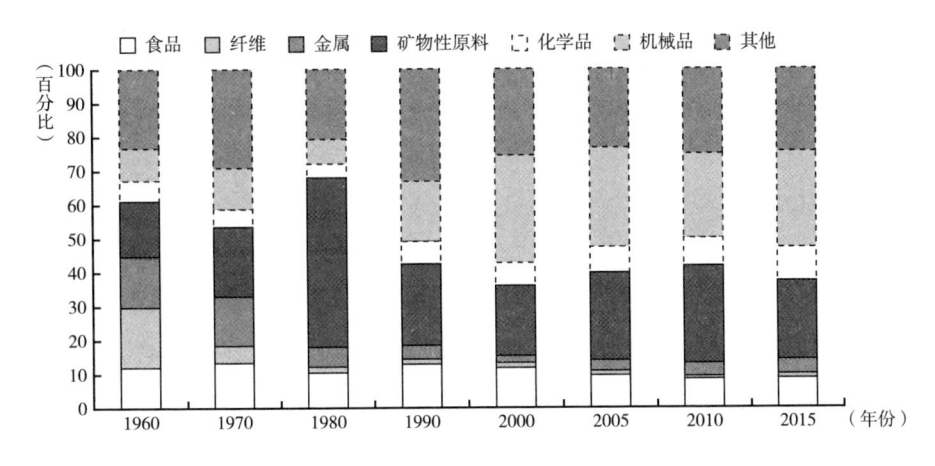

图 6－2　日本进口贸易结构变迁

资料来源：日本财务省，贸易统计。

触到的国外的先进产品较少，这一时期的企业并未采取节约劳动力和资本的方式进行生产，对生产效率以及要素配置的重视程度较低。因此，在经济高速增长时期日本的贸易政策与全要素生产率增长之间不存在相关关系。

3. 后工业化时期日本的贸易政策

在20世纪60年代日本逐步实施贸易开放政策后，从20世纪70年代起日本实施了更为彻底的贸易自由化政策，积极参与国际贸易。日本政府从之前的直接鼓励出口的"奖出限入"的政策转变为：通过产业政策的辅助，扶植特定产业发展，从而实现出口的间接性和扩大出口的目标。日本分别于1971年和1978年实施了两部促进知识密集型产业发展的法律，分别是《电子机械产业特别措施法》以及《特定机械和信息产业振兴特别措施法》。[①] 日本自20世纪70年代开始实施扶植知识密集型产业政策后，知识密集型产业在日本总出口份额中的比重开始增加。受此政策的影响，电子机械的出口额增长了2%，运输机械的出口额增长了15.6%，精密机械的出口额增长了1.5%，而日本加工组装工业的出口额增长了36.2%，增长了近2.5倍。此时，日本的加工组装工业不仅出口产量迅速扩张，并且其生产率也获得了迅速的提高。根据植草益的数据，在1974～1981年这八年间，日

---

① Chalmers Jobnson・John Zysman『閉鎖大国ニッポンの構造』（大岡哲・川島睦保訳）、日刊工業新聞社、1994。

本加工组装工业的总体生产率水平提高了 10.7%，电子机械工业的生产率提高了 10%，精密机械业的生产率则提高了 19.8%。[1]

20 世纪 80 年代后，日本将知识密集化这一产业政策逐渐推广到所有的产业领域中去，积极推进在生产制造领域中产品与生产工艺的知识密集化，试图实现在所有产业层面的知识密集化，以促进产业结构的升级。这一时期的主要贸易政策与产业政策相融合，主要支持高精尖技术的发展，通过产业政策支持生物环境科学、新型材料的研究、绿色环保能源技术的开发以及新一代高速计算机的发展。受此影响，加工组装工业在日本出口中的比重，在 20 世纪 80 年代继续维持着增加的趋势。在此期间，电子机械产业在出口中所占比率继续提高，在 20 世纪 80 年代电子机械的出口份额继续提高了 9%。[2] 在稳定增长时期，出口对经济增长同样有着推动作用，出口对经济增长的贡献从 1971～1975 年的 18.3%，提高到 1981～1985 年的 30.1%。[3]

此外，在稳定增长时期，日本的贸易政策更加开放，日本进一步减少了对贸易商品的种类限制，降低了进口关税，简化了贸易进出口手续，放宽了从发展中国家进口的限制。在稳定增长时期，日本的贸易顺差不断扩大，摆脱了"国际贸易收支天井"，这也促使了日本政府进一步推进贸易自由化。[4]

20 世纪 90 年代日本经济泡沫崩溃后，经济陷入长期低迷。旧有的经济体制不再适合经济发展，因此日本政府在 20 世纪 90 年代中期开始实施经济结构改革。为提高日本经济的活力，自 20 世纪 90 年代中期起日本实施了一系列市场自由化经济改革，以改善日本经济制度中的弊端，促进经济增长。日本前首相桥本龙太郎在 1996 年推出了包括政府行政改革、经济结构改革、金融改革、社会保障改革、财政改革以及教育改革在内的六项改革措施，全面地放开市场准入限制，减少政府行为对企业经营的干预，以改善经济的结构，提高经济的效率。2001 年，小泉上台后继承了桥本龙太郎的改革计划措施，继续推行经济自由化改革政策，特别注重处理银行部门的不良贷款，以促使金融系统的融资功能得到恢复，并继续推动规制改革，废除限制生产

---

[1] 植草益：《日本的产业组织理论与实证的前沿》，经济管理出版社，2000，第 108 页。
[2] 丁敏：《日本产业结构研究》，世界知识出版社，2006。
[3] 陈建安：《产业结构调整与政府的经济政策：战后日本产业结构调整的政策研究》，上海财经大学出版社，2002。
[4] 金明善：《现代日本经济论》，辽宁大学出版社，1996。

力发展的法律，在其任期内推动了邮政民营化以及财政结构改革。这些改革使得日本的对外开放程度增加，贸易依存度在20世纪90年代中期后迅速提升，从15%左右提升到了30%。

2012年年末上台的安倍内阁为了实现在短期内重振日本经济的目的，实施了被称为"安倍经济学"的经济政策，主要包括以下三点：灵活的财政政策、宽松的货币政策以及促进民间投资的增长政策。这一时期的贸易政策的特点是直接措施与间接措施相结合。既通过量化宽松的货币政策促进日元贬值，以达到扩大出口的目的，又通过鼓励民间投资的增长政策，鼓励私营企业引入具有高生产率的生产设备。此外，为进一步促进日本全要素生产率的增长，安倍内阁还前所未有地表现出对于TPP（跨太平洋伙伴关系协定）谈判的热情，积极推动日本参与TPP谈判，进一步推动贸易自由化。另外，日本政府积极进行招商引资活动，鼓励其他国家对日本的投资，希望以此提高日本全要素生产率，这也是此前所未出现的新动向。

后工业化时期的贸易政策对全要素生产率提高的帮助作用，通过前一部分的实证分析，已经可以明确下来。本书结合现有的经济理论，从以下三个方面阐述这一时期的贸易政策对全要素生产率的提高起到的推动作用。

其一，更加开放的贸易政策使日本的企业更容易获得外国知识，接触先进的生产技术，从而使得技术水平向国际先进水平靠拢。这一点可以从日本的进口贸易结构变化中获得检验，20世纪90年代以后，日本进口贸易中原材料的比重下降，相反机械制品所占的比率从20世纪90年代的17%提高到了2005年的30%，进口商品中加工制品比率的扩大使得日本的厂商可以接触到更多先进产品和多种多样的中间产品，这使得厂商所接触的技术范围扩大，便于学习和模仿这些先进产品的制造方法，通过"干中学"效应提高了企业的生产能力。生产技术的提高直接促进了全要素生产率的增长。

其二，激烈的国际竞争促使企业进行研究开发，提升企业的生产效率。参与国际竞争要求厂商必须学会节约生产的原材料，即劳动和资本，缩减所需要的生产成本，日本在20世纪70年代后期所实现的"生产成本合理化"即是一例，生产效率的提高促进了全要素生产率的增长。此外，为生产出符合国际市场需求的产品，需要厂商提高生产技术，激发了企业研究开发的动力，生产技术的提高是全要素生产率增长的重要诱因。

其三，开放的贸易政策使得日本在国际贸易中的比较优势得以进一步发挥，资源得到了合理的配置，资源的利用效率得到了提升，从而全要素生产率得以出现增长趋势。日本政府的贸易政策和产业政策相结合，实现了主导产业的转换，比较优势得以发挥，资源配置的扭曲问题得到了一定程度的缓解，资本和劳动由生产率较低的部门转移到了生产率较高的部门，因而全要素生产率的增长得以实现。

通过考察日本在 1960～2011 年的全要素生产率增长和贸易开放程度之间的关系可知，虽然日本在 20 世纪 60 年代经济高速增长时期已经开始推动贸易自由化，但是此时的企业更注重产量而非生产效率，致使全要素生产率的增长和贸易开放度之间没有表现出相关关系。相反进入后工业化时期，随着日本贸易自由化的推进，日本厂商迫于国际竞争压力，逐渐从重视产量转变为重视生产效率。此外，由于能够接触到更多的外国产品，日本厂商的生产技术也得到了提升，在这两者的作用之下，全要素生产率增长与开放的贸易政策之间表现出了显著的相关关系。

（三）规制缓和对全要素生产率的影响

经济产出的增加主要通过增加要素投入，或是提高生产效率得以实现。增加要素投入面临两个问题：其一，投入要素的有限性。一个经济体中可以利用的资本和劳动资源是有限的，不可能实现无限制的投入。其二，规模报酬递减的经济规律。随着一种要素投入的增加，其能为总体产出增加所带来的贡献会逐渐减少。维持稳定的经济增长，不可能只依靠无限制的要素投入。因此，提高经济体的生产效率，即全要素生产率，是维持一个产业以及整个经济体持续稳定增长的必要条件。

纵观日本经济的发展历程，日本政府对于机械、电子等制造业的规制相对较少，而对金融、电信、零售、医疗等服务行业的规制较多。在产业结构服务化的影响下，提高服务行业的产量就成为日本政府所面临的重要课题。为提高服务业的产量，除了增加要素投入外，更需要提高服务业的全要素生产率，为此日本政府实施了包括民营化改革在内的一系列规制改革措施。向规制产业导入市场机制，通过竞争机制促进全要素生产率的提高。因此，规制改革的过程就是政府逐步退出经济领域的过程，实现由政府配置资源转向由市场配置资源，这也成为日本政府规制改革的主线。

为推进规制改革，日本于 20 世纪 80 年代设立了"临时行政调查会"（简称"临调"），该机构对日本的规制改革起到了至关重要的作用。[1] 此外，日本于 90 年代又设立了"规制缓和小委员会"，用以专门监督规制缓和的实施及进展情况。[2] 以下分别探讨经济规制程度较大的金融业、电信业、零售业、医疗业的规制改革，并分析规制改革对全要素生产率的促进作用。

1. 金融业规制改革

金融业是经济的重要组成部分，金融机构能为制造业企业提供资金的融通，将资金从剩余部门转移到短缺部门，提高资金的利用效率，帮助制造业部门扩大生产。但日本战后为维持金融稳定，对金融业实施了诸多规制。

日本政府对金融业的限制主要包括对于经营业务和服务对象的限制。一方面，对于经营服务的限制包括：证券业务和银行业务的分离；信托业务和银行业务的分离；长期融资业务和短期金融业务相分离等。另一方面，对于服务对象的限制包括：都市银行有全国性的营业网点，可以展开全国性的服务；地方银行则以所在的地方作为主要的营业范围；信用金库和信用组合则主要服务于中小企业。此外，日本的银行在金融规制的管理下受到日本政府财政部门的严格保护，政府做担保，保证银行的信用，因此这种做法也被称为"护送船舰方式"。[3] 但是这些规制使得金融机构只需要依靠政府规定的利差即可盈利，丧失了提供更好的服务的动力，从而使得金融业服务效率低下。[4]

为了提高金融业的效率，日本于 20 世纪 80 年代中期开始对金融业进行规制改革，逐步向金融业导入市场机制，以 1996 年实施的金融大爆炸改革最具代表性。20 世纪 80 年代以来日本实施了一系列金融规制，包括放松利率管制、放松外汇管制以及放松经营业务范围规制等。1996 年桥本龙太郎内阁实施了金融大爆炸改革，全面向金融业导入市场机制，是日本金融业的一次最为彻底的改革。这次改革促进了日本金融系统功能的恢复，增加了金

---

[1] 张季风：《日本经济概论》，中国社会科学出版社，2009，第 79 页。
[2] 鈴木良男『規制緩和はなぜできないのか』日本実業出版社、1998。
[3] 大藏省是日本财务省的旧称，于 1998 年更名为财务省。更名后的财务省不再承担金融机构的监管职能，转而由新成立的金融厅负责管理。
[4] 加藤雅『規制緩和の経済学』東洋経済新報社、1994、212 頁。

融市场内部的竞争，扩大了投资者的选择范围，并构建了"公开、公正、透明"的金融体系。

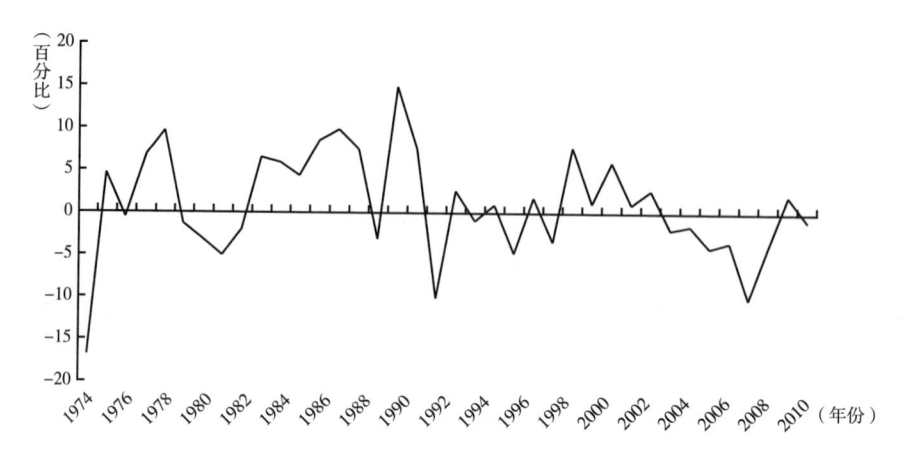

图6-3　1974~2011年日本金融业全要素生产率增长率变化情况

图6-3为1974~2011年日本金融业全要素生产率增长率变化情况。20世纪80年代实施金融规制改革后，金融业全要素生产率增长率有限制地提高了，1980~1990年金融业的全要素生产率平均水平为4%，远高于1974~2011年的平均水平0.9%。在实施金融大爆炸改革后的1996~2003年，金融业的全要素生产率的平均水平为1.6%，也高于1974~2011年的平均水平。这表明在实施了金融业规制改革后，金融业的全要素生产率提高了。

2. 电信业规制改革

电信业长期以来受日本政府的控制，主要通过日本电信电话公社（NTT）和国际电信电话株式会社（KDD）分别对国内和国外通信进行管理。但国际通信技术的日益发展以及对通信服务需求的持续增加，促使日本政府对电信业进行规制改革，其主要过程是通过向电信业导入市场机制，打破垄断局面，促进竞争，提高服务效率，以达到改善通信服务供给的目的。

从20世纪80年代中期起，日本政府开始实施电信民营化，推动电信产业市场化改革。1985年日本政府废止了《公众电气通信法》，并以《NTT公司法》《KDD公司法》和《电气通信事业法》替代。[①] 但是这些法案实际上

---

① 奥野正寛・鈴村興太郎・南部鶴彦・等『日本の電気通信：競争と規制の経済学』日本経済新聞社、1993、52頁。

对市场准入、资本规制、外资规制都有严格的规定，没有实现完全的市场自由化。例如，《电气通信事业法》中规定对于"第一种事业者"①采取许可制，给予邮政省相当大的裁量权，邮政省可依据"需求调整条款"和"防止过剩条款"决定企业可否成为"第一种事业者"。因此，也有人指出这次改革不仅没有减少规制，反而增加了规制。② 20世纪90年代以后，由于电子计算机技术、网络通信技术的急速发展，80年代的市场化改革不能够完全适应当前市场的需要，因此日本政府于1997年再次大幅度调整电信业规制，废除《电气通信事业法》中饱受争议的"需求调整条款"和"防止过剩条款"，调整市场准入和经营范围限制，推动电信市场的全面市场化。③

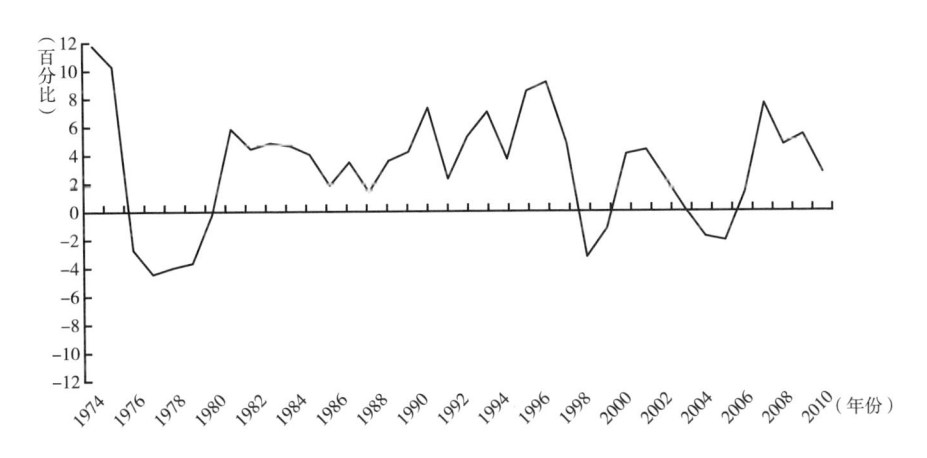

图6-4 1974~2011年日本电信业全要素生产率增长率变化情况

图6-4为1974~2011年日本电信业全要素生产率增长率变化情况。20世纪80年代实施规制改革后，日本电信业全要素生产率增长率水平为3.4%，高于1974~2010年全要素生产率的平均水平，说明这一时期的规制改革对全要素生产率的提升起到了一定作用。此外，根据奥野正宽等的测算，电信业全要素生产率增长率从1977~1982年的0.26%，提高到了规制改革后的5.08%，说明电信业规制改革极大地推动了日本电信业全要素生

---

① "第一种事业者"指可以自己铺设通信网线，并用其提供服务的电信公司，第二类事业指利用"第一种事业者"的网线提供服务。
② 加藤雅『規制緩和の経済学』東洋経済新報社、1994、142頁。
③ 刘轩：《日本电信产业组织的规制改革》，《现代日本经济》2009年第5期，第36~40页。

产率的增长。① 而在1997年实施进一步的规制改革后，由于受到网络泡沫冲击的影响，电信业全要素生产率在一段时间内出现了下降，到2008年则恢复到7.6%的水平。总体看来，日本政府通过实施通信产业的规制改革，向电信业市场导入了市场机制，提高了电信业的服务效率，促进了电信业全要素生产率的增长。

3. 零售业规制改革

包括烟酒、大米等商品销售在内的零售业在日本经济中占有重要地位，根据中西泰夫所测算的多马权重②，2000年日本批发零售业占经济总量的18.91%。③ 因此，通过规制改革提高零售业的经营效率是一个非常重要的课题。

长期以来，日本政府通过颁发许可证对大米、烟酒、挥发油的销售进行规制。而大规模店铺的设立则受到于1973年颁布实施的《大店法》④ 管制，根据该法规定设立规模在500平方米以上的店铺时不仅要向通商产业大臣提出申请，而且还要接受大规模店铺审议会的调研，考察其对周边中小零售商的影响。据调查数据显示，在1989年从申请设立大规模店铺到最终审批所需要的时间长达34个月。⑤ 虽然日本政府于1992年对《大店法》进行了调整，废除了"商业活动调整协议会"，简化了审批手续，缩短了审批时间，但这没有从根本上消除对于零售业的参与限制。《大店法》造成新企业进入零售业的巨大的交易成本，使其成为既有大规模百货商店维持垄断地位的有效手段，而对于中小零售商来说，《大店法》则成为他们的保护伞，避免了被激烈的市场竞争所淘汰的命运。而消费者则最终为此买单，承受高昂的商品零售价格。

20世纪90年代以来，根据"日美框架协议"以及来自美国方面的压力，日本政府开始调整对于零售业的经济规制。⑥ 随着规制改革的推进，

---

① 奥野正宽・鈴村興太郎・南部鶴彦・等『日本の電気通信：競争と規制の経済学』日本経済新聞社、1993、185頁。
② 多马权重：产业生产总值/经济总产值。
③ 中西泰夫・乾友彦「規制緩和と産業のパフォーマンス」深尾京司・宮川努『生産性と日本の経済成長：JIPデータベースによる産業・企業レベルの実証分析』東京大学出版社、2008。
④ 《大规模零售店法》的简称。
⑤ 産業構造審議会流通部会『中小企業政策審議会流通小委員会合同会議』内閣府、1994。
⑥ 田島義博『規制緩和—流通改革ヴィジョン』日本放送出版協会、1995。

1998年日本政府通过了《大店立地法》，不再对新设立店铺的面积进行限制，减少了新企业进入批发零售业的交易成本，该法最终于2000年颁布实施，同时废除了《大店法》。此外，在大米销售方面，日本政府于1995年废除了《粮食管理法》，代之以《粮食法》，开始逐步允许农民自主销售大米。2004年，日本政府进一步修改了《粮食法》，取消了"计划内流通米"和"计划外流通米"的区别，取消了对大米价格浮动的限制，实现了大米贩卖市场的自由化。①

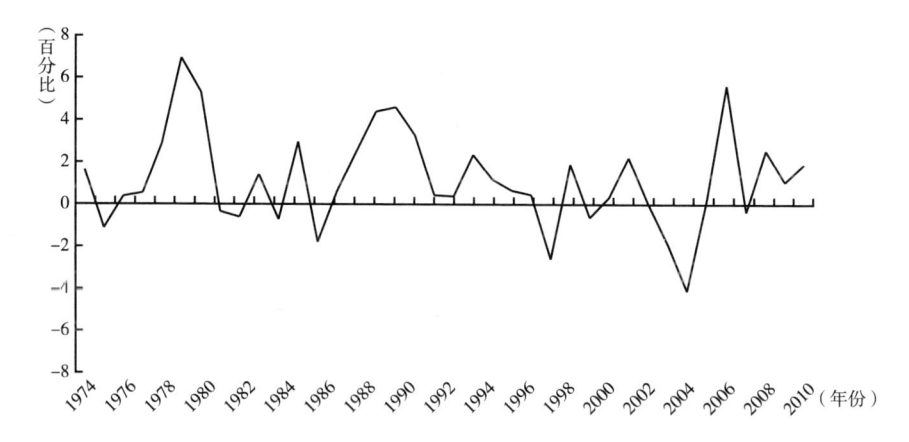

图6-5　1974～2011年日本零售业全要素生产率增长率变化情况

从图6-5可以看出，《大店法》废除后，2002年零售业的全要素生产率增长率为2.2%，高于1974～2011年的全要素生产率平均水平1.1%，虽然2003～2004年出现了阶段性的下降趋势，但在2007年之后迅速恢复增长，并且增长率维持在2%左右，这说明日本零售业的规制改革推动了零售业全要素生产率增长率的提高。

4. 医疗业规制改革

日本的人口老龄化问题日益突出，人口结构中老年人所占的比重逐渐增大，因此对于医疗服务的需求也日益增强。日益增长的医疗费成为日本财政的沉重负担，因此在抑制医疗费过快增长的前提下，实现医疗服务供给的增长，就成为日本政府的重要课题，在资本和劳动投入受限的情况下，提高全

---

① 農林水産省『主要食糧の需給及び価格の安定に関する法律等の一部を改正する法律』農林水産省、2014。

要素生产率成为日本医疗业规制改革的重点。

小泉内阁通过对医疗业进行新自由主义市场化改革，引入市场竞争机制以提高生产效率。小泉内阁提出的新自由主义的医疗改革措施主要有以下几点：①全面解除对混合医疗（保险诊疗和自由诊疗的组合）的限制；②全面解除股份制公司经营医疗机构的限制；③解除医疗机构和保险人直接签署合同的限制。① 除①实现了部分自由诊疗之外，②和③都受到了日本医师会及相关医疗团体的强烈反对，改革难以进行。

在市场化改革受挫的情况下，为提高全要素生产率，2012年年末上台的安倍内阁实施了促进医疗行业的技术进步的规制改革措施。其主要措施有：①设立药品和医疗设备价值判断制度，以判断新产品的创新价值；②对于在日本开发的新药品和医疗设备，给予其提高营业利润率以及资金支持等鼓励措施；③对于新药以及新型医疗设备的价格设定，在价格计算方法上进行革新，并疏通和厚生劳动省的沟通渠道，实现信息的及时传导。④促进医用检查药向一般检查药的转换。由药品制造商直接提出转换申请，缩短申请办理手续的时间，简化申请手续，提高审批效率。因此，日本的医疗业规制改革的过程可以归纳为由市场化改革转向促进技术进步的改革。②

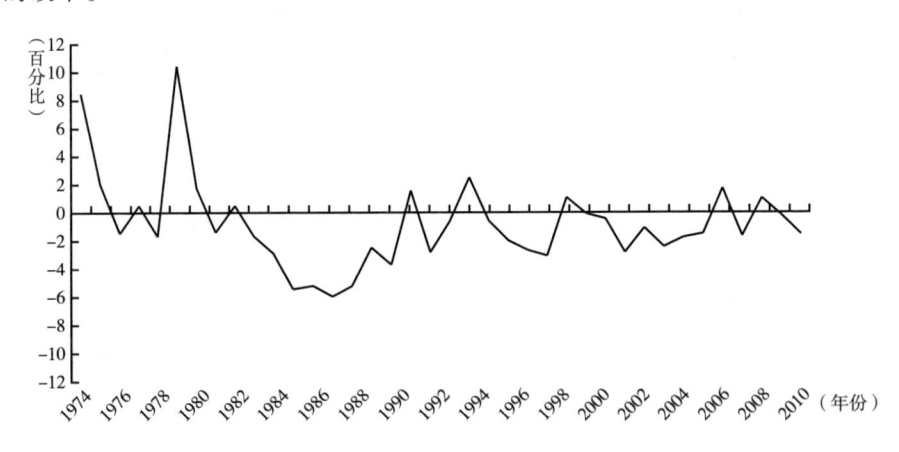

图6-6　1974~2011年日本医疗业全要素生产率增长率变化情况

---

① 二木立「小泉・安倍政権の医療改革——新自由主義的改革の登場と挫折」『月刊保険診療』12号、2007、113-121頁。
② 内閣府『平成26年規制改革実施計画』内閣府、2014。

从图 6-6 可以看出，20 世纪 80 年代日本医疗业要素投入迅速增加，全要素生产率增长率出现了明显的下降，在整个 20 世纪 80 年代日本医疗业的全要素生产率增长率都处于较低水平，最低时甚至达到 -6% 左右。此后在 20 世纪 90 年代，虽然全要素生产率增长率水平较 20 世纪 80 年代有所提高，但仍维持在 0% 左右。而后在小泉内阁执政的 2001～2006 年日本医疗业的全要素生产率增长率出现了上升趋势，从 -0.4% 提升到了 -0.1%，这表明小泉内阁时期推动的医疗业市场化改革对于全要素生产率增长率的提升起到了一定的推动作用。

综上所述，日本政府的规制改革推动了包括金融、电信、零售、医疗在内的服务行业的全要素生产率的增长。市场取向的规制改革，实现了资源分配主体从政府向市场的转换。规制改革完善了日本的经济体制，为日本经济的长期可持续增长奠定了制度基础，形成了潜在的经济效率，一旦日本经济恢复自律增长，规制改革的效果将会得到体现。

二 日本传统经济体制与全要素生产率

企业雇佣制度、金融制度以及政府与企业的关系是经济制度的三个重要方面。本书分析了战后日本的雇佣制度及雇佣制度对全要素生产率的影响；通过理论模型和实证数据，证实了融资约束阻碍了日本企业生产率的提高；通过关系型治理理论，分析了日本的治理结构，提出了日本实施规则型治理结构改革的必要性。

（一）传统经济体制的主要构成与特征

通过战后改革，日本确立了以市场经济为主的经济体制，但不同于美国和欧洲等传统工业化国家的是市场经济的主体虽然是私人企业，但是政府在日本的经济活动中也起到了一定的作用，从而形成了具有日本特色的市场经济制度。下文从以下几个方面分析战后日本经济制度的特征。

1. 日本传统经济体制的主要特征

政府与银行的关系。日本政府为促进经济发展，需要维持一个稳定的金融系统。为此，日本政府与银行建立了紧密关系，通过设置准入障碍，限制新银行的设立，并通过"护送船舰方式"，政府作为最后的贷款人，保证储户的存款安全，同时避免了挤兑现象的出现。日本政府通过对银行进行信用背书，建立了稳定的金融系统。此外，日本政府通过"窗口指导"等方式直接对银行的经营进行调控，进一步控制日本的金融系统。由此，在高速增长时期，日本政府得以通过控制金融系统实施"人为的低利率"，限制银行间在存款利率上的竞争，将存款利率水平一直维持在较低水平，这不仅为银行提供了稳定的获利空间，并且降低了企业的贷款成本。①

银行与企业的关系。与美国的金融系统不同，日本企业的主要融资来源是银行，因此与美国的金融系统进行比较时，会发现日本的金融系统具有间接金融的特征。② 因为企业资金的主要来源是银行，所以银行在给企业进行贷款时，在事前、事中以及事后三个过程中对企业的经营情况起到监督作用，取代股东，成为企业实际上的生产经营的监督者，这一特殊的企业与银行之间的关系，被青木昌彦称为主银行制度。③ 企业和银行之间具有紧密的联系，成为日本金融制度上的一大特征。企业和银行之间的紧密关系对于日本在战后实现快速增长有着重要作用。主银行制度降低了企业的交易成本，企业能够更快地引进先进技术，对于工业化的实现有着巨大的促进作用。但是，银行对于企业的监控使得企业丧失了一部分创新的自主性，并且使得企业不能根据市场的要求进行相应的创新，从而对经济整体的创新过程起到了抑制作用。

政府通过与银行保持紧密的关系，一方面保障了金融市场的稳定，另一方面有效地控制了金融市场，从而使得金融政策得以有效实施，实现了日本对发达国家的赶超。

企业与企业的关系。日本企业之间的关系最突出的特征是维持着长期稳定的交易关系。在日本的石油化学、汽车等制造业之中，处于产业链上游的中小企业和处于产业链下游的大企业之间，通过维持长期稳定的交易关系，形成了系列承包体系。一方面，长期交易关系的存在，使得承包商得以进行特定资本设备投资，以满足发包商的需求，而另一方面，发包商的生产成本得以降低，整个产业的竞争力得到提升。

---

① 高山憲之『日本の経済制度経済政策』東洋経済新報社、2003、9頁。
② 蠟山昌一『日本の金融システム』東洋経済新報社、1982、14頁。
③ 青木昌彦：《比较制度分析》，周安黎译，上海远东出版社，2001，第242页。

企业中雇主与雇员的关系。日本雇佣关系的特点可以总结为以下三点，即长期雇佣、年功序列以及企业内工会，并且这三者之间具有互补关系。正如小岛指出的："日本的经济制度是基于长期交易关系所形成的，其相应的制度是为了消除委托代理关系中的交易成本。"[①] 企业之间的交易是长期的，这导致企业对于员工的特殊技能的要求上升，企业为培养员工的特殊技能，需要与员工维持长期雇佣关系，因此就需要配合采取年功序列的工资发放形式，在员工年轻时给予较低的工资，而在员工年长时给予较高的工资，并且与其生产率成反比。而企业内工会通过与企业管理层博弈，在帮助员工提高工资水平的同时，也起到维持基本雇佣数量的作用。

日本企业的雇佣制度，一方面虽然保障了日本企业的劳动力雇佣，但是另一方面也限制了劳动力市场的流动性。因此，有必要在此详细分析日本的企业雇佣制度对全要素生产率的影响。

在经济高速增长时期，基于长期交易关系，日本式的经济制度有效地促进了经济增长，降低了交易成本。但是自20世纪80年代中期起，金融自由化开始后，政府控制银行的能力下降，而企业通过在国外发行债券等方式融资，对于主银行的依赖程度降低，一方面使得日本式的经济制度的效率下降，另一方面，也使得日本式的经济制度本身出现了动摇，系列承包制度以及企业的终身雇佣等制度都受到了不同程度的影响。

2. 日本企业雇佣制度的主要特征及其对全要素生产率的影响

日本企业的雇佣制度具有以下几个特征。第一，与其他国家相比，日本的雇佣制度有着更强的长期雇佣倾向。第二，日本的雇佣制度具有年功序列的倾向，在员工工作初期给予较少工资，随着员工工作年数的增长，其工资也随之增长。此外，日本提升工资的决定制度也与欧美国家不同，日本并非根据员工所担任职务的位置本身决定工资的高低，而是根据职务的执行能力决定工资的高低，职务的执行能力越高，工资水平也相应越高。除了依据职务的执行能力之外，日本的公司还实行定期提升工资制度，在每年的一定时期，都会固定地提升所有员工的工资。第三，与其他国家相比，在日本企业

---

① K. Kojima, "Japanese corporate governance: An international perspective", Research Institute for Economics and Business Administration, Kobe University, 1997.

晋升更加困难。① 值得注意的是，以上这些雇佣方面的特征，主要体现在日本大企业对正式员工的雇佣方面，非正式员工的临时雇佣以及中小企业的雇佣方式则表现出更加灵活的特征。

日本的企业雇佣制度在经济高速增长时期，促进了技术吸收，提高了日本的全要素生产率。从企业的角度看，终身雇佣方式保持了生产所需要的人员的稳定，而根据职务的执行能力给予工资水平的激励方式则提高了雇员的工作能力，从而能够更好地吸收引进的技术，提高生产率。同时，随着员工的生产率的提高，定期增加员工工资的方式提升了员工的工资水平，在进一步促进员工工作积极性的同时，还提高了员工的购买力，促进了社会总需求的增长，从而形成了生产率提高、员工工资提高、社会总需求提高的良性经济循环。

日本企业的雇佣方式决定，员工一旦被雇用，其所从事的工作内容并不被职务所限定，而是根据企业的要求，从事所有与企业要求相关的工作，从而形成了员工从事工作内容广泛的特点。根据企业的要求，员工通过各种方式积极完成工作，有助于员工跟上时代的发展，从而提高企业的技术能力，促进全要素生产率水平的提高。

20世纪60年代以后，日本人口红利逐渐消失，劳动力进入慢性短缺的状态，而日本式的雇佣方式有助于留住相关的劳动人口，并通过企业内部培训的方式提高雇员的劳动技能，这对于提高生产技术水平，积极学习生产技术知识，是有着极大的促进作用的，而这也推动了全要素生产率水平的增长。

日本的雇佣制度在高速增长时期有效地促进了技术的引进，但是在20世纪80年代之后，随着贸易自由化和金融自由化的发展，日本的企业雇佣制度转而成为限制劳动力市场的障碍，从而阻碍了全要素生产率的提高。如前文所述，日本式的雇佣方式的基础在于企业间的长期交易关系，而这一长期交易关系受到了金融自由化以及贸易自由化的影响，日本的企业雇佣制度不再能够带动社会需求的增加，促进生产率提高的作用也随之减小。

20世纪80年代之前，日本的雇佣人数调整和经济景气情况之间的关系

---

① 寺西重郎『日本の経済システム』岩波書店、2003。

不大，而在 20 世纪 80 年代之后，日本的雇佣人数调整和经济景气情况之间的关系则变得日益紧密，说明 20 世纪 80 年代之前以终身雇佣为代表的日本式的经营管理方式发挥了重要作用，维持了雇佣人数方面的稳定，而在 20 世纪 80 年代之后，日本式的经营管理方式发生了变化。[1]

在 20 世纪 80 年代之后，随着金融和贸易自由化的进行，以及世界经济形势的变化，原本支持日本经济增长的日本企业的雇佣制度却成为限制日本经济增长的障碍。

一方面，在经济高速增长时期，日本企业的人员雇佣由对于未来经济增长的预期决定，而非现实中的经济循环情况，从而出现了日本雇佣人数与经济景气情况的关系不大的情况。而在泡沫经济崩溃之后，日本的雇佣制度使得日本企业并不根据经济景气情况调整雇佣人数。在经济下行时，企业无法有效地调整雇佣人员的数量，导致雇佣人数过多，不仅影响了企业的生产效率，而且增加了企业的财务负担，使得企业全要素生产率增长受到阻碍。

另一方面，日本的企业雇佣方式限制了人员的流动，抑制了人力资源的有效配置，从而阻碍了日本全要素生产率的提高。与欧美国家以外部劳动市场为主要的劳动力来源不同，日本企业的劳动力主要来自企业内部的劳动力市场。日本企业通过长期雇佣制度，对企业雇员进行培训，从而将雇员培养为企业所需要的人才，继而在形成的企业内部的劳动力市场中选择所需要的人才。[2] 这种雇佣方式导致了两个问题。第一，企业雇员的劳动场所被限定在特定的企业之中，其流动性受到限制，当雇员的劳动能力与企业的需求发生错配时，企业难以进行及时的调整，降低了效率，从而抑制了全要素生产率的提高。第二，企业通过对员工培训，使得员工获得了在企业内的特定劳动技能，而这些技能有时只能应用于特定企业，对于其他企业或行业而言这些技能可能是无用的，从而增加了雇员向其他企业流动的成本，抑制了劳动力市场的流动性。

日本内阁府对日本和美国的雇佣调整速度进行的一项调查显示，与美国相比日本具有以下两个特点：第一，雇佣调整相对生产调整而言变动幅度较

---

[1] 平野泰朗『日本的制度と経済成長』藤原書店、1996、60 頁。
[2] 佐口和郎「日本の内部労働市場」吉川洋・岡崎哲二『経済理論への歴史的パースペクティブ』東京大学出版会、1990。

小；第二，雇佣调整相对生产调整而言具有一定的滞后性。① 篠塚英子和石原惠美子②、中村二郎③运用雇佣函数，分析了日本和美国的雇佣调整速度，结果发现美国的雇佣调整速度要远高于日本。由此可见，日本式雇佣方式导致日本的雇佣调整速度要低于美国。

综上所述，日本式的雇佣方式虽然在经济高速增长时期推动了日本全要素生产率的提高，但是在泡沫经济崩溃之后，则成为日本进一步提高全要素生产率的障碍。

（二）传统经济体制中的关系型治理结构

作为一种制度上的特征，关系型治理结构可以很好地总结日本战后经济发展中的制度特点。虽然日本在明治维新后建立了完整的法律制度体系，以及规范的市场制度，但是传统上日本的经济体制具有区别于典型市场经济的特征，因此有必要从关系型治理结构的角度分析其对日本全要素生产率的影响。李（Li）是关系型治理理论的开创者，首先采用了博弈论的方法，运用关系型治理模式理论分析了东亚的经济奇迹，以及1997年的亚洲金融危机。④ 下文依据其主要观点，进一步分析关系型治理结构，以及其对经济增长和全要素生产率增长率的影响。

1. 关系型治理结构与规则型治理结构

在关系型治理结构下，政府、银行以及企业集团之间形成了紧密的关系，在经济规模较小的情况下，交易成本下降，促进了经济发展。但是随着经济规模的日益扩大，需要处理的关系增多，导致交易成本的上升，成为阻碍经济增长的因素。关系型治理结构具有以下特征。

其一，合同主要为非书面合同。这些合同的执行力来源并非法院，而来自于交易者之间的关系。如果交易者单方面背弃合同，虽然能获得一时的利

---

① 島田晴雄・細川豊秋・清家篤「賃金および雇用調整過程の分析」『経済分析』84号、1982、1 - 106頁。

② 篠塚英子・石原恵美子「オイル・ショック以降の雇用調整——4カ国比較と日本の規模間比較」『日本経済研究』6号、1977、39 - 52頁。

③ 中村二郎「我が国の賃金調整は伸縮的か」猪木武徳・樋口美雄『日本の雇用システムと労働市場』日本経済新聞社、1995。

④ J. S. Li, "Relation-based versus Rule-based Governance: An Explanation of the East Asian Miracle and Asian Crisis", *Review of International Economics*, Vol. 11, No. 4, 2003, pp. 651 - 673.

润，但是在长期连续的博弈过程中，这会导致此后的交易收益为零，从而促使交易者遵守合同。

其二，在关系型治理结构中，政府、银行和企业之间存在着紧密的关系。政府通过和银行之间的关系间接地影响企业，企业为了自身的利益最大化或者获得融资渠道，也会积极与政府和银行之间建立联系。政府通过银行系统或其他中间组织和企业之间进行信息交换，这能够纠正市场的缺陷，促进经济发展。由于关系型治理结构所需固定成本低，后发展国家倾向于在经济发展初期选择关系型治理结构。与此相对的是规则型治理结构。规则型治理结构通过法律条文，清晰界定参与合同人的权利与义务，并通过法院、会计、核查、公证、评级机构等法律部门监督合同的执行。立法部门、司法部门、行政部门之间形成了相互监督机制，私人产权受到保护。市场交易的参与者形成关于交易规则的公共知识，并以此为基础形成稳定的纳什均衡，主动遵守交易的相关规则成为市场交易者的最优选择。法院等相关执法机构的存在保证了合同的顺利执行。但是规则型治理结构需要进行大规模的固定投入，以确保法院、稽核等部门的运转，而这对于后发展国家而言，在经济发展初期难以实现。

在关系型治理结构下，合同的实施并不依靠国家的强制力量，而来自于私人监督。当经济规模较小、市场的参与者较少时，其交易成本较小，私人监督的成本较低，因而关系型治理结构能够得到有效运转。但是，随着市场经济规模的扩大，市场参与者需要处理的关系呈几何倍数增加，私人监督的成本会大幅度提高，此时维持关系型治理结构的成本增加。与此相反，维持规则型治理结构的成本随着市场参与人数的增加，其平均成本则会逐渐下降。市场规模越大，维持规则型治理结构的成本则越小。

2. 日本的关系型治理结构特征

日本是一个后发展国家，在日本经济的发展过程中，其治理结构具有很多关系型治理结构的特点。

首先，在政治层面，日本自民党在战后长期处于一党执政的地位，除去1993~1996年以及2009~2012年这两个时期，日本自民党一直持续执政至今。与战前明治宪法下，行政和官僚部门的对立关系不同，在自民党长期执政下，政府和企业也形成了紧密关系，政府官员通过"下凡"等方式直接进入企业的管理层，政府和企业紧密联系。[1] 日本政府对于特定产业设置了准入门槛，限制了这些产业的自由参与，促进了政府与企业之间的关系发展。

其次，在金融领域，日本形成了以银行为中心的间接金融体制，企业的主要融资渠道源自银行，而非股票市场。由于主银行制度的存在，日本的银行通常和企业集团之间形成紧密的关系，一个企业集团通常围绕一个主要的银行形成。瑞穗银行、三井住友银行以及三菱 UFJ 银行这三大银行成为日本金融领域的主要控制者。

再次，在产业方面，日本的汽车、电子设备、机械制造等产业通常具有寡头垄断的产业组织结构。以这些寡头垄断的大企业为中心，形成了金字塔形的系列承包体系，大企业和中小企业之间会进行频繁的信息交换，并且维持了长期稳定的交易关系。中小企业的主要交易对象就是这些寡头垄断的大企业，因而中小企业也具有和大企业建立紧密联系的动机。

最后，相对于欧美的规则型治理模式下的合同，日本的合同有时是不透明的、非书面的，不受到法院等国家权力机构的监督，并且是在私人监督的前提下得以实施的。譬如，依据大企业和中小企业之间的长期稳定的交易关系，大企业和中小企业之间并没有明文规定的合同要求中小企业必须维持和大企业之间的交易关系，但是受到交易习惯的影响，大企业和中小企业会遵守既定的规则，而这些规则并非用文字以合同的形式表现出来，而更类似于私下的契约关系。

因此，在战后日本经济发展时期，日本的社会经济制度具有自民党的长期执政、主银行体制以及寡头垄断特征的企业集团等制度特征。日本的合同所具有的不透明性以及政府、银行、企业三者之间的紧密联系，符合之前关系型治理结构的理论描述。

日本在战后追赶欧美的过程之中，关系型治理结构发挥了重要作用。政府、银行以及企业三者之间的紧密联系降低了交易成本，成为日本实现快速增长的重要因素。当市场规模较小时，市场参与者间的交易能够通过长期交易实现，但是随着市场的扩大和处理关系数量的增多，关系型治理结构的交易成本随之上升，关系型治理结构模式不再具有交易成本较低的优势，规则

---

[1] 北冈伸一『日本政治史：外交と権力』放送大学教育振興会、1989。

型治理结构的优势反而凸显出来。① 日本在20世纪80年代进行了金融自由化,企业不再依靠银行融资,政府也不再能够通过"窗口指导"等方式控制银行,因而主银行体制被弱化,关系型治理结构的成本问题逐步显现出来。

在泡沫经济崩溃之后,不良债权等一系列经济结构方面的问题成为遏制日本经济发展的桎梏。② 引导日本发展的关系型治理结构已经不适合这个时期的经济情况,并且随着交易范围的扩大,关系型治理结构也愈发难以维持下去。因此,日本推出了经济结构改革等一系列改革,试图改变长期以来依赖的关系型治理结构。

3. 日本关系型治理结构的实证检验

以下采用二阶段最小二乘法分析日本的经济增长和关系型治理结构之间的关系。在进行最小二乘回归时,一个基本的假设是解释变量与扰动项不相关,但是解释的遗漏导致解释变量与扰动项相关,从而使估计方法出现偏差。因而需要采用一组工具变量,首先对模型的解释变量回归,再用第一阶段所获得的估计结果与被解释变量回归,采用这种方法就可以获得一致估计量,避免估计误差的出现。在分析中,所采取的一组工具变量分别为日本自民党的政治资金、企业间相互持股比率以及政府对银行的补助。这三个变量都是反映日本关系型治理结构的工具变量。

(1) 工具变量的选择

第一个工具变量为日本自民党的政治资金。由于自民党长期执政,企业集团为处理好与政府之间的关系因而倾向于向自民党提供政治献金。日本自民党的政治资金的一个重要来源就是企业集团的捐赠。1994年之后随着政党补助金的引入,政治资金的来源又增加了政党补助金这一项。③ 政治资金集中体现了日本政党和企业之间的紧密关系。企业通过对自民党的捐赠,能够巩固其自身与自民党之间的关系,从而实现自身利益最大化的经济目标。因此,政治资金这一变量可以衡量日本的政党与企业之间的关系趋势。图6-7反映了日本自民党政治资金数额的变迁情况。

---

① 中林真幸『日本経済の長い近代化:統治と市場、そして組織1600~1970』名古屋大学出版社、2013、4頁。
② 伊藤修『日本の経済:歴史・現状・論点』中央公論新社、2007、86頁。
③ 曲静:《战后日本政治资金研究》,南开大学日本研究院,2013。

日本全要素生产率研究

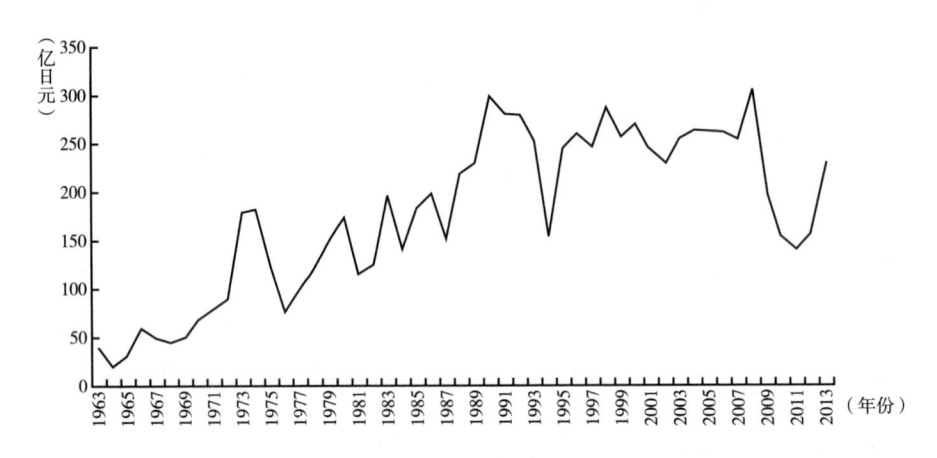

图 6-7　日本自民党政治资金数额的变迁

资料来源：日本总务省政治资金专栏。

政治资金这一变量，能够很好地显现出日本政企之间的关系。企业集团通过政治资金等方式可以影响政府的经济政策，从而获得有益于企业集团自身发展的政府投资。而且，政治资金这一经济变量与模型误差项的关系极小，非常适合作为一个工具变量。

从图 6-7 可知，在日本泡沫经济崩溃之前，政治资金快速增长；在泡沫经济崩溃之后，受到经济不景气的影响，企业的政治献金逐渐减少，并在 2009 年后出现一个较大幅度的下降。受 1994 年引入的政党补助金影响，企业的政治献金占自民党政治资金的比重有所下降，但相对于其他党派来说自民党的企业政治献金来源仍然是最高的。

第二个工具变量是企业间相互持股比率。相互持股是日本企业集团的重要特征，企业之间的相互持股保证了股东所有权的稳定。一方面，企业之间的相互持股保证了企业之间的沟通渠道，减小了交易成本；另一方面，也体现出了关系型治理结构的特征。相互持股是维持企业间关系的重要手段，并将企业紧密地联系在一起，因而信息交换渠道更加通畅，同时隐性的合同也更容易达成。

相互持股是日本企业集团形成紧密关系的重要渠道，同时也就成为日本关系型治理结构的重要表征。企业集团内部各成员的关系越紧密，则企业集团整体所具有的影响力也就越大，因此政府在进行经济决策时，也就不得不考虑企业集团整体的利益，强大的企业集团有助于获得更为优待的贷款利率和更多的政府投资。因此，相互持股比率是一个合适的工具变量，可以反映出日本的关系型治理结构这一特点。图 6-8 反映了日本企业相互持股比率变迁情况。

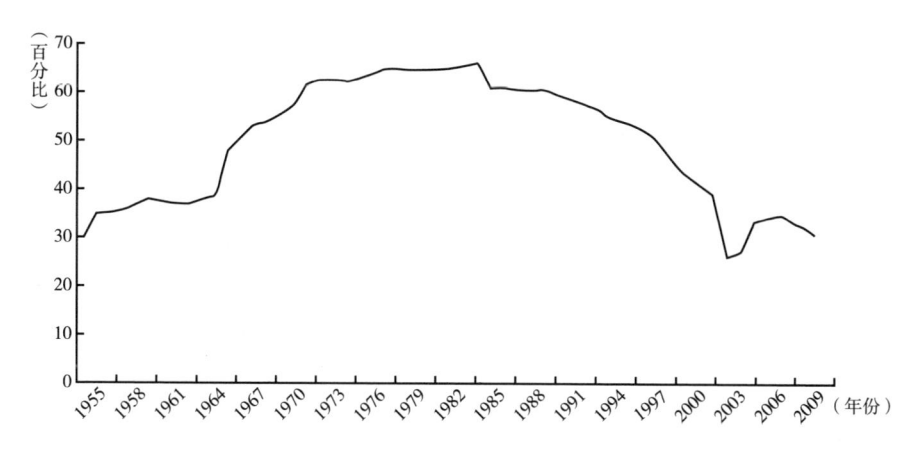

图 6-8 日本企业相互持股比率变迁

资料来源：宫岛英昭（2015）。[①]

从图 6-8 可以看出，在泡沫经济崩溃之前，日本的相互持股比率[②]出现了大幅度上升，从 30% 上升到了近 70%，这说明在日本经济发展时期，日本的企业之间持股比率上升，企业间的联系作用增强，表明这一时期日本的关系型治理结构占有重要地位。但是在 1990 年日本泡沫经济崩溃之后，日本的股权所有结构发生了根本性变化，相互持股比率从近 70% 重新下降到 30% 左右，企业间的持股比率下降，外国人的持股比率上升，关系型治理结构出现了变化，关系型治理结构的特点逐渐消失。

第三个工具变量是政府对银行的补助。政府通过对银行的补助巩固了政府和金融机构之间的关系，是日本关系型治理结构的重要组成部分。政府通过对银行的补助控制银行，而银行则进一步和所属企业集团发生交易关系从而形成完整的关系型政府交易结构。图 6-9 反映了日本政府对银行补助金额的变迁。

[①] 宫岛英昭・新田敬祐「株式所有構造の多様化とその帰結：株式持ち合いの解消・「復活」と海外投資家の役割」『RIETI discussion paper』2015。
[②] 相互持股比率是指都市银行、生命保险、其他金融机构以及事业法人的所持股份占企业法人股份的比率。

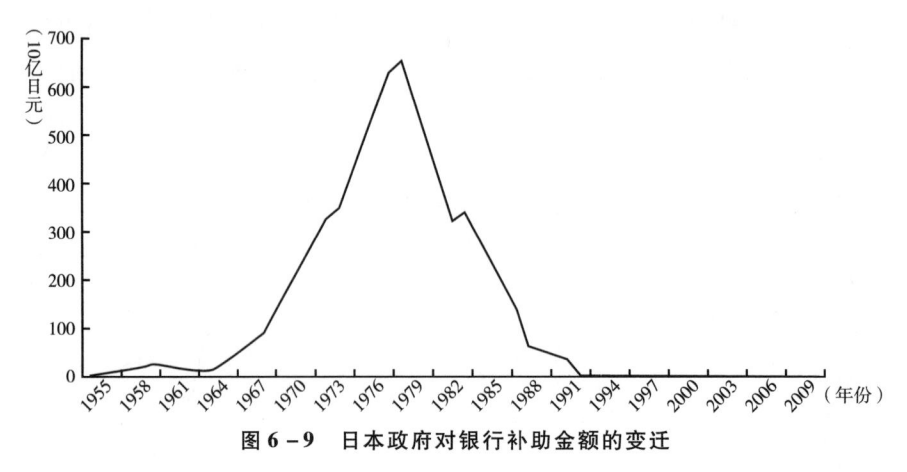

日本全要素生产率研究

图 6-9 日本政府对银行补助金额的变迁

资料来源：青木昌彦（1996）[②]。

从图 6-9 可以看出，1965 年以后日本加大了对于银行的补助[①]，而对银行的补助到 20 世纪 80 年代前期开始出现下降，最终在泡沫经济崩溃后趋于消失，这种变迁情况体现了日本关系型治理结构的变迁。这表明日本政府对于银行的控制能力在 20 世纪 80 年代前期最强，而其后随着金融自由化的进行，日本政府对银行的控制能力下降，日本的商业银行独立性增强，政府与银行之间的关系变弱，此前政府通过银行间接控制企业集团的行为逐渐失去了存在的地位，随着经济的发展日本的关系型治理结构的成本逐渐升高。

（2）实证模型的设定与实证结果分析

实证模型形式如下所示：

$$\ln GDP = \ln GTM + \varepsilon_t \tag{6-2}$$

通过以上分析，明确了需要使用的工具变量。将这些工具变量用于 6-2 式，并使用二阶段最小二乘法进行回归分析之后，所得结果如表 6-4 所示。

[①] 通过差值法补充所缺数值。

[②] 青木昌彦・ヒュー・パトリック『日本のメインバンク・システム』東洋経済新報社、1996。

表6-4　二阶段最小二乘法回归结果

	1965~1989年	1990~2013年
	lnGDP	lnGDP
lnGTM	0.90 (62.5)***	0.10 (1.58)
IV	lnpc；lnse；lnfc	lnpc；lnse；lnfc
R^2	0.99	0.12

注：括号中表示t值；*** 表示在1%的显著性水平下显著。

在6-2式中，lnGDP表示日本GDP的对数值，lnGTM为日本政府支出的对数值，工具变量分别为：lnpc为自民党政治资金数额的对数值、lnse为企业间相互持股比率的对数值，lnfc为日本政府对银行的补助的对数值。

通过表6-4的分析结果可以看出，1965~1989年的日本经济增长时期，日本政府财政支出有效地促进了经济增长，说明自民党政治资金、企业间相互持股比率以及政府对银行的补助较好地解释了经济增长。因而在这一时期关系型治理结构有助于日本的经济增长，日本经济在关系型治理结构之下实现了经济高速增长。但是在泡沫经济崩溃之后的1990~2013年，政府支出不再是解释经济增长的有效解释变量，说明通过之前的三个工具变量已经不能够解释这一时期日本的经济增长情况，所以说明这一时期的关系型治理结构发生改变，关系型治理结构因为成本上升的原因不再能够降低交易成本，因而成为经济增长的阻碍，从关系型治理结构向规则型治理结构的转变变得日益迫切。

以下分析关系型治理结构对日本全要素生产率的影响。以1973~2013年的日本全要素生产率增长率的对数值作为被解释变量，数据来自JIPdatabase2014。以自民党政治资金的对数值作为解释变量分析关系型治理结构与全要素生产率增长之间的关系。表6-5为6-2式的回归结果分析。

表6-5　回归结果分析

被解释变量	1973~1990年	1991~2013年
	TFP	TFP
C	-0.0001 (-0.003)	0.021 (0.235)
lnpc	0.0003 (0.304)***	-0.004 (-0.229)
	$R^2 = 0.016$	$R^2 = 0.0002$

注：括号中表示t值；*** 表示在1%的显著性水平下显著。

从表 6-5 可以看出，1973~1990 年，自民党的政治资金提高一个单位将会促进日本的全要素生产率增长率提高 0.003%。因此，在经济稳定增长时期，关系型治理结构发挥了提高全要素生产率的作用。然而，在泡沫经济崩溃后，这一关系不再显著，关系型治理结构已经无法对日本的全要素生产率增长率的提高起到作用。

关系型治理结构作为一种制度安排，在日本经济增长时期，契合了日本经济发展的需要，缓解了交易成本，促进了经济发展，对全要素生产率有着促进作用。但是随着经济的发展，经济体自身规模的扩大，所需要交涉的对象日益增多，从而致使维持关系型治理结构的成本上升，交易成本扩大，作为一种经济治理结构已经不适宜，对全要素生产率增长的促进作用也随之消失。日本需要进行从关系型治理结构走向规则型治理结构的结构改革。

（三）传统经济体制变革过程中的融资约束[①]

泡沫经济崩溃后，日本的金融系统受到了泡沫经济时期所形成的不良债权的负面影响，1997 年甚至发生了日本大型金融机构破产事件。日本政府通过包括"金融大爆炸"改革在内的一系列金融体制改革，试图改变日本"护送舰船方式"的传统金融体系，建立公开、公正的金融市场制度。但是，20 世纪 90 年代后日本经济陷入了长期低迷之中，商业银行自身为了避免破产危机的出现，对企业的贷款持谨慎态度，减少企业贷款，转而投资更为安全的国债等金融资产，商业银行"惜贷"现象严重，企业所能获得的直接融资数额下降，日本企业开始面临融资约束的问题。

受制于融资约束，企业可能会减少对于研究开发的投入，进而影响企业的生产率。因此，融资约束对企业生产效率的影响以及作用引起了众多经济学家的关注。法扎瑞（Fazzari）指出，因为受制于外部融资的限制，企业只能转为依靠企业内部资金以满足研发的资金需求。[②] 尼克尔（Nickell）则采用了计量经济学的方法，通过加入融资解释变量，实证发现外部融资将有助

---

① 本节内容曾以《融资约束对日本生产率影响实证分析》为题，发表于《中国物价》2016 年第 1 期。收入本稿时添加了部分内容并修改了部分措辞。
② Steven Fazzari et al., "Financing constraints and corporate investment", *Brookings Papers on Economic Activity*, No. 1, 1988, pp. 141–206.

于企业生产率的提高。[1] 权赫旭的分析结果指出，受融资约束的影响，日本企业的全要素生产率的提高受到了阻碍。[2] 通过回顾既有文献可知，外部融资对企业设备投资以及生产率有着负面影响已经成为学界共识。

20世纪90年代日本金融系统的融资功能下降，它已经成为影响日本金融资源配置的严重问题。日本政府为了应对金融系统危机，提升金融系统的效率，于1997年开始实施一系列被称为"金融大爆炸"的金融系统改革。[3] 以构建透明的金融体系为目标的"金融大爆炸"改革，是否改善了日本企业的融资情况，是否有助于日本企业生产率的提高，仍然需要进一步的实证分析。此外，制造业企业作为日本经济中生产效率较高的部门，在20世纪90年代后日本经济的长期低迷之中，是否面临着融资约束，也仍然需要进一步的实证分析。下文使用日本制造业上市企业的财务数据，采用面板工具变量的实证方法，探讨日本企业的融资约束是否限制了日本企业生产率的提高。

1. 融资约束理论与实证模型的引入

信息不对称以及市场不对称导致商业银行无法正确审视对于企业的融资风险，特别是在"失去的二十年"这一经济长期低迷的背景之下，日本的商业银行对企业的融资变得更为审慎，因此在此条件的制约之下，日本企业所面临的融资约束剧增，即便企业有研究开发的需求以及计划，但是在无法筹集到足够资金的情况之下，企业无法进行研究开发投资，这无疑会影响企业生产效率的提高。因而，日本企业在无法获得外部融资的情况之下，为了开发新产品以及新技术和满足研究开发投资的需求，不得不使用企业的内部资金以支持企业的研究开发。然而，使用企业的内部资金成为企业的沉淀成本，使得企业对新设备的投资以及其他研究开发投资的机会丧失，企业不仅面临较大的机会成本，而且资源配置扭曲也会导致企业的生产效率下降。在

---

[1] S. Nickell et al, "How does financial pressure affect firms?", *European Economic Review*, Vol. 43, No. 8, 1999, pp.1435-1456.

[2] 権赫旭「資金調達と企業の生産性上昇_日本企業データによる実証分析（日本大学経済学部経済科学研究所研究会［第171回］2009年11月25日平成19～20年度共同研究成果報告 90年代における日本経済の停滞と構造変化に関する実証的分析及び日本経済システム再構築に関する政策的な提言——資源配分メカニズム中心に）」『経科研レポート』35号、2010、44-46頁。

[3] 鹿野嘉昭：《日本的金融制度》，余熳宁译，中国金融出版社，2003，第30页。

融资约束的限制之下，企业对于研究开发的投资也会相应变得谨慎，因此可能会影响企业的研究开发创新成果，这同样不利于企业生产率水平的提高。如果外部融资压力得到缓解，将有助于企业缓解经营方面的问题，有利于获得更多的研究开发投资，从而提高企业的生产率。

为验证日本20世纪90年代后期的金融自由化改革，是否改善了日本企业的融资情况，日本的制造业企业是否仍然面临着融资约束，本书在参考相关文献的分析方法的基础上，使用在生产要素变量之外增加融资约束变量的回归方法，以验证日本企业的融资约束问题。根据哈里斯（Harris）的理论，如果企业受到了融资约束，则其内部现金流变量对于生产率的影响将是显著的。[1] 因此，代表融资约束的代理变量同样选取内部现金流变量，如果现金流变量是显著的，则说明企业面临着融资约束。根据上述分析，建立的实证分析模型如6-3式所示。

$$\ln Y_{it} = \alpha_{it} + \beta_{it}L_{it} + \gamma_{it}K_{it} + \omega_{it}cf_{it} + \theta_{it}X_{it} + \delta_i + \delta_j + \delta_t + \varepsilon_{it} \quad (6-3)$$

如6-3式所示，Y_{it}作为被解释变量，表示企业的生产规模。标的企业的生产效率，使用公司销售额的对数计算。L_{it}是第一个解释变量，表示企业劳动要素的投入数量，使用公司应付职工工资额的对数计算得出。K_{it}是第二个解释变量，表示企业的资本要素投入，使用公司固定资产额的对数值计算。cf_{it}是反映融资约束的关键性分析变量，反映出企业的内部现金流情况，使用公司利润与公司固定资产数额（包含折旧额）之比计算得出，为了分析方便使用其对数值。如果该变量的系数ω_{it}是显著的，则表明企业面临着融资约束；如果企业没有面临融资约束，则该系数也不显著。

为保证模型检测结果的稳定，特引入公司规模变量的滞后一期X_{it}作为稳定性检验所需的控制变量，这样可以保证模型检测结果的稳定性。由于使用的是面板数据模型，所以残差部分共有四个小项，分别为表示企业固有特征的δ_i，表示特定行业特性的δ_j，表示时间效应的δ_t以及随机误差项ε_{it}。

2. 实证分析

受到数据选取的限制，数据的实际范围为2004~2014年。日本公司的

---

[1] Richard Harris et al., "Capital Subsidies and their Impact on Total Factor Productivity: Firm-Level Evidence from Northern Ireland", *Journal of Regional Science*, Vol. 45, No. 1, 2005, pp. 49-74.

数据源自日经 NEEDS 数据库中在东京证券交易所上市的制造业企业，并排除了连续数据长度小于 10 年的样本。最终的数据集为一个平衡面板，包括 106 家上市的日本制造业企业，共包含 1803 个观测值。这 106 家公司，根据日本经济产业省的产业分类标准，分别属于食品、纺织、陶瓷、贵金属、医药制造、化工、机械、电子机械、汽车制造、精密仪器 10 个行业。由于本节的分析数据有 10 年的时间跨度、涵盖 10 个行业，所以使用了 10 个虚拟时间变量以及 10 个虚拟行业变量，以分别表示出时间和行业的特殊效应特征。各个分析变量的描述性统计如表 6-6 所示。

表 6-6 各变量的描述性统计

变量	均值	标准差	最小值	最大值
lnsale	11.4593	1.5399	7.8544	16.1973
lnK	10.4917	1.5601	7.1155	15.4001
lnL	8.5549	1.5223	5.0498	13.0755
cf	-100.9592	1101.8620	-10612.9600	2.1924

以下采取三种回归方法分析 6-3 式所表示的模型，分别采用最小二乘法、面板固定效应模型法以及二阶段最小二乘法。首先，对全体样本进行最基本的最小二乘法回归，以反映模型的基本特征。其次，最小二乘法回归中由于没有体现各企业的差异，所以存在一定的回归误差。可以使用固定效应模型，剔除个体的固定效应，以获得更准确的结果。再次，使用二阶段最小二乘法，解决解释变量的内生性问题。[①] 通过对 6-3 式的模型实施戴维森-麦金农检验（Davidson-Mackinnon 检验），其结果显著地拒绝了不存在内生性问题的原假设，这说明模型的解释变量存在内生性问题，需要采取工具变量法解决模型的内生性问题。[②]

此外，为保证模型回归结果的稳定性，对 6-3 式所示模型进行了稳定性检验，并以企业营业额规模的滞后一期作为稳定性检验的控制变量。表

[①] 内生性问题是指，由于解释变量和误差项之间的相关性，当模型中的经济变量在受到外部冲击时，解释变量和被解释变量将会被同时决定，从而导致模型的回归参数会产生偏差以及不一致的问题，影响模型的准确性。

[②] 内生性检验的结果表明，企业内部现金流这一解释变量对于随机误差项而言，可能存在相关关系。本书使用的工具变量包括资本利润率、应付职工薪酬和现金流量规模的滞后一期。

6-7展示了主要的回归结果，包含了分别使用三种方法回归的基本模型和稳定性检验的估计结果。

表6-7 面板数据的回归结果

	基本模型			稳健性检验		
	OLS	FE	2SLS	OLS	FE	2SLS
$lnL_{i,t}$	0.611 *** (0.022)	0.596 *** (0.028)	0.641 *** (0.067)	0.064 *** (0.009)	0.334 *** (0.028)	0.400 *** (0.120)
$lnK_{i,t}$	0.306 *** (0.023)	0.195 *** (0.026)	0.166 ** (0.081)	0.081 *** (0.011)	0.105 *** (0.023)	0.045 (0.099)
$cf_{i,t}$	-3.62e-07 (5.94e-07)	-7.21e-07 (5.87e-07)	0.00044 ** (0.00022)	3.84e-05 (4.12e-05)	1.58e-05 (5.10e-05)	0.00053 ** (0.00025)
$X_{i,t}$				0.861 *** (0.015)	0.451 *** (0.025)	0.545 *** (0.108)
常数项	2.607 *** (0.179)	3.238 *** (0.231)	4.223 *** (0.901)	0.196 *** (0.045)	2.312 *** (0.269)	1.382 (1.241)
观察值	1157	1157	999	1157	1157	999
DM	—	—	0.000	—	—	0.000
J	—	—	0.132	—	—	0.157

注：（1）括号中的值为标准差，***、** 和 * 分别表示在1%、5%和10%的显著性水平；（2）DM和J项均为检验结果的p值；（3）所有的模型还包括了年度和行业的虚拟变量，但为了简洁起见未于表格中列出。

从表6-7的回归结果来看，首先，不论是在基本模型还是在稳定性检验中，资本和劳动这两个解释变量的回归系数都是显著的。然而，在融资约束变量的回归系数方面，最小二乘法、固定效应模型法以及二阶段最小二乘法的回归结果则出现了不同的回归结果。根据最小二乘法和固定效应模型的回归结果，融资约束的回归系数不显著，而根据二阶段最小二乘法的分析，融资约束的回归系数则是显著的，表明企业受到了融资约束。但是，由前面的分析可知，由于二阶段最小二乘法解决了模型的内生性问题，模型的回归系数的结果更加精确，所以二阶段最小二乘法的回归结果更为可信。

所选取的工具变量为企业的资本利润率以及应付职工薪酬和现金流规模的滞后一期。这些经济变量不仅与企业的盈利能力密切相关，而且还与误差项不相关，较好地满足了与解释变量相关并且与误差项不相干的要求。此外，本书通过J统计量检验工具变量的合理性，其结果表明，接受工具变量的设定是合理的这一假设，因此在工具变量的选择上不存在过度识别问题。

因此，根据表6-7中二阶段最小二乘法的回归结果，企业的生产量与企业内部现金流之间的正向关系是显著的。如果企业内部现金流的规模扩大1%，则企业的经营规模将扩大0.0004%。这意味着企业现金流的提升，有助于企业生产经营规模的扩大，根据前面的理论，日本的制造业企业面临融资约束。受到融资约束的制约，企业不得不使用其内部资金以进行研发投资，而这一行为影响了生产率的进一步提高。

此外，通过稳定性检验，依然可以确定日本的制造业企业面临融资约束。引入企业生产规模的滞后一期作为控制变量检验模型的稳定性后，发现融资约束的回归系数依然是显著的，企业内部现金流的规模扩大1%，将会导致企业的经营规模扩大0.0005%。而这一系数相对基本的回归模型的结果而言，扩大了0.0001%，而影响方向和显著性都没有发生变化。这进一步印证了日本企业面临融资约束的这一事实。为了提高自身的生产率，企业不得不依靠自身内部的现金流资金。

3. 实证结果分析

纵使日本政府在20世纪90年代中后期进行了"金融大爆炸"改革，极大地改善了日本金融业的垄断格局，促进了金融市场的竞争。2000年后，日本央行还着力推行宽松的货币政策，采取了零利率政策、量化宽松政策等非传统货币政策，为市场注入大量的流动性。然而，通过本节分析可以得知，即便在宽松的货币政策背景之下，日本的制造业企业仍然面临着融资约束。其原因可以归结为以下两点。

第一，由于对未来经济发展持有负面预期，日本的商业银行存在"惜贷"问题。日本在泡沫经济崩溃后，银行体系中的不良贷款并没有得到迅速且妥善的解决，直到21世纪初，小泉政权上台之后，才加速了不良贷款的处理。在此期间，日本的商业银行为了维持银行资产负债表的稳定，对于企业的贷款采取了谨慎的处理态度，因而产生了"惜贷"问题。特别是2008年世界金融危机之后，日本的金融监管部门加强了对银行业的监管，提高了对银行自有资本持有率的要求，这使得日本商业银行更倾向于将资金运用于风险更低且更安全的国债等资产，减少风险较高的企业贷款，以使得其自有资本持有率符合监管部门的要求，而这无疑再次提高了企业的借贷门槛，使得企业的融资变得愈发困难，这是日本企业面临融资约束的第一个原因。

第二，产业部门间的金融资源配置失衡。21世纪之后，日本的商业银行对于非制造业的贷款增加，而对于制造业的贷款减少。日本的制造业生产率要高于非制造业，金融资源的减少阻碍了日本的制造业企业进一步提高生产率。根据2014年日本银行的统计数据，日本非制造业的贷款余额上升了64亿日元，而日本制造业的贷款余额则下降了128亿日元。与此同时，根据日本经济产业研究所对于2000~2010年产业部门的生产率的测算结果，日本制造业的全要素生产率增长率为0.68%，而非制造业则仅为0.06%，制造部门生产率的提高速度远高于非制造业部门。由此可见，日本的商业银行增加了对于生产率提高速度较低的非制造业企业的贷款，而减少了对于生产率提高速度较快的制造业企业的贷款。产业部门间的金融资源分配并未遵从生产率的高低，更多的金融资源被分配给了生产率增速较低的非制造业，这说明日本在金融资源的配置上出现了资源错配问题，这是造成日本制造业企业面临融资约束的第二个原因。

泡沫经济崩溃之后，受到不良债权的影响，日本的金融体系的金融资源配置能力下降，出现了"惜贷"的现象，使得日本的企业面临着融资约束，影响了其生产率的进一步提高。即使在20世纪90年代中期之后日本进行了包括"金融大爆炸"在内的一系列改革后，日本制造业企业面临融资约束的问题依然没有改善。本节通过使用日本制造业上市企业的财务面板数据，运用最小二乘法、固定效应模型以及二阶段最小二乘法等实证方法，验证了日本制造业企业面临融资约束的事实。长期的经济低迷导致日本的商业银行对未来持悲观态度，使得日本的商业银行对于金融资产的运用更倾向于更为安全的国债，对企业的贷款则保持谨慎态度。此外，对于非制造业行业贷款的增加，以及对制造业行业贷款的减少，则造成了金融资源配置的失衡，这进一步加深了日本制造业企业融资约束的问题。

三 日本经济体制改革与全要素生产率

本书从财政政策和货币政策角度分析了日本经济的困境，并结合长期停滞论指出日本财政政策和货币政策对于日本经济的刺激效果逐渐减弱。随着经济的进一步发展，日本的经济制度也发生了相应的调整与改变，最终日本需要进行规则化的治理改革，才能促进全要素生产率的提高。

（一）长期萧条与财政政策、货币政策失灵[①]

自20世纪90年代以来，日本的经济增长陷入了长期低迷之中，为了使经济恢复增长，日本政府采取了双宽松的财政与货币政策，试图通过创造宽松的信贷环境，以促进经济增长，然而日本经济在泡沫经济崩溃后的二十余年间仍然没有起色，被称为日本经济发展"失去的二十年"。从日本的财政政策以及货币政策的效果两方面，阐释日本政府在发展日本经济时所面临的困境。

1. 财政政策的实施效果

泡沫经济崩溃后，日本政府使用积极的财政政策，促进经济增长。1992年至1999年，日本共采取了9次财政刺激政策，其中规模在10万亿日元以上的就有6次，1998年小渊首相实施了规模高达24.2万亿日元的"紧急经济措施"，累计财政刺激规模高达120万亿日元。[②] 实施财政政策需要相应的资金来源，而摆在日本政府面前的只有两种选择：一是通过增税融资，二是通过国债融资。在经济长期萧条的背景之下，通过增税以获得融资显然并不是明智的选择，因此日本政府选择了通过发行国债获得政府融资的做法。日本政府虽然在20世纪80年代中期以后进行过缩减财政赤字，减少财政国债余额规模的努力，但是90年代频繁实施的财政政策，导致日本的国债余额持续增加。日本自1994年恢复赤字国债的发行，普通国债余额从1994年的225万亿日元，增长到2013年的750万亿日元，国债余额在20年间增长了3.3倍。与此同时，日本的主权债务比率[③]也出现了快速上升，从1991年的36%上升至154%，提升了118%。由此可见，虽然财政刺激政策在短期有助于经济增长，但从长期来看则带来了国债累积余额不断增长的副作用。

（1）国债发行与李嘉图等价定理

虽然不断增发的国债满足了日本政府的融资需求，但是不断扩张的国债余额将会对私人消费产生负面影响。新古典宏观经济学中的"李嘉图等价

---

① 本节出自《日本后泡沫经济时期李嘉图等价定理实证分析》，发表于《中国物价》2015年第6期。收入本稿时添加了部分内容并修改了部分措辞。
② 孙执中：《日本泡沫经济新论》，人民出版社，2001。
③ 主权债务比率是指，一国的债务与其GDP之比。

定理"理论深入探讨了国债融资对私人消费的影响。李嘉图等价定理的经济思想来源于19世纪的英国著名经济学家李嘉图,在此基础之上,巴罗使用世代交替模型的分析方法,采用数学形式再次解释了这一思想,此后这一经济思想便被称为"李嘉图等价定理"。[1]

李嘉图等价定理的要义在于,政府融资手段的选择并不会对社会总需求的变化产生不同影响,不论政府选择征税融资,还是选择发行国债的方式融资,对经济的影响都是相同的。传统的凯恩斯理论认为,政府采取发行国债的方式融资,可以避免征税,更能够促进消费者增加消费,从而有利于经济增长。李嘉图等价定理理论则认为,即便政府采取发行国债的方式融资,也不会产生刺激经济增长的作用。因为,在李嘉图等价定理的分析框架之下,消费者是完全理性的,消费者能够预测到政府的债务最终是需要通过增加税收偿还的,现阶段增发的国债意味着未来税收的增加,因而具有完全理性的消费者在国债发行的背景之下,不仅不会增加消费支出,反而会增加储蓄,以应对未来可能发生的消费。通过发行国债的方式融资,并不会带来刺激经济增长的效果。新古典宏观经济学中的"拉姆齐-卡斯-库普曼模型"指出,在代表人假设和永久收入假设的条件之下,消费者的支出决策仅仅取决于政府支出,如果政府支出增加,则消费者的支出相应减少,消费者的支出决策与政府所选择的融资手段之间并不存在任何联系,不论是征税还是发行国债,都会导致消费者消费的减少。

随着日本国债规模的不断扩大,日本的国债发行对消费者的消费决策究竟产生了何种影响就成为一个十分值得研究的课题。国债发行对消费的作用,是符合传统凯恩斯的理论,还是符合新古典宏观经济学的李嘉图等价定理理论,对于日本的经济决策当局而言有着十分重要的意义。此外以李嘉图等价定理作为切入点,可以进一步分析和理解日本的财政政策的实际效果。

通过回顾文献部分可知,对于泡沫经济崩溃后,日本经济的现状是否符合李嘉图等价定理的描述,在经济学界仍然没有达成共识。因此,使用计量经济学的方法,验证在日本的"失去的二十年"中日本政府的国债发行与

---

[1] R. J. Barro et al., "Are government bonds net wealth?", *The Journal of Political Economy*, Vol. 82, No. 6, 1974, pp. 1095–1117.

消费者消费之间的关系是否符合新古典宏观经济学中李嘉图等价定理的描述，这有助于分析后泡沫经济时期日本财政政策的刺激效果。

（2）实证分析

检验李嘉图等价定理的适用性主要有以下两种方法：其一，估计消费函数；其二，测算国债发行对银行利率的影响。通过估计日本的消费函数的决定因素，以验证在"失去的二十年"中，日本的经济情况是否符合李嘉图等价定理。实证模型的基本思想来自于达拉马格斯（Dalamagas），他在生命周期的假设之下，将政府的预算约束加入消费方程之中，构建了国债对消费影响的实证模型。[①] 通过借鉴该模型的基本思路，建立了如下的实证方程：

$$\ln C_t = \alpha_0 + \alpha_1 \ln Y_t + \alpha_2 \ln G_t + \alpha_3 \ln B_t + \varepsilon_t \quad (6-4)$$

在6-4式中，被解释变量为私人消费 C_t。解释变量包含以下三项，即国内生产总值 Y_t，政府支出额 G_t，以及国债发行额 B_t。分别使用国内生产总值、政府支出额以及国债发行额的对数值展开分析。根据李嘉图等价定理，完全理性的消费者会预测到政府增税行为，因而会增加储蓄，减少消费。如果李嘉图等价定理成立，则政府支出与国债发行额的回归系数都将是负的，也就是说 α_2 和 α_3 都将小于零；如果李嘉图等价定理不成立，则 α_2 和 α_3 都将大于零。此外，由于收入的增长会促进消费，所以国内生产总值的系数 α_1 会大于零。

数据来源如下，国债发行额数据源自财务省《国债相关资料》，国内生产总值、私人消费支出以及政府支出的数据来自内阁府历年《国民经济计算》。为分析泡沫经济崩溃后，李嘉图等价定理在日本的适用情况，所选取的分析时间段为1990~2013年。为避免虚假回归，首先需要检验参与回归分析的经济变量的平稳性。此外，为进一步了解这些经济变量之间的长期均衡关系，还需要对这些经济变量进行协整检验，以确定这些变量之间的关系。表6-8为各经济变量单位根检验结果。

[①] B. Dalamagas, "The tax versus debt controversy in a multivariate cointegrating system", *Applied Economics*, Vol. 26, No. 12, 1974, pp. 1197-1206.

日本全要素生产率研究

表 6 - 8　各经济变量单位根检验结果

经济变量	检验形式	滞后期	检验值
GDP	C	0	-1.23
ΔGDP	N	0	-3.87**
G	C,T	0	-0.62
ΔG	C	0	-4.16**
D	C	0	-1.02
ΔD	N	0	-3.74**
COM	C	1	-0.15
ΔCOM	N	0	-2.21**

注：GDP 代表国内生产总值；G 代表政府支出；D 代表国债发行额；COM 代表私人消费支出；Δ 表示一阶差分；** 表示 5% 的置信水平；C 表示带有常数项的单位根检验；T 表示带有趋势项的单位根检验；N 表示不带常数项和趋势项的单位根检验。

根据表 6 - 8 的检验结果可知，国内生产总值、日本政府支出、国债发行额以及私人消费支出都是一阶差分平稳变量。鉴于这些经济变量都是一阶单整序列，所以这些经济变量之间可能存在长期均衡关系，以下使用约翰森协整检验方法，验证这些变量之间的协整关系，所得结果如表 6 - 9 所示。

表 6 - 9　约翰森协整检验结果

特征值	迹统计量	5% 水平临界值	协整的原假设	检验结果
0.80	92.64	63.88	r = 0	None***
0.77	58.36	42.92	r ≤ 1	At most1**
0.56	27.93	25.87	r ≤ 2	At most2**
0.40	10.75	12.52	r ≤ 3	At most3

注：*** 表示在 1% 的置信水平上拒绝原假设；** 表示在 5% 的置信水平上拒绝原假设。

如表 6 - 9 所示，私人消费与国内生产总值、政府支出以及国债发行额之间至少有三个协整关系，说明私人消费支出与国内生产总值、政府支出以及国债发行额之间存在着长期均衡关系。因此，使用动态分布滞后模型对 6 - 4 式进行估计，所得结果如 6 - 5 式所示，括号中为回归系数的 t 值。

$$\ln COM_t = 1.69 + 0.48\ln GDP_t + 0.45\ln G_t - 0.04\ln B_{t-1}$$
$$(1.12)\quad(3.76)\quad\quad(6.60)\quad\quad(-2.45)$$
$$R^2 = 0.98,\ DW = 1.27,\ T = 23 \qquad (6-5)$$

从6-5式的回归结果可知，国内生产总值、政府支出以及国债发行额的滞后一期对于私人消费的影响在5%的置信水平下显著。此外，鉴于检验残差相关性的DW值位于（1.10，1.66）这一不可判别区间，因此使用LM检验残差的自相关性，发现不能拒绝残差不存在自相关性的原假设，故模型的残差不存在自相关问题。

从回归结果可知，国债发行额与私人消费具有负相关关系，这一点符合李嘉图等价定理理论，国债发行额增加1%会导致私人消费下降0.04%。这一点表明日本的消费者已经意识到国债发行与增税之间的替代关系，即使采用发行国债的方式进行融资，也不会对经济增长产生推动作用。

此外，实证结果表明，政府支出对私人消费具有促进作用，如果政府支出增加1%，则私人消费将会增加0.45%。这表明日本的消费者在意识到国债与增税之间的替代关系的同时，并未意识到政府支出与增税之间的直接联系关系，而这一点并不符合李嘉图等价定理的描述。日本的消费者并非如代表人假设一般，日本的消费者并不是完全理性的，因此日本的消费者还未意识到政府支出与增税之间的替代关系，而出现不符合李嘉图等价定理描述的现象。因此，在泡沫经济崩溃之后，李嘉图等价定理在日本是局部成立的。

但是，政府的债务最终是需要通过征税来偿还的，所以日本的消费者最终将会认识到国债发行、政府支出与增税之间的替代关系，这导致日本财政政策效果的减弱。实际上，日本政府已经启用增税手段弥补财政赤字。日本政府于2014年4月已经将消费税率从5%上调至8%，并预计于2017年4月提升至10%。随着税率的进一步提高，日本的消费者将进一步认识到政府的融资手段与增税之间的关系，从而导致日本消费者的储蓄增加以及消费的减少，而这降低了日本财政政策的刺激效果。

从日本内阁府对日本历年财政政策的刺激效果的测算来看，日本财政政策的刺激效果正在逐年下降。日本公共支出投资乘数在1983~1992年为1.32，然而1990~2012年日本公共支出投资下降到了1.04。由此可见，日本财政政策的刺激效果在不断下降。

2. 货币政策的实施效果

为促进日本经济恢复到自律增长的轨道上，日本政府在实行宽松的财政政策的同时，还采取了宽松的货币政策。但日本央行宽松的货币政策对日本经济恢复增长的作用较小。如果国债的价格出现波动，将会对日本央行的稳定性造成影响，从而形成日本经济的一个新的隐患。美国学者萨门斯（Summers）等于2014年提出了长期停滞理论，为解释日本货币政策的困境提供了新视角。[①]

经济不景气的原因在于内需不足，其表现为GDP缺口[②]的不断扩大。因此，需要采取财政政策和货币政策使经济体的实际GDP水平恢复到潜在GDP水平上去。如果实际GDP和潜在GDP之间的差距得以消除，则经济的完全雇佣将会得以实现。而决定实际GDP和潜在GDP差距的是经济体实际利率与自然利率的差距。当经济体的实际利率低于自然利率时，产出缺口会收窄，推动经济发展，实现完全雇佣。而实际利率高于自然利率，则会导致实际GDP与潜在GDP之间的缺口进一步增大，不利于经济增长和完全雇佣的实现。长期以来，货币政策围绕着将实际利率引导向自然利率展开，但近年以来以美国和欧盟为首的先进工业化经济体，其自然利率呈现不断下滑的趋势，并不断接近于零，甚至出现了负利率的倾向，导致货币政策失效。长期停滞理论指出，总需求不足是自然利率不断下降的最主要原因。

自泡沫经济崩溃以来，日本经济已陷入了长达20年以上的经济低迷状态，长期停滞已经成为日本经济的常态。人口老龄化以及总需求的下降同样导致日本长期均衡实际利率的下降。近年来，日本的自然利率变化如图6-10所示。日本的自然利率自泡沫经济崩溃以来便处于下降区间之中，并在20世纪90年代中期以后处于零以下。自2000年以后，日本的实际利率基本上高于自然利率，这不利于收窄GDP缺口，形成了一定的通货紧缩压力，难以实现完全就业。

当日本经济自然利率不断下降，甚至将为负值之时，根据费雪方程，即实际利率为名义利率与通货膨胀之差，日本政府引导实际利率向自然利率接近的方法有以下两种。其一，直接降低名义利率。其二，提高经济体的通胀预期，降低实际利率。上述两点也正是20世纪90年代中期以后日本货币政策实施的两个重点。

在2000年之前，日本政府实施传统的货币政策，通过降低银行间隔夜

---

① Lawrence H. Summers, "US economic prospects: Secular stagnation, hysteresis, and the zero lower bound", *Business Economics*, Vol. 49, No. 2, 2014, pp. 65–73.
② GDP缺口是指实际GDP和潜在GDP之间所存在的差距。GDP缺口的扩大意味着经济的总需求小于经济的总供给能力。

图 6-10 日本的自然利率变化

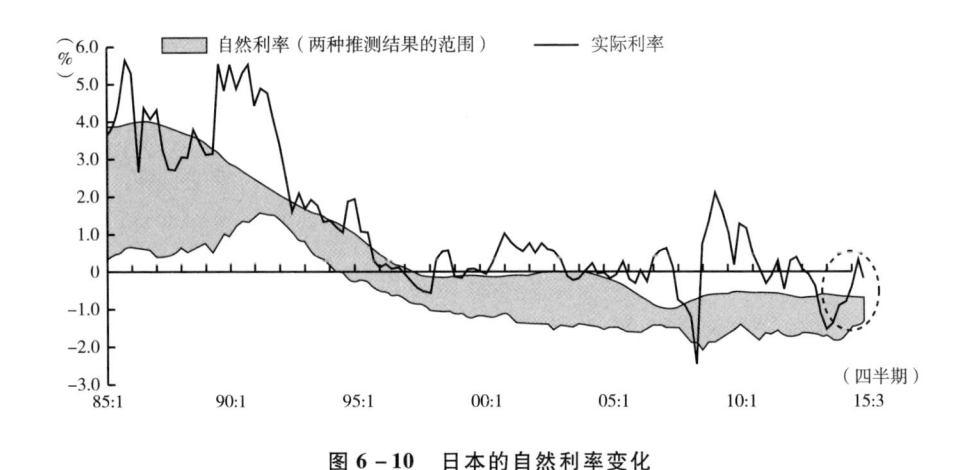

资料来源：日本経済研究センター『ゼロ金利制約打破後のリスクと課題』2016 年。

市场利率为市场提供更多的流动性。1995 年，日本的银行间隔夜市场利率已经下降至 0.4%。随着政策利率的不断降低，接近于零，传统的货币政策失去了政策实施空间。从 2001 年起，日本政府开始实施非传统的货币政策，将政策目标由银行间隔夜市场利率调整为商业银行在日本央行的存款准备金，并通过公开市场操作等政策手段，扩充日本的商业银行在央行的存款准备金，从而扩充银行流动性、增加银行对企业贷款。2016 年年初，日本银行在量质并举的货币政策的基础上，对商业银行在央行的新增存款准备金实施了负利率政策，再次加大了货币政策的实施力度。

泡沫经济崩溃以来，长期的通货紧缩也是困扰日本政府的一大难题。长期的通货紧缩导致企业的负债率上升，恶化了企业的资产负债结构。此外，日本的名义利率虽然已经降到了零，但是通货紧缩的出现导致实际利率的上升，增加了日本企业设备投资的成本。长期的通货膨胀提高了日本企业设备投资的成本，抑制了企业的设备投资需求。因此，自 2013 年起，日本正式实施物价目标政策，承诺实现 2% 的通胀目标，并为此配以量质并举的量化宽松措施，提出于两年之内将货币供应量提高 2 倍的目标，在扩张日本商业银行在央行的存款准备金的同时，还采取购买 ETF（交易所交易基金）以及长期国债，为市场提供流动性。

虽然日本政府采取了上述的量质并举的宽松的货币政策，但是对实体经济的提振效果仍然有限。2013～2014 年，日本的通货紧缩得到了改善，

2013年日本的CPI（居民消费价格指数）增幅为0.4%，2014年为2.7%，但2015年8月开始日本的CPI再次下降到-0.1%，2016年日本CPI同比下降-0.1%。[①] 此外，2014年的实际GDP增长率为-0.9%，2015年为1.1%，2016年为1%，仍未达到经济增长的目标。此外，日本央行虽然增大了基础货币的供应量，2012~2014年基础货币供给量扩大了2倍，但是货币供应量仅提高了0.23倍，未达到提高2倍的目标。这说明虽然日本央行扩大了基础货币的供给量，但是商业银行并未扩大对企业的贷款，从而导致日本货币供应量的提高不甚明显。

因此，在自然利率不断下降的现实情况下，货币政策所起到的作用会日趋下降，虽然财政政策对促进经济增长有一定效果，但是随着李嘉图等价定理在日本成立的条件日趋完备，财政政策的效果也将逐渐丧失。因而，日本政府的经济政策选择余地日益缩小。

（二）经济体制的结构性变化

泡沫经济崩溃之后，日本为改善经济的效率，对旧有的经济制度进行了调整。长期的经济低迷，迫使日本政府不得不通过政策手段对固有的经济体制进行调整，以增加经济的活力。

随着日本在20世纪80年代开始进行的一系列贸易自由化和金融自由化的改革，日本经济所面临的条件发生了变化。20世纪90年代之后，随着泡沫经济的崩溃，日本经济陷入了长期低迷之中，以往以经济的持续增长为基础所建立的日本式经济制度变得不再有效，为此日本经济制度的调整速度逐渐加快。

1. 日本经济制度的结构性变化

20世纪80年代金融自由化的改革导致日本银行和政府之间的关系不再像前一阶段那样紧密。由于金融自由化改革的要求，政府被禁止直接干预银行，比如"窗口指导"等直接的政策干预被禁止。此外，Aoki曾提出"官僚多元主义"的观点，认为日本的产业和官僚层之间存在着紧密的关系。[②] 但是，随着金融自由化的发展，日本政府被迫放松了对金融行业的管制，从

[①] 総務省統計局，2015年基準消費者物価指数。

[②] Masahiko Aoki, *Towards Comparative Institutional Analysis* (Cambridge: MIT Press, 2002).

而导致金融行业能够为官僚所提供的租金和退休后的职位减少，进一步使政府与金融机构之间的关系淡化。

在泡沫经济崩溃之前，日本金融业以主银行制度为主，作为企业主要资金来源的主银行，在为企业提供融资的同时，还肩负对企业的经营的监督；而泡沫经济崩溃后，主银行自身的财务状况迅速恶化，不仅影响主银行对企业的融资能力，而且主银行放松了对企业经营的监管，日本的金融体系变得极不稳定。受此影响，日本的银行与企业的关系，出现了从"关系型金融"向"市场型金融"的转换，企业融资的主体不再依靠银行，而通过股票和债权等融资方式得到加强。

在经济高速增长时期，日本企业的债券发行受到严格管制，而几乎所有的公司债券都被金融机构所掌控，债券市场并不发达。[①] 但是，从20世纪80年代后期开始，日本逐渐废除了对于企业债券发行的限制，1987年开始放松了对于发行企业债券的财务条件限制，1993年起则完全废除了对于企业债券发行额度的限制。日本企业的国内债券发行额从1990年的2.7万亿日元，增加到了2000年的7.2万亿日元。[②] 因此，企业的融资渠道得到扩展，除了银行融资之外，企业还可以通过债券市场进行融资，融资来源不再被银行所垄断，这使得银行与企业之间的关系减弱，银行对企业经营的监管能力下降。

随着日本银行与政府、银行与企业之间关系的变化，企业间交易关系也出现改变。在20世纪90年代之前，日本企业和企业之间的紧密关系成为日本产业国际竞争力的主要来源。但是，90年代之后日本企业间的交易关系发生了变化。一方面，在核心技术方面，制造商加强了和承包商的合作关系，以维持企业核心技术的领先地位，而另一方面，在非核心技术方面，制造商则突破旧有的合作关系，开始扩展合作厂商的范围。近能善范通过分析丰田公司的企业交易关系，指出日本汽车产业的交易关系开始呈现出在非核心技术方面的"开发化"，以及核心技术层面合作的"紧密化"。[③] 这说明

[①] 日本銀行金融研究所『我が国の金融制度』信用調査出版部、1995、200頁。
[②] 石倉雅男「日本の金融システムの回顧と展望：銀行部門の構造変化を中心に」『季刊経済理論』3号、2008、23-33頁。
[③] 近能善範「日本型産業構造の転換——日本の自動車部品サプライヤーシステムの変化について」『クォータリー生活福祉研究』1号、2004、17-31頁。

20世纪90年代之后，日本企业的交易范围开始扩展，不再被旧有的合作关系所束缚，因而企业间的长期交易关系也开始出现动摇。

受此影响，微观层面的公司治理关系发生了变化。在经济高速增长时期，日本企业通过相互持股的方式排除股东压力对企业经营的影响，以维持企业经营的稳定性。但是20世纪90年代以来，日本企业的相互持股率下降，相互持股率从1995年起出现下降的趋势，从1995年的43.4%下降到了2003年的24.3%。[1] 这说明日本企业间的联系程度在下降，在日本的公司治理结构中，股东的地位开始上升。

20世纪90年代以来，日本企业的效益变差，员工的年龄增长，这使日本企业雇佣制度的存在基础发生了动摇，旧有的日本企业雇佣制度也不得不进行调整。日本企业的应对策略是，维持旧有员工的终身雇佣制度，但是减少高龄工作者工资的发放。日本企业先对年功序列制度进行调整，工资曲线的斜率出现减缓的趋势。根据厚生劳动省的调查，日本30岁员工的工资曲线的斜率要小于40岁的员工，这说明日本的工资曲线的斜率正在日益平坦化。[2] 此外，日本企业还通过扩大非正规雇佣人数的方式，避免正规雇佣人数增加，并以此为基础，巩固现有正式雇佣者的地位，从而导致正式雇佣和非正式雇佣人群的进一步分化。根据日本厚生劳动省的调查，非正规雇佣比率已经从1991年的19.1%，上升到了2014年的37.4%，从事非正规雇佣的劳动力人口已经上升到1962万人。[3] 中马宏之指出，20世纪90年代之后日本40岁以上的正规雇佣者的长期雇佣有着增强的趋势。[4]

2. 日本经济制度改革

由上述分析可知，自20世纪80年代日本金融自由化以来，日本在经济高速增长时期以来所建立的日本式经济制度，由于受到自由化以及泡沫经济崩溃的冲击，已经发生了改变，政府与银行、银行与企业之间的紧密关系逐渐瓦解，企业间仅在核心技术层面加强了技术合作，在非核心技术层面则扩大了交易范围，使得长期交易关系受到了影响，这波及了日本企业内的雇佣

---

[1] ニッセイ基礎研究所『株式持ち合い調査2003年版』ニッセイ基礎研究所、2003。
[2] 厚生労働省『平成15年労働経済の分析』厚生労働省、2003。
[3] 厚生労働省『非正規雇用の現状と課題』厚生労働省、2014。
[4] 中馬宏之「経済環境の変化と中高年層の長勤続化」中馬宏之・駿河輝和『雇用慣行の変化と女性労働』東京大学出版会、1997、47-82頁。

方式，企业在维持旧有员工的终身雇佣制的同时，减少了正规雇佣员工的人数，增加了非正规雇佣员工的人数，并减少了对正规员工的工资，从而使日本式的雇佣制度也受到了影响。泡沫经济崩溃后，曾经存在于日本经济中的政府、银行以及企业间的紧密关系不复存在，企业间的交易关系以及日本企业的雇佣制度正处于新的调整过程之中。

随着世界经济形势的改变，在经济高速增长时期确立的日本式的经济制度从促进经济发展的因素，逐渐变为阻碍经济发展的障碍。为此，日本政府也通过采取相应政策，试图改善日本的经济制度，使之符合当下经济发展的形势。

日本的金融自由化改革。日本的金融自由化改革始于20世纪70年代末期开始的企业债券发行改革，从20世纪70年代末期起日本政府废除了对于企业债券发行的行政干预，并于1979年认可无担保企业债券的发行。[1] 从20世纪80年代中期开始，日本从定期存款的利率自由化入手，逐渐推行利率自由化，截至1994年，日本实现了短期存款的自由化。[2] 1979年，日本修改了外汇法，开始允许国际资本交易，并于20世纪80年代中期实现了外汇交易的自由化。日本虽然在20世纪70年代末80年代初开始推行金融自由化改革，但这些改革并未从根本上改变日本的金融制度，政府对金融行业仍然有着较强的干预能力，而真正实现日本金融市场由政府管理向市场管理变革的是1996年桥本龙太郎实行的金融大爆炸改革。

金融大爆炸改革。1996年，桥本龙太郎内阁提出了"日本版金融大爆炸改革"，以进一步完善20世纪80年代以来推行的金融自由化改革。这项改革废除了对于国际资本交易和证券业参与的限制，解除了对于银行经营证券业务的限制，设立了独立于其他政府部门的金融厅，以保证对于金融市场监督的透明性。[3] 通过金融自由化改革和金融大爆炸改革，日本政府废除了对于金融行业参与者的行政干预，但是通过设立金融厅等政府机构加强了对于金融行业参与者的监管，表明日本政府在放弃对金融行业直接控制的同时，强化了金融行业的市场规则，实现了由政府管制向市场管理的变革。

---

[1] 星岳雄・アニル・カシャップ『日本金融システム進化論』日本経済新聞社、2006。
[2] 大蔵省銀行局『金融年報』大蔵省銀行局、1995。
[3] 鹿野嘉昭『日本の金融制度』東洋経済新報社、2013、60-65頁。

小泉的结构改革。2001年，小泉内阁开始推行结构改革，并设立了综合规制改革会议用以推进改革，并提出"从官到民""从中央到地方"的改革口号。通过结构改革，小泉内阁处理了不良债权问题，实现了邮政民营化，放宽了在社会保障方面对于私人经营的限制，推动了地方主导的结构改革特区。① 这说明小泉内阁试图通过经济供给方面的改革，提高日本的经济效率。小泉内阁对金融体系以及产业规制的改革，提升了金融系统服务效率，激发了市场经济活力，有助于日本全要素生产率的提高。

（三）市场取向的改革及其对全要素生产率可能的影响

日本在经济制度改革方面饱受拖延问题的困扰，近期安倍政府虽然推出了"成长战略"，但是受到拖延问题和利益集团的阻碍，实施效果并不好。因此，日本应进一步推进市场化改革，制定明确的市场规则，使政府成为市场规则的监督者而非直接参与到市场活动中去。

20世纪90年代之后，日本通过以公共投资为代表的财政政策，以及以量化宽松为代表的货币政策，试图增加日本经济的国内需求，从而实现在短期内日本经济恢复增长。但是，这些政策阻碍了日本的结构性改革，导致拖延问题的出现。

1. 不良债权处理、公司治理改革拖延阻碍日本经济恢复增长

20世纪80年代末期，日本以地产升值为主导的泡沫经济于1991年崩溃，房产价格迅速下跌，导致了严重的不良债权问题。但是日本政府并没有立即着手解决由于泡沫经济崩溃所导致的不良债权问题。1997~1998年日本山一证券、北海道拓植银行破产等一系列金融危机发生之后，日本政府才开始着手解决不良债权的问题，而此时距离泡沫经济崩溃已达7年之久。不良债权在长时间未得到解决，导致企业的设备投资意愿下降，不利于增加国内需求，影响了日本经济的恢复。此外，不良债权处理的拖延，导致企业之间的信用关系出现问题，进而使整个生产链受到负面影响。伊藤隆敏曾经指出，企业过多的负债导致企业间的信用出现问题，从而导致企业之间的交易受到影响，进而整个产业的产出和生产率也会受到影响。②

---

① 金澤史男「構造改革と日本資本主義の変容」『季刊経済理論』3号、2008、38-48頁。
② 伊藤隆敏『ゼロ金利と日本経済』日本経済新聞社、2000、179頁。

泡沫经济崩溃后，既有的日本企业经营管理制度同样需要改革，需要引入美国方式的公司治理结构，以改善日本企业的内部治理问题，加强股东对企业经营的监管作用。2001年日本通过修改商法，允许企业采用委员会制度，设立独立董事，以加强经营监督技能，但是实际上真正采用该制度的日本大企业的数目仍然有限，很多企业选择了拖延改革，选择委员会制度的企业只占企业总数的0.5%。[1] 由于公司治理结构改革的速度缓慢，公司的股东对于企业经营管理的监督无法得到加强，此外，泡沫经济崩溃后日本的主银行制度瓦解，主银行对于企业经营的监督能力下降，这两方面的因素导致股东和主银行对于日本企业的监管放松，从而使这一时期日本企业的经营丑闻层出不穷。山一证券因隐藏损失而倒闭，奥林巴斯隐藏企业损失长达十年以上直至2011年被发现，东芝则于2009~2014年虚报了1500亿日元的利益。[2] 缺乏有效的经营监督，不仅可能损害股东的利益，而且影响了日本经济的复苏。

通过分析日本在不良债权处理和公司治理结构改革方面的拖延问题，可以发现危机已经成为日本推动改革的必要条件。也就是说，在危机发生之前，不论是日本政府还是企业都没有推动改革的动力，尽量推迟改革，直至问题出现。推延问题使得日本的改革步履维艰，难以推动结构性改革。因此，克服改革中的拖延问题，成为日本当前面临的一个重要问题。

2. 实施市场取向的经济改革促进全要素生产率增长

2013年年初，日本首相安倍晋三提出了促进日本经济增长的"三支箭"，主要包括"量质并举"的宽松的货币政策、灵活的财政政策以及促进民间投资的增长战略。"量质并举"的宽松的货币政策通过扩大日本银行对于民间金融资产的购买范围，并以商业银行在央行的存款准备金作为操作目标，从金融层面扩大对市场的资金供给。灵活的财政政策则是通过增加公共投资支出，促进需求的增长。灵活的财政政策和宽松的货币政策相配合可以促进日本经济总产出的增长。

但是，宽松的货币政策和财政政策对促进日本经济发展起的作用仍然有

---

[1] 鶴光太郎『日本の経済システム改革』日本経済新聞社、2006、311頁。
[2] 日本経済新聞『東芝財報利潤粉飾或導致3名社長辞職』日本経済新聞、2015年7月21日。

限。初期安倍经济学起到了对日本经济的促进作用，2013年日本的名义GDP增长率达到了1.8%，消费者物价指数达到0.9%的水平，在货币宽松政策的引导下日元的汇率也下降了近10%。① 但是此后，安倍经济学的刺激效果开始下降，2016年日本的GDP增长率为1%，而物价增长率则为-0.1%。② 这说明安倍经济学中的货币政策和财政政策所起的作用在减小，对经济增长的促进效果在减弱。

与此同时，安倍经济学中的第三支箭即促进民间投资的增长战略的实施效果并不好。安倍经济学的增长战略主要涉及以下四个方面，即促进投资、促进人才培养、培育新市场以及提高经济的开放程度。③ 可见安倍经济学的增长战略既包含经济层面的改革又包含制度层面的改革，在经济层面着重支持新能源、机器人等产业的发展，在制度层面则着手进行规制改革和劳动力市场改革。可以认为安倍经济学的"成长战略"的构想有助于日本产业国际竞争力的增强以及全要素生产率的增长。

但是成长战略的推行面临着以下两个阻碍因素。其一，安倍经济学虽然在一定程度上促进了日本的经济增长，但是表面上的经济增长会掩盖日本经济中存在的结构性问题，从而导致结构改革的推迟。这不仅会使得安倍经济学的成长战略难以实施，而且还会阻碍日本全要素生产率的增长。其二，安倍经济学的成长战略并未涉及政府与特殊利益集团关系的改革。政府的决策容易被特殊利益集团所左右，使得改革难以推行。④ 特殊利益集团仍然把持着资金和劳动力资源，并垄断市场资源，造成资源分配的低效率与不合理。由此可见，受到以上两个因素的影响，安倍经济学的"成长战略"的推行会受到一定程度的阻碍，从而不利于日本全要素生产率水平的进一步提升。

日本在改革的过程中需要建立更加明确的市场规则，这样才能保证资源得到充分利用，并且能够流动到生产率较高的部门中去，从而使总体的全要素生产率得到提高。

一方面，日本在改善"关系依存型交易"的同时需要强化"规则依存型交易"。虽然泡沫经济崩溃后，日本政府和银行、银行和企业以及企业之

---

① 内閣府『国民経済計算確報』内閣府、2014。
② 内閣府『国民経済計算確報』内閣府、2016。
③ 内閣府『やわらか成長戦略：アベノミクスをもっと身近に』内閣府、2014。
④ 陈友骏：《论"安倍经济学"的结构性改革》，《日本学刊》2015年第2期，第75~92页。

间的关系型治理结构被弱化,但是"关系依存型交易"仍然没有被"规则依存型交易"完全替代,"关系依存型交易"仍然存在于企业之间以及企业的雇佣关系之中,成为阻碍资源向生产率较高部门流动的原因。

另一方面,日本需改善企业治理结构和会计制度。为了进一步改善"关系依存型关系",日本需进一步改善企业的治理结构,完善企业的会计制度,从而建立更加明确的市场交易规则。此外,为强化规则型治理结构,日本应进一步强化法律的执行,降低诉讼成本,从而使规则型治理结构能够得到有效的实施。

日本的经济结构改革,可能受到利益集团的阻碍,导致进一步的经济制度改革无法得到实施,影响全要素生产率的提高,造成日本全要素生产率提高的不确定性。但是,可以看到日本的结构性改革仍然是市场导向的,而市场导向的经济结构改革,将有助于提高经济制度的效率,从而提高日本的全要素生产率。在劳动力和资本的进一步增长受限的情况下,唯有通过改革经济制度,提高经济效率,才能促使日本经济进一步增长,因而推动进一步的结构性改革在未来依旧是日本经济制度改革的发展方向。

第七章
日本全要素生产率变化展望及对中国的启示

安倍经济学中的"增长战略"侧重于促进产业升级换代、鼓励科技创新,试图从供给层面改善日本经济。日本生产率本部促进了日本的技术引进,提高了日本的生产率。近年来,日本的全要素生产率对日本经济增长的贡献不断加大,表现出从要素驱动向全要素生产率驱动的倾向。分析与借鉴战后日本供给侧结构性改革的经验与教训对中国现阶段的供给侧结构性改革具有重要的参考作用。

一 日本政府促进全要素生产率增长的有关政策

安倍经济学的"增长战略"是安倍经济学中的一个重要组成部分,侧重从供给层面改善日本经济,提高生产效率,提高全要素生产率是这项政策的重点。总结安倍经济学"增长战略"的经验,可以发现其政策的着力点在于促进产业升级换代和科学技术创新以及推动经济体制改革。日本生产率本部成立于日本经济高速增长初期,注重引进和推广国外的先进技术,对提升日本的生产率起到了一定的推动作用。

(一)安倍经济学中的增长战略

安倍经济学中的第三支箭即"增长战略",主要侧重从供给层面改善日本经济。自安倍经济学实施5年以来,"增长战略"也在不断发生变化。回顾安倍经济学"增长战略"的实施过程,探究其政策实施对日本全要素生产率的影响,具有重要的现实意义。

1. 安倍经济学增长战略的主要内容

安倍经济学的经济政策主要包括三个方面,即宽松的货币政策、灵活的财政政策以及促进民间投资的增长战略三个方面,被称为安倍经济学的"三支箭"。其中,前两支箭主要涉及的是日本的货币与财政政策,侧重从短期层面促进日本经济增长。但安倍经济学的第三支箭,即促进民间投资的增长战略则是从长期角度出发,以改善经济体制、促进产业发展与升级、提高生产率为主导,对改善日本经济的全要素生产率水平,提高日本经济的供给能力起到了一定作用。从2013年开始,安倍经济学已经连续实施了长达五年之久,其"增长战略"也已经推出了五个版本,形成了一个较为完整的政策体系。表7-1总结了安倍经济学历年所推出的"增长战略"的基本情况。

表7-1 安倍经济学"增长战略"主要政策对比

"增长战略"主要政策	重点项目	主要内容
日本再兴战略2013	促进产业新陈代谢	促进民间投资增加;利用国内、国外资源促进风险投资;促进企业经营重组
	加强人才培养,推动雇佣制度改革	推动劳动市场流动;利用民间人才介绍系统改善劳动力市场错配;实现劳动方式多样化;推动女性、年轻人、老年人就业
	促进科学技术创新	强化"综合科学技术会议"作用;推动战略性创新计划;加强培养研究人员资金投入
	实现世界最高水平的信息化社会	推进信息产业规制改革;构建世界最高水平的信息通信基础设施;培养信息通信人才
日本再兴战略改订2014——未来的挑战	促进产业新陈代谢	强化公司治理;提高风险资金供给;提高服务业生产率
	加强人才培养,推动雇佣制度改革	实施劳动方式改革;推动女性、年轻人、老年人及外国人就业
	大学改革	公立大学改革计划;公立大学法人运营费交付金改革
	促进科学技术创新	创造有益于创新的环境;推动机器人技术发展
日本再兴战略改订2015——面向未来的投资与生产率革命	推动投资主导的生产率革命	提高企业的盈利能力;推动法人税改革
	推进地方安倍经济学	提高中小企业盈利能力;提高服务业生产率;推动农林水产业、医疗产业、观光产业发展
日本再兴战略2016——面向第四次产业革命	推动国内市场发展	发展物联网、大数据、人工智能技术等新兴技术,推动第四次产业革命;缓解能源与环境的矛盾;提高服务业生产率;观光立国与健康立国政策
	推进规制改革,实现生产率革命	进一步深化规制和制度改革;积极利用国家战略特区

续表

"增长战略"主要政策	重点项目	主要内容
未来投资战略2017——实现Society 5.0的改革	指定Society战略领域	继续提高国民健康水平;实现移动革命;推动生产链升级转型;推动金融科技发展
	推动价值创造	完善数据化社会的基础设施建设;强化人才教育;形成良好创新循环;推动规制改革简化,行政审批手续;将公共投资建设向民间企业开放

资料来源:これまでの日本再興戦略について、http://www.kantei.go.jp/jp/singi/keizaisaisei/kettei.html。

分析安倍经济学的增长战略,需要回顾安倍经济学"增长战略"的实施历程。安倍政府于2013年提出了"日本再兴战略",这是安倍经济学"增长战略"的第一个版本,其后在2014年、2015年及2016年分别对"日本再兴战略"实施了修订。2013年"日本再兴战略"推出,以推动民间的设备投资,促进产业的更新换代与产业升级为目标,建立更好的环境促使企业处置老旧设备,加大人才投资和科学研究开发,促进女性就业,实现日本的"技术立国"。2014年,"日本再兴战略改订2014"出台,日本政府突出了以下三方面的政策:其一,改善企业的公司治理结构,增强企业的盈利能力。其二,推行劳动方式改革,以应对人口老龄化。其三,推动农林水产业发展,重点发展医疗健康产业。2015年,"日本再兴战略改订2015"开始实施,继续推进农业、医疗、劳动雇佣方面的规制改革,并提出了"地方安倍经济学",注重提高中小企业的生产率,提高服务业生产率。2016年,"日本再兴战略2016"审议通过。此次政策的实施重点在于,推动物联网、人工智能、大数据、机器人等新兴技术的发展,促进日本实现"第四次产业革命"。为实现这一目标,分析与研究日本在新兴技术领域的优势与劣势,培养能够掌握这些技术的创新性人才,并实施相应领域的制度改革,简化行政审批手续。2017年,日本出台了"未来投资战略2017"。日本政府试图将近年以来快速发展的物联网、人工智能、大数据、机器人等新兴技术,导入日本所有的产业及社会中去,从而实现"Society 5.0"。为此,日本政府继续推动日本实现"第四次产业革命",提高国民健康水平,推动产业链转型升级,发展金融科技,建设良好的基础环境,促进社会创新和价值创造。

2. 从促进产业升级方面提高全要素生产率

回顾安倍经济学"增长战略"的政策实施历程可以发现，推动产业升级以及促进新兴产业发展，是"增长战略"中的一个重要组成部分。促进产业升级以及促进新兴产业发展可以提升劳动、资本等要素资源的使用效率，从而提升日本的全要素生产率。

随着日本人口老龄化及经济结构服务化的不断发展与深化，医疗与健康服务的需求不断增加，医疗健康产业成为日本政府重点支持发展的产业之一。日本政府将实施以下政策促进医疗健康产业发展。①制订"推动医疗领域数据使用计划"，建立医疗领域专业数据库。②统合医疗机构、民间企业的医疗实施事例，总结其中经验，以提供更好的医疗卫生服务。③推进医疗产业的研究开发。利用日本在医疗领域的技术优势，开发新药与新型的医疗器械，推动日本的临床医学研究。④推进医疗领域的信息化进程。利用大数据等新兴信息技术促进医疗产业创新。利用数据库资源，为研究开发以及创造新药提供数据支持，从而推动医疗服务创新。⑤使用机器人及人工智能等新兴技术，提高医疗和护理产业的生产效率。日本政府将以下六大领域指定为医疗产业中重点推进人工智能技术的领域，即图像诊断、药品开发、手术辅助、基因治疗、诊断辅助、护理等。在医疗护理领域，推进机器人的使用，可以提高护理服务质量，并减轻护理从业者的劳动负担。

随着近年来科学技术进步步伐的不断加快，新兴的信息技术不断涌现，人工智能、大数据、物联网、机器人等新兴产业的发展速度不断加快，同时也成为日本政府重点支持的新兴产业。从2016年开始，日本政府提出人工智能、大数据、物联网、机器人等新兴技术的重点发展战略。为推进新兴产业技术的发展，日本政府采取了以下措施。①推动人工智能技术的发展与进步是促进新兴产业技术发展的核心，设置"人工智能战略会议"，统合政府、研究机构与大学以及企业的人工智能研究力量，设立人工智能研究的开发目标和计划，促进人工智能技术进步。日本政府制定的重点发展领域包括：物联网在健康和医疗领域的运用、无人机、智慧工厂建设、机器人、自动驾驶、金融科技、人工智能及机器人在防灾、救灾活动中的应用等方面。②建立完善的制度环境，促进第四次产业革命实现。为促进第四次产业革命实现，日本政府从金融和人才两方面入手，支持新兴产业技术发展。为配合新兴技术产业发展，日本政府采取措施促进信息产业升级，使之符合人工智

3. 从促进科技创新方面提高全要素生产率

除了促进产业升级，促进科学技术创新，也是安倍经济学"增长战略"的一个重要组成部分。主要包括两个方面：一是促进创新和科学技术研发；二是通过大学改革促进创新。

推进科学技术研发，促进创新。安倍经济学采取了一系列措施促进科学技术进步。①强化"科学技术会议"的领导能力，分析国内外创新情况，促进创新。②设立"战略性创新计划"，选择重要的研究课题与技术，完成从基础研究到市场化的创新工作，从而提高研究开发效率。③强化政府与民间企业合作，促进创新。促进产官学合作，促进大学等研究机构的研究设施的有效利用，促进研究开发型风险投资企业发展，创造适合企业实施研究开发的创新环境。日本政府提出，要将研究开发占 GDP 比重维持在 4% 以上，其中政府的研究开发投资占 GDP 比重维持在 1% 以上的目标。2016 年 1 月，日本政府提出《第五期科学技术基本计划》，提出在未来十年将日本建成"世界上最适宜创新的国家"的口号，大力推行以制造业为核心的创造新价值体系，强化科学技术创新基础。[①] 从中可以看出，日本采用政府主导的方式，促进国家科学技术创新。日本政府在科学技术创新中起到了一定的导向性作用。

大学改革是安倍经济学"增长战略"促进创新的一个重要举措。2013 年 11 月，日本政府开始推行"公立大学改革计划"。通过大学改革，建设具有国际教育水准的大学。根据各个学校的研究特色与研究专长，使用"公立大学法人运营费交付金"经费实施重点支援。为促进大学的创新能力，允许公立大学向风险投资企业投资。目前东京大学、大阪大学、京都大学等学校已经具有了实施案例。此举有助于公立大学发挥自身研究优势，将提高研究成果商品化进程，提高产业竞争力。2016 年，日本政府在"日本再兴战略"中提出，集中国内外大学、研究机构、企业等的研究力量，促进物联网、大数据、人工智能、机器人等领域的科学研究。日本政府还提出了"公立研究开发法人改革"，促进公立研究开发机构与民间企业合作，鼓励研究开发创新，加快公立研究开发机构研究成果的转化速度，成为促进科学技术研发的重要机构。

[①] 王立岩：《日本科技创新战略的演进与启示》，《东北亚学刊》2017 年第 4 期。

4.从经济体制改革方面提高全要素生产率

经济体制改革是促进全要素生产率增长的重要方式,通过经济体制改革可以增强资本、劳动等资源的使用效率,消除资源错配,从而有助于全要素生产率增长。安倍经济学"增长战略"中涉及了一定的经济体制改革内容,主要包括推进产业规制改革以及劳动方式改革两个主要方面。

第一,推进产业规制改革。安倍经济学推行以来,在能源、农业等方面实施了一系列规制改革措施。在能源改革方面,安倍政府实施了电力系统改革,以应对日本的能源危机。2013年,安倍政府提出了"电力系统改革方针",实施的改革内容主要包括以下几个方面。①大幅扩展电力系统运营范围。②降低行业准入门槛,实现发电及电力零售行业准入"零门槛"。③实现配电部门中立化。为落实电力零售自由化,设立了"监视电力交易等委员会",监督电力市场的竞争情况。

在农业改革方面,安倍推行的农业改革的口号是发展"进攻型"农业,为促使日本农业走向国际化,需要采取规模化经营方式,降低生产成本。于2013年推出了农业改革的整体规划,即《农林水产业地区活力创造计划》。实施了包括农业生产法人规制改革、农协和农业委员会改革、农业收入补贴改革等。安倍政府通过实施农业改革,目的在于提高农业生产积极性,扩大经营规模,增强农业国际竞争力。

为促进人工智能、大数据等新兴产业发展,实现第四次产业革命,安倍政府实施了以下改革。安倍政府提出了"建设世界一流的企业经营环境"目标,为促进新兴产业发展,采取了简化行政手续政策,实行规制改革,实现信息化办公,提高政府办事效率,服务企业发展。对于人工智能、大数据等新兴产业发展,由于其技术发展的不可预见性,日本政府采取"目标倒算路线图"方式,通过政府与民间企业合作,制定新兴产业合理发展规划。

第二,推动劳动方式改革。劳动方式改革是安倍经济学"增长战略"中的一项重要内容。此举的目的在于,增加劳动力市场的流动性,解决既有的"日本式雇佣方式"中存在的问题,提高劳动力供给质量,增加劳动力的使用效率,从而缓解日本劳动力人口不足的问题。安倍经济学"增长战略"推动劳动方式改革的主要措施包括以下几点。①推进劳动方式改革,减少不必要的加班和无意义的工作,给予员工选择工作地点的自由,从而提高工作效率,促进员工的创新活动。②促进同工同酬的实现。修改劳动契约法、临时雇佣法、劳动派遣法等有关法案，切实缩小非正式雇佣员工和正式雇佣员工的工资差距，消除不合理的待遇差别。③削减过长的工作时间，提高劳动生产效率。通过修改劳动基准法，实施对于劳动时间外工作的限制，促进企业自主解决劳动时间过长问题，推进解决公务员劳动时间过长问题。

（二）日本生产率本部促进生产率增长的有关政策

早在20世纪50年代中期，日本就已经意识到了提高生产率这一问题，并将之作为国家政策的一部分，成立了专门机构，从事促进生产率的有关活动。1954年，日本经团联、日经联、商工会议所、经济同友会四部门联合成立了日本生产率协议会，用以推进生产率提高。1955年，日本通商产业省决定在日本生产率协议会的基础上成立日本生产率本部以促进日本生产率的提高，降低生产成本，促进出口，拉动经济增长。日本生产率本部作为专门促进生产率增长的机构一直保留至今，该部门为促进日本全要素生产率提高起到了重要作用。

日本生产率本部设立的宗旨是："以往的产业合理化运动集中在促进生产设备现代化方面。但目前资本储备匮乏，因而必须提高综合生产率，推动生产技术、经营技术、流通组织升级，改善原料、燃料、劳动力的使用效率，此为起死回生之策。"[1] 日本生产率本部在设立宗旨中提出了"综合生产率"概念，近似于现代经济学中的"全要素生产率"的概念。这说明日本生产率本部在设立之初，就已经认识到提高全要素生产率的重要性。

积极引进外国的先进生产技术、促进国外先进生产技术在日本国内的传播是日本生产率本部长期以来从事的主要工作。根据"日本生产率本部纲要"，日本生产率本部工作的主要内容有以下四点：①派遣访美、访欧代表团，聘请外国专家学者，通过学习先进的技术文献、技术信息引入欧美等国的先进技术。②在生产、经营、劳动管理等方面普及科学管理方式。③指导和促进企业生产效率提升。④开展大规模的提高生产率活动。由此可见，生产率本部的核心工作围绕着提高全要素生产率展开，不仅注重对国外先

---

[1] 梶浦昭友『生産性向上の理論と実践』中央経済社、2016、41頁。

进生产技术的引进与利用，而且积极推动日本企业经营方式改革，改善企业劳动、资本等资源的综合使用效率，从微观层面推动日本全要素生产率的提高。

以提高全要素生产率为宗旨，日本生产率本部自1955年成立以来采取了诸多措施促进日本企业提高生产效率。其一，派遣访美、访欧代表团学习和引进外国先进的生产技术和经营管理方法。日本于1955年5月派出了"钢铁产业视察团"，此外还派出了"机电产业""中小企业经验管理""生命保险""成本管理"等有关视察团。视察团在访问结束以后，在日本各地召开说明会，将视察团的有关成果介绍给日本企业。从1955年至1965年的十年间，日本共派出了568个代表团，共计6072名相关人员参与了视察团活动。[①] 通过派遣视察团，日本全方位地引进了市场营销、成本管理、在库管理、工程管理等现代化的经营管理方式，促进了日本生产及经营管理方式的现代化进程。其二，举办技术交流活动，促进先进生产技术扩散。日本生产率本部通过举办经营管理讲座等方式将吸收到的国外先进技术进一步普及到各个企业，从而提高各企业的生产经营管理和生产效率。其三，促进劳资关系改善。生产率本部为缓和劳动者与经营者之间的对立关系，分别对工会干部和经营者进行培训，组织工会干部学习现代经营理论、财务分析、成果分配等知识，促进劳动者和经营者之间关系的缓和。对于企业经营者的培训，则采取举办海外专家宣讲会、企业高层论坛、经营学术研讨会等方式开展。通过改善劳动者和经营者之间的关系，可以促进企业经营成果的有效分配，从而提高企业劳动力资源的有效使用，提高生产效率。其四，注重促进服务业生产率提升。泡沫经济崩溃后，日本服务业生产率水平不断下降，随着经济服务化的发展，日本经济整体的生产率持续下降。为此，2006年日本生产率本部成立了"服务产业生产率协议会"，促进服务业生产率的提高。该组织为提高服务业的生产率采取了一系列措施，如"促进服务业学习制造业提高生产率经验""培育服务业人才""服务业最佳实践300选"等诸多活动，促进服务业学习制造业部门提高生产率的经验，试图提升日本服务业的生产率。

---

① 社会生産性本部『生産性運動50周年史』社会生産性本部、2015年、51頁。

二 日本全要素生产率变化的总结与展望

通过分析战后日本全要素生产率的变化及其影响因素，可知日本全要素生产率的变化规律，从产业升级、对外贸易、技术进步、经济制度等角度总结了经验与教训。分析并总结了近期日本全要素生产率的变化趋势，指出全要素生产率对日本经济的重要推动作用。从产业升级、劳动方式改革、人口减少、技术转化效率等角度展望了日本全要素生产率未来的发展趋势。

（一）战后日本全要素生产率变化的经验总结

本书运用新古典宏观经济学经济增长理论，从总供给的角度出发，分析了1955年至2016年日本全要素生产率的变化及其决定因素。通过运用时间序列分析、二阶段最小二乘法以及面板数据分析等实证方法，详细分析了影响日本全要素生产率的主要因素，包括产业结构、对外贸易、技术进步以及制度变化四个重要方面。通过分析战后日本全要素生产率的变化与影响因素，可以获取有益经验，可为中国现阶段供给侧结构性改革提供借鉴。

第一，作为后发展国家的日本，其经济增长表现出先快后慢的特征，促进全要素生产率平稳增长是保持经济增长的重要因素。战后日本经济发展过程中，资本和劳动要素投入对日本经济增长起到了重要的推动作用，但是规模报酬递减效应以及日本人口少子高龄化所导致的劳动力人口减少，迫使日本必须实现从要素驱动型增长向全要素生产率驱动型增长的转变。作为后发展国家的日本，其经济总量增长表现出了S形的增长路径，与此同时GDP增长率则呈现出了倒"U"字形的特点，全要素生产率的变化趋势与GDP增长率相同，成为后发展国家经济发展的一个规律。但是，通过对比日本和美国的经济发展过程发现，美国在长期实现了平稳的经济增长，并没有表现出后发展国家经济发展过程中经济增长速度先快后慢的变化特征，而造成这一差异的重要原因在于，以日本为首的后发展国家在实现工业化后，其全要素生产率增长率出现了下降。因此，对后发展国家而言，提高并维持一个稳定的全要素生产率增长率对于维持经济长期平稳发展有着关键性作用。影响全要素生产率变化主要有直接和间接两个因素，直接因素是技术进步，而间接因素则是效率的提高。而从宏观经济学的角度看，效率的提高主要受到以下三个因素的影响，即主导产业的变化、对外贸易的发展以及经济制度的变化。

第二，主导产业的有序升级以及产业结构的升级，通过产业间波及效应有效降低了生产成本，提高了日本的全要素生产率，促进了日本经济增长。然而随着服务业在日本经济结构中占比的增加，服务业的低生产率阻碍了日本全要素生产率增长，抑制了日本经济发展。首先，战后日本的主导产业实现了有效交替，从高速增长时期的钢铁化工等重工业产业，转向了稳定增长时期的汽车等加工组装型产业，在这一过程之中，主导产业自身的生产技术快速发展，其全要素生产率迅速提高，并波及和扩散到了其他非主导产业部门，不仅提高了这些产业的全要素生产率，而且降低了中间产品的生产成本，从而促进了日本的经济发展。其次，随着日本经济结构的日趋成熟，日本的产业结构也出现了服务化倾向，但日本服务业的低生产率阻碍了日本经济全要素生产率的增长，提高服务业部门生产率成为必然要求。服务业部门全要素生产率提高的关键在于生产性服务业的发展，在分析日本生产性服务业的发展情况后，发现日本科技型生产性服务业所占比重正在稳步提高，制造业与服务业的融合趋势持续深化，专业化程度、工业化程度以及生产性服务业效率的提高有助于日本的生产性服务业提高全要素生产率。最后，在泡沫经济崩溃后，随着信息技术的发展，信息技术产业成为日本的主导产业，然而日本信息技术产业的两个重要组成部分，即电子机械制造业和信息服务业之间，却出现了巨大的全要素生产率增长率鸿沟，日本信息服务业的全要素生产率长期落后于电子机械制造业。日本信息服务业的金字塔形系列承办体系的产业结构，影响了发包商和承包商的激励机制，造成承包商风险规避程度高、创新意愿低等问题，从而使得日本信息服务业的中间产品价格居高不下，全要素生产率增长受到阻碍。

第三，对外贸易的发展不仅是日本经济的重要推动因素，而且对外贸易发展带动了出口产业以及货物和服务贸易的发展，促进了日本的全要素生产率的发展。在日本经济高速增长时期，出口是促进日本经济发展的一个因素，而即便是在日本完成工业化之后，出口也仍然是日本经济增长的格兰杰原因，以至于在国内需求不足的后泡沫经济崩溃时期，出口对维持日本经济增长的作用更加凸显。通过回顾日本出口贸易的发展情况,发现日本的出口产品的变化情况与日本主导产业的变迁情况相一致,日本的贸易方式也发生了从垂直向水平的转变。实证检验证实了日本出口产业的技术溢出效应,发现出口部门的技术进步会带动其他非出口部门全要素生产率的提高,但日本出口产业的学习效应并不明显,加强人力资本以及自主研发的投入将改善出口部门的全要素生产率。此外,在日本贸易结构方面,日本在商品贸易方面长期维持顺差,而在服务贸易方面则出现了长期的逆差,技术贸易则从逆差转变为了顺差,表明日本在技术贸易方面已处于净出口国地位,技术取得了长足的进步。出口商品有利于企业的技术创新,而产品以及服务的进口则能够直接引进技术,这些都有助于全要素生产率的提高。本书通过时间序列模型的分析,证实了商品贸易以及服务贸易的技术扩散效应,商品货物的出口以及服务贸易的进口极大地促进了日本全要素生产率的发展与提高。

第四,技术进步是影响全要素生产率的直接因素,战后日本通过大规模的技术引进,实现了技术水平与世界技术前沿的收敛,然而自主创新效率低下成为日本继续提高全要素生产率的阻碍。伴随着经济的高速发展,战后日本在钢铁、石油化工、汽车制造等产业领域,进行了大规模的技术引进,通过吸收引进技术及再创新,日本于20世纪70年代中期在技术水平层面基本实现了与美国技术水平的收敛。战后日本大量的设备投资以及教育投入的持续积累,使得日本的技术水平得到了较快提高。日本在工业化过程中,采取了吸收创新型技术方式,较多的劳动力人口、较大的技术水平差距,以及较小的技术引进成本成为日本实现吸收创新型技术的三个先决条件。但是,当日本的技术水平实现了对美国的赶超之后,随着日本人口老龄化的发展,吸收创新型技术的先决条件不复存在,日本只能依靠自主创新以提高技术水平。工业化实现后,日本自主研究开发效率持续降低,阻碍了全要素生产率提高。本书在回顾日本研究开发投资情况的基础上,得出日本研究开发主要被化工、电子、运输以及医药制造等行业的大企业所垄断的结论,采用实证研究方法,证实了泡沫经济崩溃后日本自主研究开发效率出现下降。日本大企业中存在的自负主义倾向、研究成果的商业转化率较低以及在高新技术领域存在的创新方式问题是造成日本自主研发效率降低的原因。

第五，经济制度是影响全要素生产率的重要间接因素，适合的经济制度能够提高资源配置效率，从而能够促进全要素生产率的提高。战后日本的产业政策，有效地推动了特定产业的发展，并从促进技术进步以及改善生产效率两方面提高了日本的全要素生产率。在贸易政策方面，日本积极推行出口导向型贸易政策，极大地推动了日本的对外贸易发展。完成工业化后，日本的贸易政策逐渐由封闭走向开放，实证结果更进一步表明在后工业化时期贸易开放度的增加有助于全要素生产率的提高。作为经济结构改革的一环，日本在泡沫经济崩溃后，积极推动规制改革，放松对于行业准入的限制，受此影响，日本的金融、电信、医疗等行业的全要素生产率显著提高。雇佣制度、金融制度以及政企关系是经济制度的三个主要方面。泡沫经济崩溃后，原本推动日本经济高速增长的日本企业雇佣制度成为抑制日本劳动力资源配置的障碍。在金融市场方面，通过使用日本制造业上市企业的财务面板数据进行二阶段最小二乘法回归后发现，日本的企业仍然面临着融资约束，限制了其生产率的提高，即使日本在泡沫崩溃后进行了包括"金融大爆炸"在内的一系列金融改革，商业银行系统的"惜贷"行为依然没有得到改观，造成了金融资源的错配。在泡沫经济崩溃之前，日本的政府和企业之间存在着密切关系，形成了关系型治理结构，然而这种治理结构在贸易全球化、金融自由化的世界经济形势之下，不利于日本提高全要素生产率。在泡沫经济崩溃后，日本需要向规则型治理结构转型，从而降低交易成本，促进全要素生产率的提高。泡沫经济崩溃后的二十余年以来，日本积极采用了财政政策和货币政策以刺激经济增长，然而随着日本国债的不断积累，以及日本自然利率水平下降到零之下，日本的财政政策以及货币政策对于经济的刺激效果日益减小。在这种情况之下，唯有通过结构改革，进一步明确市场的经济规则，才有可能促进日本的全要素生产率提高，并让日本经济走出低迷，恢复自律经济增长。

战后日本全要素生产率走过了一条从低到高，再由高到低的轨迹。在人口老龄化问题日益加重，资本投资过剩，投资回报率下降的影响之下，提高全要素生产率是日本走出"失去的二十年"的可取之道。为实现经济的可持续增长，由战后日本经济增长过程可以得到如下三点经验。其一，注重主导产业部门的发展及主导产业的升级，提高服务业生产率。其二，促进自主创新，提高研究开发投资效率。其三，实施经济改革，构建规则型经济治理结构，明确市场规则。战后日本全要素生产率的发展与变化为后发展国家提供了有益参照，值得学习与借鉴。

（二）近期日本全要素生产率变化的新动态

劳动、资本及全要素生产率是经济增长的三个主要方面。以增加劳动、资本等生产要素投入为代表的经济增长模式，虽然能在短期内实现较快的经济增长速度，但从长期看要素驱动的经济增长是不可持续的。从日本的情况看，劳动及资本投入都已经进入瓶颈期，近期很难再有所增加。受人口老龄化的影响，人口出生率和劳动参与人数不断下降，劳动力投入减少。在资本投入方面，日本的资本收益率持续走低，企业失去了扩大设备投资的动力，资本投入增长缓慢。泡沫经济崩溃后，日本经济陷入长期低迷，日本经历了经济体制的改革与转型，以应对劳动、资本投入放缓所带来的经济减速。进入21世纪后，日本的经济体制改革取得了一定成效，虽然经济增速依旧缓慢，但其拉动经济增长的主要因素发生了改变，呈现出从要素驱动向全要素生产率驱动转换的趋势。21世纪后，全要素生产率增长逐渐成为支撑日本经济的最主要因素。

表7-2 以10年为周期计算的日本经济"增长核算"

单位：%

	1980~1990年		1990~2000年		2000~2012年	
GDP年增速	4.94	占比	0.72	占比	0.38	占比
劳动投入	1.04	20.2	-0.30	-41.7	-0.32	-84.2
资本投入	1.87	38.8	1.01	140.4	0.26	68.4
TFP拉动	2.02	40.9	0.01	1.3	0.44	115.8

资料来源：日本经济产业省经济产业研究所，JIPdatabase 2015。

由表7-2可知，日本的GDP年增速在20世纪80年代为4.94%。90年代泡沫经济崩溃后，日本GDP年增速下降至0.72%，21世纪后GDP年增速进一步下降至0.38%。日本经济的增长速度表现出阶段性下滑趋势。

从供给层面看，支撑日本经济增长的主要因素发生了结构性变化。20世纪80年代，全要素生产率增长的拉动以及资本要素投入是促进日本经济增长的主要因素。资本投入对经济增长的贡献达到38.8%，而全要素生产率增长的贡献率达到40.9%。全要素生产率增长对日本经济的贡献甚至超过了资本投入，说明全要素生产率增长是日本20世纪80年代促进经济增长的最主要因素。20世纪80年代，日本正处于制造业发展的顶峰阶段，制造业内部实现了顺利的升级与转型。随着日本经济高速增长阶段的结束，经济进入中速增长时期，经济结构进入转型调整时期。此时，日本经济的主导产业实现了从钢铁、石油化学等重工业向汽车、机械制造等组装制造行业的转型。在这一过程中，生产技术和经营技术的改进以及设备投资的增加推动了日本经济的增长。在企业设备投资方面，从1980年的37.6万亿日元增加到了1989年的73.3万亿日元。[①] 日本政府在这一时期也出台相应政策鼓励新兴产业发展。这一时期，日本的汽车、机械制造产业不断产生新的生产技术与生产方式，提高了全要素生产率。例如，日本的丰田汽车公司，在这一时期积极推动精益生产方式，创造出"丰田生产方式"，极大地提高了汽车生产效率。

泡沫经济崩溃后，资本投入为带动日本经济增长的最主要因素，全要素生产率促进经济增长的作用降低，贡献率下降至1.3%。泡沫经济崩溃后，1990年至2000年，日本的经济增长率下降至0.72%。其中，劳动投入的贡献为-41.7%，资本投入的贡献为140.4%，而全要素生产率增长的贡献仅有1.3%。由此可见，在泡沫经济崩溃后的20世纪90年代，资本投入是日本经济最主要的促进因素，全要素生产率增长对经济的促进作用迅速下降。泡沫经济崩溃后，日本经济陷入长期低迷，经济增速放缓，日本政府为促进日本经济增长，多次采用积极的财政政策措施，扩大公共投资支出。但是，日本财政支出的刺激效果不断减少，对经济的刺激作用不断减小，反而使日本政府背负了沉重的债务负担，造成日本财务状况不断恶化。日本经济增长中资本投入贡献增长反映出泡沫经济崩溃后，日本政府试图通过扩大财政支出、增加公共投资的方式促进日本经济增长这一事实。全要素生产率的贡献急剧下降成为泡沫经济崩溃后，日本经济面临的又一重要课题。随着日本劳动人口的不断减少、技术水平的提高以及技术差距的缩小，日本实现技术赶超的条件逐渐消失，而自主创新不足、研究开发效率低等问题阻碍了日本的

---

① 総務省統計局、「日本長期統計」。

创新，造成了这一时期日本全要素生产率对经济贡献降低的现象。此时的日本政府，认识到了这一问题的深刻性，着手对日本实施了一系列的制度改革，改善日本的创新环境，实施有益于创新的措施与政策。而这些努力最终在21世纪后的日本经济增长变化情况中反映出来。

21世纪，劳动、资本对经济的促进作用持续低迷，全要素生产率的增长成为这一时期经济增长的最主要因素。全要素生产率增速从20世纪90年代的0.01%提升至0.44%，其对经济增长的贡献率也从1.3%提高至115.8%，成为拉动日本经济增长的最主要因素。全要素生产率发挥了刺激经济增长的驱动作用。2000~2012年，日本经济增长率为0.38%，其中劳动力投入贡献为-0.32%，资本投入贡献为0.26%，而全要素增长率的贡献则上升为0.44%，成为促进日本经济增长的最主要因素。随着日本人口少子老龄化的加剧，日本的劳动力人口减少，劳动力投入对经济增长的贡献下降。在资本投入方面，21世纪后随着日本经济增长的逐渐恢复，日本政府的固定资产投资数量在不断下降。2000年日本政府的支出总额为29.3万亿日元，到2010年则下降至18万亿日元，下降了11.3万亿日元。政府支出的下降导致资本投入对日本经济增长贡献出现下降。

21世纪后，全要素生产率成为促进日本经济增长的最主要因素。以下详细分析21世纪后日本全要素生产率的变动情况。如图7-1所示，2000年至2007年，日本的全要素生产率增长率处于0.5%~2.75%，2007年日本的全要素生产率增长率甚至达到了2.75%，表现出了较快的增长速度。随着2008年全球金融危机的爆发，日本全要素生产率增速迅速下降，2009年达到了-6.07%，创下历史新低。此后日本的全要素生产率增长率有所恢复，2010~2012年维持在0%~1%之间。

21世纪，日本全要素生产率增长率表现出一定增长趋势的原因在于，此前日本政府对日本的经济体制实施了一系列以市场为导向的经济体制改革，促进了劳动、资本等要素资源的有效配置，提高了资源的使用效率，因而在全要素生产率层面表现出增长的趋势。

由以上内容可知，进入21世纪，日本经济增长中全要素生产率增长率对经济增长的贡献不断增加，并超过了100%，这与20世纪90年代以资本投入为主要增长推动因素的情况大不相同。20世纪90年代，日本政府试图通过增加财政支出以达到刺激经济增长的目的，然而这一措施不但没有导致

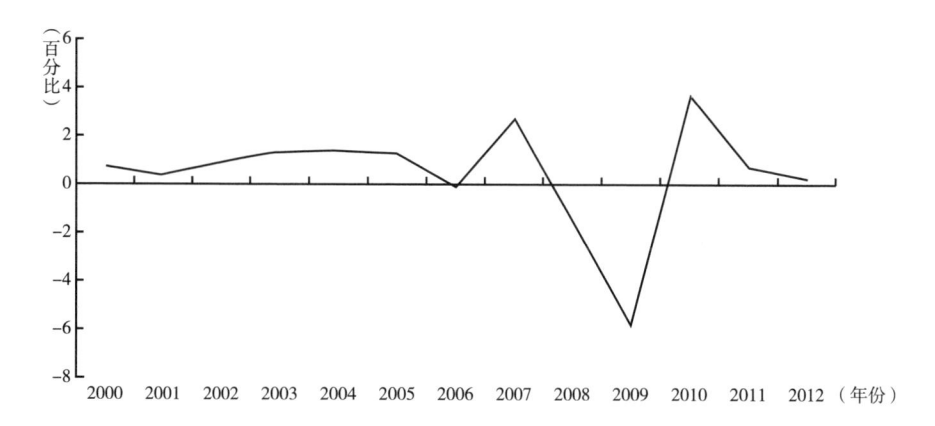

图 7－1　2000～2012 年日本全要素生产率增长率变化情况

资料来源：JIPdatabase2015。

日本经济恢复增长，还使得日本的财政负担增加，负债率剧增。更为严重的是，这一措施影响到日本的全要素生产率增长对经济增长的推动作用，使得日本的经济增长重新恢复到了以资本等要素投入为主导的增长模式中去，对经济长期维持增长非常不利。通过日本政府在 20 世纪 90 年代以及 21 世纪初期的改革，日本的创新环境得到改善，提高了劳动及资本等要素资源的使用效率，从而使得全要素生产率增长率在经济增长中重新恢复了其应有的重要作用，成为促进日本经济增长的最主要因素。日本的经济增长也随之表现出了由要素驱动向创新驱动的增长模式转变的趋势。

（三）日本全要素生产率变化展望

在日本泡沫经济崩溃后，劳动、资本等要素投入对经济增长的推动作用已经越来越小，全要素生产率增长逐渐成为推动日本经济增长的一个重要因素。特别是进入 21 世纪，全要素生产率在推动日本经济增长中的作用愈发突出，2000～2012 年，全要素生产率增长对日本经济增长的贡献超过 100%。因而，全要素生产率增长成为推动日本经济增长的一个重要因素，未来日本经济增长受到全要素生产率的影响将会越来越大，全要素生产率的增长与变化将会对日本经济增长产生重要影响。

一方面，分析影响日本全要素生产率增长的有利因素。从宏观层面上看，日本正在不断推动产业转型，加快产业信息化进程，促进科技创新发展。日本自20世纪80年代起就积极倡导推动经济结构改革，促进知识集约型产业发展，改善经济产业结构，实现产业的换代升级。在近期安倍政府所推行的"安倍经济学"中，同样也可以看到推动产业发展、调整经济结构改革的相关内容。例如，安倍经济学积极引导氢能源汽车、诱导多功能干细胞（iPS细胞）、机器人等产业领域发展。此外，安倍政府也积极推动大学改革、中小企业创新，制定科学技术发展规划，促进科技发展，从而实现日本技术水平的提高。推动产业升级，提高科技水平有助于提高全要素生产率。

从微观层面上看，日本通过劳动方式改革，提高劳动资源使用效率。日本固有的劳动方式，如年功序列、终身雇佣等方式，虽然在日本经济高速增长时期推动了日本生产技术发展，但在另一方面抑制了劳动力市场流动，不利于提高劳动资源的使用效率。为此，安倍政府推动"劳动方式改革"，试图纠正日本固有的长时间劳动以及无偿加班等雇佣制度问题，提高员工的工作积极性，改善生产效率，促进创新。2017年3月，日本"劳动方式改革实现会议"提出了具体的改革措施：限制加班时间、减少正式员工和非正式员工之间的待遇差别，实现同工同酬。通过劳动方式改革，实现非正式员工与正式员工之间以及男女工人之间的同工同酬，减少因劳动身份不同而带来的收入差距，则可以激励员工的工作参与热情，减少员工的工作参与约束。限制加班时间，减少无意义的企业内部工作，可以促进员工开展创新活动，从而将更多的劳动时间用于产品开发、改进服务等方面。总而言之，通过劳动方式改革，安倍政府试图解决劳动资源使用效率较低的问题，提高劳动资源的使用效率，从而有助于促进全要素生产率的增长。

另一方面，分析影响日本全要素生产率增长的不利因素。其一，人口减少，经济总需求下降。日本统计局《人口统计》数据显示，日本的人口总数从1950年的8320万人增加到了2010年的1.28亿人，但从2010年开始日本的人口总数开始下降，2016年下降到1.26亿人，预计到2030年日本的人口总数将下降到1.16亿人。日本的劳动人口数量从1955年的4050万人增加到1998年的6804万人，从1999年开始，日本的劳动年龄人口开始下降，到2016年为止日本的劳动人口数量为6648万人。日本人口总数以及劳动年龄人口的减少，会导致日本经济中具有消费能力的人口和国内经济总需求不断下降。总需求的减少,将会抑制企业的生产以及创新。社会需求的减少抑制了企业的创新动力,减少了新技术、新生产经营方式的产生与发展,从而不利于日本全要素生产率的提高。其二,技术吸收空间缩小,技术创新转化率低下。日本在实现工业化后,其技术吸收空间不断缩小,通过技术引进提高生产技术的产业与部门逐渐减少。随着劳动力人口的不断减少,日本通过技术引进提高生产技术的前提条件也随之消失。因而日本的技术水平提高仅剩下自主创新这一条道路。虽然日本的政府和企业为研究开发注入了大量资金,其研发资金总额居世界前列,并取得了一系列的研究成果,但是其技术创新转化为产品的效率较为低下,阻碍了创新与产出之间的正向联系,因而不利于日本全要素生产率的提高。

结合上述分析,可以预期在未来日本产业升级、技术进步以及促进改善生产效率导向改革的推行,将会促进全要素生产率增长。同时,人口减少、技术创新效率低下等问题将阻碍日本全要素生产率的增长。因而,日本的全要素生产率在未来一段时间内仍能维持一定的增长,但其增长幅度不会很大。

三 对中国经济发展的启示

中国政府近年来提出了供给侧结构性改革,以应对中国经济新常态问题,并提出了去产能、去杠杆、去库存、降成本、补短板五项具体任务,最终体现为促进全要素生产率提高。日本拥有丰富的供给侧结构性改革经验,学习与借鉴日本在不同时期的供给侧结构性改革经验,有利于中国现阶段供给侧结构性改革的开展与实施。

(一)中国现阶段的供给侧结构性改革与全要素生产率

近年来,中国经济进入新常态,在此背景下中国提出了供给侧结构性改革政策,目的在于维持中国经济平稳发展。中国的供给侧结构性改革主要包含去产能、去杠杆、去库存、降成本、补短板五项任务,着眼于提高全要素生产率。

1. 中国供给侧结构性改革提出的背景

在经历了 30 余年的经济高速增长后,中国的经济实力和国际地位都得到了较大幅度的提升,中国经济发展取得了巨大成就,一跃成为世界第二大经济体。但 2013 年以后,中国经济进入新常态,经济增长面临"三期叠加"等一系列问题。即中国经济面临"经济增长换挡期""结构调整阵痛期"以及"前期刺激政策消化期"等问题的严峻挑战,最突出的表现形式就是经济增速的下降。1979～2011 年,中国经济保持了长达 32 年的年均 9.87% 的经济增长率,但是随着国内外经济形势的变化,继续维持 10% 左右的增长率已经不再现实,经济增速放缓、经济结构调整成为必然趋势。2013 年中国经济增长率下降至 7.7%,2015 年为 6.9%,2016 年则进一步下降至 6.7%。由此可见,中国经济增长速度由高速增长转向了中高速增长,在未来中高速增长将成为中国经济增长的常态。

面对中国经济增速放缓这一挑战,习近平总书记在 2013 年中央经济工作会议上强调,为应对中国经济增速放缓,应着力处理好以下四个问题。其一,发展方式由规模速度型粗放增长向质量效率型集约增长转变;其二,产业结构由中低端向中高端转变;其三,增长动力由要素驱动向创新驱动转换;其四,资源配置由市场起基础性作用向起决定性作用转换。上述几个问题,对于促进中国经济未来增长和发展至关重要。在这一背景下,为适应经济新常态,推动经济平稳健康发展,中国于 2015 年首次提出供给侧结构性改革,强调从供给层面,着重提高供给的质量与效率,促进产业升级与转型,解决供给与需求的错配,增强经济的增长动力。供给侧结构性改革是应对与处理中国经济新常态问题的重要政策措施。党的十九大报告再次强调了供给侧结构性改革的重要性,指出将提高供给质量作为主攻方向,加快发展先进制造业,支持传统产业优化升级,优化存量资源配置,扩大优质增量供给,实现供需动态平衡。

2. 中国供给侧结构性改革的主要内容

2015 年 11 月 10 日,习近平总书记在中央财经领导小组第十一次会议上讲话,第一次提出了"供给侧改革"。同年 12 月,中央工作会议强调,要着力推进供给侧结构性改革,加大结构性改革力度,矫正要素扭曲,扩大有效供给,提高全要素生产率。供给侧结构性改革是中国在新常态经济背景下提出的重要政策措施,对促进中国经济平稳健康发展具有重要作用。习近平总书记在会议上指出，供给侧结构性改革主要包含以下五大方面任务，即去产能、去杠杆、去库存、降成本、补短板。

第一，去产能。化解过剩产能是供给侧结构性改革的第一要务，将宝贵的生产要素资源从产能过剩的、增长空间有限的产业和"僵尸企业"中释放出来。促进生产资源向以信息技术为支撑的新产业、新业态和创新型企业倾斜，促进技术进步和技术创新，不断提高产业链上产品和服务的附加价值，从而推动创新发展，以创新促进产业结构、产业组织的优化，推动产业升级和经济发展方式转变，最终实现对存量产能的优化。

第二，去杠杆。2008年以来，中国非金融企业和政府部门负债占GDP的比重不断上升，高杠杆成为中国经济发展的一个隐患。根据中国社会科学院发布的《中国国家资产负债表（2015）》中的统计数据，截至2015年年底，中国的债务总额为168.48万亿元，全社会杠杆率达到249%，其中非金融企业部门的负债率达到156%。负债率过高导致的高杠杆，将会产生巨大的金融风险。一旦发生债务违约，将有可能引发系统性的金融危机。因而，防止债务过快增长，降低金融杠杆，对于维持经济稳定增长，防止系统性金融风险发生具有重要作用。

第三，去库存。根据中国国家统计局数据，截至2015年年末，中国商品房待售面积达到69637万平方米，中国面临着严重的住房待售问题。中国的房地产库存已经达到了亟待化解的阶段，房地产库存过高影响了房地产业及其相关产业发展，还可能危及金融信贷安全，从而对中国经济发展产生不利影响。为此，需要扩大有效需求，打通供需通道，消耗房地产库存，从而稳定房地产市场。

第四，降成本。党的十八届五中全会提出："开展降低实体经济企业成本行动，优化运营模式，增强盈利能力。限制政府对企业经营决策的干预，减少行政审批事项。清理和规范涉企行政事业性收费，减轻企业负担，完善公平竞争、促进企业健康发展的政策和制度。"这对于降低中国企业生产成本，提高企业竞争力具有重要作用。降低企业生产成本可以促进中国经济平稳发展。此外，降低企业生产成本，有助于企业改善供给质量，提高供给的水平与效益，提升供给能力。最后，降低企业生产成本，可以维持企业的国际竞争能力，保持企业的活力与竞争优势。

第五，补短板。补短板是指，结合当前社会经济的主要矛盾，通过供给侧结构性改革的政策方式，改善供给的数量与质量，提升供给效率，培育对于经济转型具有关键作用的新兴产业，扩大有效供给，促进经济增长。2015年中央经济工作会议指出，当前补短板的任务主要有以下几点：打好脱贫攻坚战，支持企业技术改造和设备更新，培育发展新产业，补齐软硬基础设施短板，加大投资于人的力度，继续抓好农业生产。

3. 中国供给侧结构性改革与全要素生产率之间的联系

中国政府自2015年开始重视全要素生产率对经济增长的推动作用，同时认识到全要素生产率对中国经济经济增长转型的重要作用。2015年，国务院总理李克强首次在《政府工作报告》中提出："要增加研发投入，提高全要素生产率。"这是中国政府为应对"三期叠加"以及资本、劳动等要素价格上涨等问题，在以往的高投入、高消耗、重数量的生产方式无以为继的背景下，所提出的具体应对方针，对中国经济的发展与转型具有重要的指导意义。此后，中国政府在2016年和2017年的《政府工作报告》中持续两年提到了促进全要素生产率增长的重要性。2016年的《政府工作报告》中指出："在适度扩大总需求的同时，突出抓好供给侧结构性改革，既做减法，又做加法，减少无效和低端供给，扩大有效和中高端供给，增加公共产品和公共服务供给，使供给和需求协同促进经济发展，提高全要素生产率，不断解放和发展社会生产力。"2017年的《政府工作报告》指出："要坚持以改革开放为动力、以人力人才资源为支撑，加快创新发展，培育壮大新动能、改造提升传统动能，提高全要素生产率，推动经济保持中高速增长、产业迈向中高端水平。"由此可见，提高全要素生产率是中国实现经济转型以及产业升级转型的关键因素之一。

中国的供给侧结构性改革与全要素生产率之间具有紧密的联系，通过供给侧结构性改革促使中国经济的全要素生产率得到稳定提高，全要素生产率增长将推动中国经济平稳转型，维持中国经济的稳定发展。中国经济现处于经济新常态状态，面临着经济增长动力转换等一系列问题，促进创新增长是现阶段中国经济的重要问题，而这些问题最终可以归结为促进全要素生产率在中国经济增长率中的贡献程度。但是，随着中国经济进入新常态，以下两点因素影响了中国全要素生产率的增长，阻碍了中国经济向创新驱动型经济的转化。其一，劳动力转移速度减缓。其二，新成长劳动力减少，人力资本改善减缓。① 从经济理论上讲，提高全要素生产率主要有以下两种途径：其一，通过技术进步实现生产效率的提高；其二，通过生产要素的重新组合实现配置效率的提高。

2015年中国政府提出的供给侧结构性改革，并提出了五项具体任务。这些具体任务与提高全要素生产率问题之间具有紧密联系，可以认为提高全要素生产率是中国供给侧结构性改革的重要着力点。首先，补短板这一任务能够有效促进中国的技术进步和创新，提高全要素生产率。补短板任务的重点在于补齐此前中国经济发展中的技术及产业短板，这一过程可以推动中国的技术水平进步，推进全要素生产率增长。其次，去产能、去库存、去杠杆、降成本四项任务能够提高生产要素的使用效率，清除人力资本、物力资本的积累障碍，消除配置障碍，从而达到提高全要素生产率的目的。通过去库存、去杠杆等工作，可以将资金等资本资源解放出来，并配置到其他高效的产业部门中去。通过去产能工作，可以促进产业升级和产业发展深化，实现主导产业的有序交替，推动资源从低效部门向高效部门转移，提高全要素生产率。降成本工作则从微观层面着手，降低企业的生产经营成本，提升企业的经营效率，从而达到提高全要素生产率的目的。

（二）日本的经验及其对中国的启示

日本在20世纪70年代中后期以及21世纪初期实施了两次较为明显的供给侧结构性改革。其中在产业转型、不良债权及僵尸企业处理以及推动科学技术发展等方面积累了较多经验，值得现阶段进行供给侧结构性改革的中国学习与借鉴。

1. 日本的供给侧结构性改革

日本的供给侧改革实施较为明显的一共有两个时期，即20世纪70年代中后期的经济增速换挡时期，以及21世纪初日本陷入经济长期低迷后小泉政府的改革时期。一方面，20世纪70年代初期，在经历了"尼克松冲击"之后，日本经济的高速增长时期结束，日本经济增速由高速增长转为中速增长，此时日本的产业结构面临着调整压力。此时，日本的主要产业为钢铁、

---

① 蔡昉：《供给侧认识、新常态、结构性改革》，《探索与争鸣》2016年第5期。

制铝、石油化工等重化学工业，而这些产业具有高能耗、高投入、高污染等特征。在经历"尼克松冲击"和"第一次石油危机"之后，石油等能源产品价格持续攀升，这些高能耗产业不再符合日本经济的发展需要。为此，日本政府积极使用产业政策和产业组织政策，促进日本的产业升级与经济转型。受到日本政府相关政策的积极影响，日本在20世纪70年代中后期较快地实现了产业的升级转型，产业结构实现了从"重厚长大"向"短小轻薄"的转变，汽车制造、机械制造等加工组装型产业快速发展，成为日本新的主导产业，对此后日本经济发展具有重要作用。

另一方面，21世纪初期日本小泉政府的改革政策。20世纪90年代初期，日本的泡沫经济崩溃，房地产等资产价格迅速下降，对日本经济造成了严重的负面影响。21世纪初的结构性改革着重于消除不良债权以及僵尸企业对于日本经济的负面影响，提升金融资源的使用效率，恢复市场经济活力，促进产业及企业的更新换代，引领企业进行研发与创新。日本供给侧改革对于全要素生产率的推动作用，无疑是值得我国借鉴与参考的。

2. 中国供给侧结构性改革实施的重点方向

首先，在产业升级与产业转型方面，中国应加强引导落后产能退出，积极促进生产要素和资源向战略性新兴产业转移。在经济新常态背景下，"去产能"工作无疑会面临较多的利益冲突。"去产能"工作一方面会冲击当地的就业与GDP增长，另一方面过剩产能产业往往是地方的支柱产业，推动这些产业转型会直接影响当地的财政收入。因而，中国在引导过剩产能产业退出的同时，应做好产业升级转型工作，引导生产要素和资源向新兴产业转移，实现当地支柱产业的有效转化。同时，在这一过程中实现制造业内部的转型升级，促进制造业高端化发展，提升在产业链中的位置，掌握制造业核心技术。

其次，在僵尸企业处理方面，应处理好企业及债权人之间的矛盾，促进"去杠杆"工作的有序开展。在处理僵尸企业问题时，因为涉及众多的矛盾和利益冲突，其工作难度较高。特别是作为债务人的企业与作为债权人的金融机构间，将会因为如何处理过剩债务产生一定程度的纠纷。如何处理好企业内部工人失业以及企业与债权人之间的矛盾对于推动"去杠杆"工作具有重要的意义。

最后，在"补短板"方面，中国的创新能力仍显不足，抑制了科学技术发展，不利于中国全要素生产率的提高。长期以来，中国经济发展主要是以量为导向的粗放式发展，通过廉价的劳动力、大量的资源投入获得产业国际竞争力。在技术创新方面，主要通过技术引进提高技术水平，自主创新仍然有待发展。创新水平较低导致中国的产业发展缺乏核心技术支撑，抑制了中国供给能力的提升，导致中国始终徘徊于全球价值链的中低端，难以融入全球高端价值链之中，不利于中国产业的进一步发展。

3. 日本的供给侧结构性改革经验对中国的启示

第一，通过20世纪70年代的供给侧结构性改革，日本在较短的时间内实现了主导产业的有序转换，主导产业全要素生产率提高所带来的产业波及效应降低了中间产品价格和经济体的生产成本，促进了日本全要素生产率水平的提高。中国于2015年提出了《中国制造2025》，明确了中国制造业未来升级发展的路线图。中国应吸取日本的经验，在当前的经济情况下，通过《中国制造2025》不断推进制造业内部产业升级，促进主导产业的有序转换，实现中国制造业的高端化发展。同时，虽然日本实现了制造业内部主导产业的有序转换，但错过了发展服务业、信息产业的关键时机，导致日本的服务业及信息产业的生产率较低，抑制了日本全要素生产率的提高。中国应吸取日本的教训，在信息技术快速发展的当下，积极引导服务业与信息产业的发展，促使其成为中国新的主导产业。

第二，在处理僵尸企业方面，中国应积极吸取日本的经验，加快僵尸企业处理，早日完成"去杠杆"任务。21世纪初，日本为促进不良债权及僵尸企业等问题的处理，设立了"产业再生机构"。产业再生机构是由日本政府主导的民营企业，致力于僵尸企业问题的处理。产业再生机构所具有的官方背景，使得债权人和债务人能够就债务免除、债务减免等问题达成一致意见，并共同促进企业经营的再生与重组。中国可以吸取日本处理僵尸企业的经验，设立专门机构促进僵尸企业问题处理，这样能够有效缓解企业与债权人之间的矛盾，促进僵尸企业问题的早日解决。

第三，在促进科学技术发展方面，中国应积极引导科学技术发展，促进企业创新。战后日本通过大规模的技术引进，实现了技术水平向世界前沿水平的收敛，但技术转化效率低影响了日本继续提高全要素生产率。中国应吸取日本的经验，设立科学发展规划，指定重点发展的科技领域，强化政府与民间企业的科技创新合作，创造适宜企业创新的制度环境。此外，中国还应吸取日本的教训，注重创新向产品转化的效率，积极促进企业将新的技术转化为销售产品，提高创新转化效率，提高全要素生产率。

参考文献

一 期刊类

包群、许和连:《出口贸易如何促进经济增长?——基于全要素生产率的实证研究》,《上海经济研究》2003年第3期。

蔡昉:《供给侧认识·新常态·结构性改革——对当前经济政策的辨析》,《探索与争鸣》2016年第5期。

高凌云、王洛林:《进口贸易与工业行业全要素生产率》,《经济学季刊》2010年第2期。

关兵:《出口贸易与全要素生产率——基于中国各省面板数据的实证分析》,《经济管理》2009年第11期。

韩德超、张建华:《中国生产性服务业发展的影响因素研究》,《管理科学》2008年第6期。

胡兵、乔晶:《对外贸易、全要素生产率与中国经济增长——基于LA-VAR模型的实证分析》,《财经问题研究》2006年第5期。

李晓丹、刘广:《日本电信产业规制及其对我国的借鉴》,《广东商学院学报》2004年第1期。

林秀梅、马明:《日本制造业"路在何方"——基于全要素生产率分析的启示》,《现代日本经济》2012年第2期。

凌强:《日本观光立国战略的新内容及其新特点》,《日本问题研究》2011年第2期。

刘纯彬、杨仁发:《中国生产性服务业发展的影响因素研究——基于地区和行业面板数据的分析》,《山西财经大学学报》2013年第4期。

刘轩:《日本电信产业组织的规制改革》,《现代日本经济》2009年5期。

莽景石:《经济停滞、生产率下降与体制运行环境的变化——20世纪90年代的日本经济》,《日本研究》2000年第4期。

潘爱民：《中国服务贸易开放与经济增长的长期均衡与短期波动研究》，《国际贸易问题》2006年第2期。

秦嗣毅：《日本产业政策的演变及特点》，《东北亚论坛》2003年第2期。

田正、宋本超：《日本研究开发投资效率实证研究》，《特区经济》2015年第9期。

田正：《后工业化时期日本出口对经济增长影响实证分析》，《经济问题探索》2015年第1期。

田正：《融资约束对日本企业生产率影响实证研究》，《中国物价》2016年第1期。

王立岩：《日本科技创新战略的演进与启示》，《东北亚学刊》2017年第1期。

吴汉洪：《西方产业组织理论关于市场结构与创新关系的争论》，《教学与研究》2002年第11期。

吴宇、李巧莎、张兴：《国债的经济效应与李嘉图等价——基于战后日本数据的实证检验》，《河北大学学报》2012年第2期。

杨东亮：《中日全要素生产率测算与比较》，《现代日本经济》2011年第4期。

叶明确、方莹：《出口与我国全要素生产率增长的关系——基于空间杜宾模型》，《国际贸易问题》2013年第5期。

元桥一之、姜波：《日本企业的R&D合作及其对国家创新系统改革的政策启示》，《科学研究》2006年第24期。

袁欣：《战后初期日本"出口导向"型经济增长浅析》，《日本学刊》1998年第3期。

张玉柯、吴宇：《李嘉图等价定理在战后日本的适用性分析》，《日本学刊》2006年第2期。

郑吉昌、夏晴：《服务贸易国际竞争力的相关因素探讨》，《国际贸易问题》2005年第12期。

庄树坤、刘辉煌、张冲：《中国生产性服务业发展的影响因素研究》，《技术与创新管理》2009年第6期。

安井修二「日本の長期不況」『尾道大学経済情報論集』2号、2002。

参考文献

　川村醇之介「戦後日本の技術導入の経験——1950年代の事例」『国民経済研究協会』147号、1983。

　川本卓司「日本経済の技術進歩率計測の試み：「修正ソロー残差」は失われた10年について何を語るか?」『金融研究』4号、2004。

　島田晴雄・細川豊秋・清家篤「賃金および雇用調整過程の分析」『経済分析』84号、1982。

　二木立「小泉・安倍政権の医療改——新自由主義的改革の登場と挫折」『月刊保険診療』12号、2007。

　峰滝和典・元橋一之「ソフトウェア産業の重層的下請構造：イノベーションと生産性に関する実証分析」『RIETI Discussion Paper Series』2008。

　服部恒明・宮崎浩伸「産業別の技術進歩率の計測と経済成長の要因分析——1970年代後半以降の実証研究」『電力経済研究』44号、2000。

　宮川努「生産性の経済学」『日本銀行ワーキングペーパー』2006。

　宮島英昭・新田敬祐「株式所有構造の多様化とその帰結：株式持ち合いの解消・「復活」と海外投資家の役割」『RIETI discussion paper』2015。

　国立社会保障人口問題研究所「日本将来の推計人口」2012、http://www.ipss.go.jp/syoushika/tohkei/newest04/gh2401.pdf。

　郝躍英「中・日両国乗用車工業における技術導入と国産化の比較」『経営研究』5号 1992。

　黒田昌裕・吉岡完治・清水雅彦「経済成長：要因分析と多部門間波及」浜田宏一・黒田昌裕・堀内昭義『日本経済のマクロ分析』東京大学出版会、1987。

　黒田昌裕「経済成長と全要素生産性の推移：日米経済成長要因の比較」『三田商学研究』2号、1985。

　吉森崇「国内理論系半導体産業の分析と将来戦略」『現状認識』2000。

　吉川洋・松本和幸「日米経済——1980年代と1990年代」『フィナンシャル・レビュー』58号、2001。

　近能善範「日本型産業構造の転換——日本の自動車部品サプライヤーシステムの変化について」『クォータリー生活福祉研究』1号、2004。

金栄愨・権赫旭・深尾京司「産業の新陳代謝機能」深尾京司・宮川努『生産性と日本の経済成長：JIPデータベースによる産業・企業レベルの実証分析』東京大学出版社、2008。

経済社会総合研究所「IT投資の経済効果分析：固定資本マトリクスを基礎とした実証研究」『研究報告書』2010。

井堀利宏・加藤竜太・中野英夫・中里透・土居丈朗・近藤広紀・佐藤正一「財政赤字と経済活動：中長期視点からの分析」『経済分析』2002。

立本博文「PCのバスアーキテクチャの変遷と競争優位：なぜintelはプラットフォームリーダーシップを獲得できたか」『東京大学ものづくり経営研究センター discussion paper』2007。

鈴木諒一「賃金水準が等しくなった時点での日米労働経済の比較」『三田商学研究』3号、1977。

権赫旭「資金調達と企業の生産性上昇――日本企業データによる実証分析（日本大学経済学部経済科学研究所研究会［第171回］2009年11月25日平成19～20年度共同研究成果報告 90年代における日本経済の停滞と構造変化に関する実証的分析及び日本経済システム再構築に関する政策的な提言――資源配分メカニズム中心に）」『経科研レポート』35号、2010。

泉弘志・李潔「全要素生産性と全労働生産性」『統計学』89号、2005。

山川美穂子「ワンストップ化に向かうアウトソーシングビジネスの経営戦略（特集アウトソーシングビジネス最前線――ここまで来た！外部経営資源の戦略的活用）」『企業診断』11号、2004。

矢野光「リカード中立命題の日本経済での検証（2）：GMMを用いたEuler方程式推定による検証」『敬愛大学国際研究』15号、2005。

石倉雅男「日本の金融システムの回顧と展望：銀行部門の構造変化を中心に」『季刊経済理論』3号、2008。

石田三樹・越智泰樹「国際取引における知的財産の重要性について――特許等使用料収支を中心として」『地域経済研究』3号、2010。

水谷謙治「物品賃貸業の歴史的研究（下）：第二次世界大戦以降」『立教経済学研究』604号、2007。

参考文献

松本和幸・吉川洋「産業構造の変化と経済成長」『フィナンシャル・レビュー』58号、2001。

篠崎彰彦・山本悠介・篠﨑彰彦.「IT関連産業の経済波及効果──産業連関表による1990年から2005年までの分析」『経済学研究』4号、2009。

篠塚英子・石原恵美子「オイル・ショック以降の雇用調整──4カ国比較と日本の規模間比較」『日本経済研究』6号、1977。

小浜裕久・渡辺真知子「戦後日本の経済発展と構造変化‐6‐外国借款と技術導入」『経済セミナー日本評論社』488号、1995。

小野浩「戦後の日本の自動車産業の発展」『經濟學研究』1号、1995。

伊達雄高・清水谷諭「日本の出生率低下の要因分析：実証研究のサーベイと政策的含意の検討」『経済分析』176号、2005。

伊地知寛博「日本のイノベーションシステム──「全国イノベーション調査」データに見る民間企業全体の現況（特集競争力の検証──日本企業は本当に復活したのか?)」『一橋ビジネスレビュー』3号、2004。

桜井清「戦後の自動車産業の技術導入（3）」『和光経済』1号、1995。

桜井清「戦後の自動車産業の技術導入（4）」『和光経済』2号、1996。

桜本光・新保一成・菅幹雄「わが国経済成長と技術特性」『経済分析』149号、1997。

猿山純夫「マクロモデルからみた財政政策の効果「政府支出乗数」に関する整理と考察」『経済のプリズム』79号、2010。

元橋一之「産学連携の実態と研究開発型中小企業の重要性──日本のイノベーションシステムに対するインプリケーション」『開発技術』10号、2004。

元橋一之「産学連携の実態と効果に関する計量分析：日本のイノベーションシステム改革に対するインプリケーション」『RIETI Discussion Papers Series』2003。

元橋一之「中小企業の産学連携と研究開発ネットワーク：変革期にあ

る日本のイノベーションシステムにおける位置づけ」『RIETI Discussion Papers Series』2005。

元橋一之「日本のイノベーションシステムの現状と課題」『技術計画学会年次学術大会講演要旨集研究』16号、2001。

張英莉「日本石油化学工業における設備投資について」『一橋研究』4号、1994。

張英莉「日本石油化学工業の技術導入に関する考察」『秀明大学国際研究学会国際研究論集』4号、1999。

張健浩「技術革新志向産業における研究開発投資の効率性の推定」『東京国際大学論集』3号、1990。

植村博恭・田原慎二「脱工業化の理論と先進諸国の現実：構造変化と多様性（特集脱工業化・サービス化と現代資本主義）」『季刊経済理論』4号、2015。

中西泰夫・乾友彦「規制緩和と産業のパフォーマンス」深尾京司・宮川努『生産性と日本の経済成長：JIPデータベースによる産業・企業レベルの実証分析』東京大学出版社、2008。

中村眞人「戦後日本における精密機械産業の発展と現状――個別産業研究の試み」『駒大経営研究』2号、1994。

佐藤洋一「IT投資と日本経済の潜在的成長力」『大妻女子大学紀要社会情報系社会情報学研究』18号、2009。

Baba, Y., Shinji Takai and Yuji Mizuta, "The Japanese software industry: the 'hub structure' approach", *Research Policy*, Vol. 24, No. 3, 1995.

Balassa, B., "Exports and economic growth: further evidence", *Journal of Development Economics*, Vol. 5, No. 2, 1978.

Baldwin, R. E., Rikard Forslid, "Trade liberalisation and endogenous growth: A (q) -theory approach", *Journal of International Economics*, Vol. 50, No. 2, 2000.

Barro, R. J., "Notes on growth accounting", *Journal of Economic Growth*, Vol. 4, No. 2, 1999.

Barro, R. J., "Are government bonds net wealth?", *The Journal of Political Economy*, Vol. 82, No. 6, 1974.

参考文献

Baumol, W. J., "Macroeconomics of unbalanced growth: the anatomy of urban crisis", *The American Economic Review*, 1967.

Baumol, W. J., "Productivity growth, convergence, and welfare: what the long-run data show", *The American Economic Review*, 1986.

Beason, R., Darid E. Weinstein, "Growth, economies of scale, and targeting in Japan (1955 – 1990)", *The Review of Economics and Statistics*, 1996.

Benhabibm, J., Mark M. Spiegel, "The role of human capital in economic development evidence from aggregate cross-country data", *Journal of Monetary Economics*, Vol. 34, No. 2, 1994.

Boltho, A., "Was Japanese growth export-led?", *Oxford Economic Papers*, Vol. 48, No. 3, 1996.

Breinlich, H., Chiara Criscudo, "International trade in services: A portrait of importers and exporters", *Journal of International Economics*, Vol. 84, No. 2, 2011.

Caves, D. W., Laurits R. Christensen and W. Erwin Diewert, "Multilateral comparisons of output, input, and productivity using superlative index numbers", *The Economic Journal*, Vol. 92, No. 365, 1982.

Christensen, L. R., Dale Jorgenson and L. J. Lau, "Transcendental logarithmic production frontiers", *The Review of Economics and Statistics*, No. 1, 1973.

Dalamagas, B., "The tax versus debt controversy in a multivariate cointegrating system", *Applied Economics*, Vol. 26, No. 12, 1974.

Easterly, William, Ross Levine, "It's not factor accumulation: stylized facts and growth models", *World Bank Economic Review*, 2002.

Edwards, S., "Openness, productivity and growth: what do we really know?", *The Economic Journal*, Vol. 108, No. 447, 1998.

Evenson, Robert E., Larry E. Westphal, "Technological change and technological strategy", *Handbook of Development Economics*, Vol. 3, No. 1, 1995.

Färe, R., Shawna Grosskof and Mary Norris, "Productivity growth, technical progress, and efficiency change in industrialized countries", *The American Economic Review*, 1994.

Fazzari, Steven, R. Glenn Hubbard, and Bruse C. Petersen, "Financing constraints and corporate investment", *Brookings Papers on Economic Activity*, No. 1, 1988.

Feder, Gershon, "On exports and economic growth", *Journal of development economics*, Vol. 12, No. 1, 1983.

Francois, Joseph Francis, Bernard Hoekman, "Services trade and policy", *Journal of Economic Literature*, 2010.

Godo, Yoshihisa, "Estimation of Average Years of Schooling by Levels of Education for Japan and the United States, 1890 – 1990", *Paper at the Meiji Gakuin University*, 2001.

Griliches, Z., "R&D and the productivity slowdown", *NBER Working Paper*, 1980.

Grossman, G. M., Elhanan Helpman, "Trade, knowledge spillovers, and growth", *European Economic Review*, Vol. 35, No. 2, 1991.

Harris, Richard and Mary Trainor, Rumio, Eduard C. Prescott, "Capital Subsidies and their Impact on Total Factor Productivity: Firm-Level Evidence from Northern Ireland", *Journal of Regional Science*, Vol. 45, No. 2, 2005.

Hayashi, Fumio, Edward C. Prescott, "The 1990s in Japan: A lost decade", *Review of Economic Dynamics*, Vol. 5, No. 1, 2002.

Helpman, E., Marc J. Melitz, and Stephen R. Yeaple, "Export Versus FDI with Heterogeneous Firms", *American Economic Review*, Vol. 94, No. 1, 2004.

Helpman, Elhanan Helpman, Marc J. Melitz, and Stephen R. Yeaple, "Export Versus FDI with Heterogeneous Firms", *American Economic Review*, Vol. 94, No. 1, 2004.

Holmstrom, B., Paul R. Milgrom, "Aggregation and linearity in the provision of intertemporal incentives", *Econometrica: Journal of the Econometric Society*, 1987.

Jorgenson, D. W., koji Nomura, "The industry origins of Japanese economic growth", *Journal of the Japanese and International Economies*, Vol. 19, No. 4, 2005.

Jorgenson, D. W., kazuyuki Motohashi, "Information technology and the Japanese economy", *Journal of the Japanese and International Economies*, Vol. 19, No. 4, 2005.

Jorgenson, D. W., Masahiro Kuroda, "Japan-US industry-level productivity comparisons, 1960 – 1979", *Journal of the Japanese and International Economies*, Vol. 1, No. 1, 1987.

Jung, W. S., Peyton J. Marshall, "Exports, growth and causality in developing countries", *Journal of Development Economics*, Vol. 18, No. 1, 1985.

Kaldor, N., "A model of economic growth", *The Economic Journal*, Vol. 67, No. 268, 1957.

Kakaomerlioglu, D. C., Bo Carlsson, "Manufacturing in decline? A matter of definition", *Economics of Innovation and New Technology*, Vol. 8, No. 3, 1999.

Kongsamut, P., Sergio Rebelo, and Danyang Xie, "Beyond balanced growth", *The Review of Economic Studies*, Vol. 68, No. 4, 2001.

Krüger, J. J., "Productivity and structural change: a review of the literature", *Journal of Economic Surveys*, Vol. 22, No. 2, 2008.

Li, J. S., "Relation-based versus Rule-based Governance: An Explanation of the East Asian Miracle and Asian Crisis", *Review of International Economics*, Vol. 11, No. 4, 2003.

Levin, Andrew, L. K. Raut, "Complementarities between exports and human capital in economic growth: Evidence from the semi-industrialized countries", *Economic Development and Cultural Change*, No. 461, 1997.

Lucas, R. E., "On the mechanics of economic development", *Journal of Monetary Economics*, Vol. 22, No. 1, 1988.

Mansfield, Edwiw, "Basic research and productivity increase in manufacturing", *The American Economic Review*, 1980.

Maroto-Sánchez, A., Juan R. Cuadrado-Roura, "Is growth of services an obstacle to productivity growth? A comparative analysis", *Structural Change and Economic Dynamics*, Vol. 20, No. 4, 2009.

Michaely, M., "Exports and growth: an empirical investigation", *Journal of Development Economics*, Vol. 4, No. 1, 1977.

Nickell, S., D. Nicolitsas., "How does financial pressure affect firms?", *European Economic Review*, Vol. 43, No. 8, 1999.

Ngai, R. Christopher A. Dissarides, "Structural change in a multi-sector model of growth", *CEPR Discussion Paper*, No. 4763, 2004.

Nelson, Richard R., Edmund Phelps, "Investment in humans, technological diffusion, and economic growth", *The American Economic Review*, 1966.

Ogunleye, E. O., R. K. Ayeni, "The link between export and total factor productivity: Evidence from Nigeria", *Social Sciences*, No. 1, 2008.

Pack, Howard, John M. Page, "Accumulation, exports, and growth in the high-performing Asian economies", *Carnegie-Rochester Conference Series on Public Policy*, Vol. 40, 1994.

Parente, S. L., Edward C. Prescott, "Barriers to technology adoption and development", *Journal of Political Economy*, 1994.

Petit, Pascal, "Growth and productivity in a knowledge-based service economy", *Productivity, Innovation and Knowledge in Services*, 2002.

Pyo, H. K., Keun-Hee Rhee, and Bongchan Ha, "Growth accounting and productivity analysis by 33 industrial sectors in Korea (1984 – 2002)", *Productivity in Asia: Economic Growth and Competitiveness*, 2007.

Ranis, G., "Industrial sector labor absorption", *Economic Development and Cultural Change*, 1973.

Riddle, D. I., "Service-led growth", *The International Executive*, Vol. 28, No. 1, 1986.

Salvatore, D., Thomas Hatcher, "Inward oriented and outward oriented trade strategies", *The Journal of Development Studies*, Vol. 27, No. 3, 1991.

Solow R. A., "A contribution to the theory of economic growth", *Quarterly Journal of Economic*, Vol. 70, No. 1, 1956.

Solow, R. A., "Technical change and the aggregate production function", *Review of Economics and Statistics*, No. 39, 1957.

Summers, Lawrence H., "US economic prospects: Secular stagnation, hysteresis, and the zero lower bound", *Business Economics*, Vol. 49, No. 2,

2014.

Yukiko, Ito, "Choice for FDI and Post-FDI Productivity", *RIETI Discussion Paper Series*, 2010.

二 著作类

巴罗:《经济增长》,中国社会科学出版社,2000。

保罗·克鲁格曼、罗宾·韦尔斯、凯瑟琳·格雷迪:《克鲁格曼经济学原理》(第二版),中国人民大学出版社,2013。

白雪洁:《日本产业组织研究——对外贸易框架中的特征与作用》,天津人民出版社,2001。

陈建安:《产业结构调整与政府的经济政策:战后日本产业结构调整的政策研究》,上海财经大学出版社,2002。

陈友骏:《论"安倍经济学"的结构性改革》,日本学刊,2015 丹尼尔贝尔:《后工业化社会》,科学普及出版社,1985。

都留重人:《日本的资本主义——以战败为契机的战后经济发展》,复旦大学出版社,1995。

丁敏:《日本产业结构研究》,世界知识出版社,2006。

江小涓:《服务经济理论演进与产业分析》,人民出版社,2014。

金明善:《日本现代化研究——日本现代化过程中的经济、政治》,辽宁大学出版社,1993。

金明善:《现代日本经济论》,辽宁大学出版社,1996。

寇里、刘大成:《效率和生产率分析导论》,清华大学出版社,2009。

杰拉尔德·M·梅尔、詹姆斯·E.劳赫:《经济发展的前沿问题》,上海人民出版社,2004。

李京文、郑友敬、乔根森等:《生产率与中美日经济增长研究》,中国社会科学出版社,1993。

鹿野嘉昭:《日本的金融制度》,余燡宁译,中国金融出版社,2003。

罗伯特·M·索洛:《经济增长因素分析》,商务印书馆,1991。

罗斯托:《从起飞进入持续增长的经济学》,四川人民出版社,1988。

乔根森、李京文:《生产率》,中国发展出版社,2001。

青木昌彦:《日本经济中的信息、激励与谈判》,商务印书馆,1994。

青木昌彦:《比较制度分析》,周安黎译,上海远东出版社,2001。
宋则行、杨玉生、杨戈:《后发经济学》,上海财经大学出版社,2004。
孙执中:《日本泡沫经济新论》,人民出版社,2001。
唐纳德·乔治、莱斯·奥克斯利、肯尼斯·卡劳:《经济增长研究综述》,(马春文、李敬国、杨丽欣译,长春出版社,2009。
王劲松:《开放条件下的新经济增长理论》,人民出版社,2008。
王永生:《技术进步及其组织日本的经验与中国的实践》,中国发展出版社,1999。
韦尔:《经济增长》,中国人民大学出版社,2011。
薛敬孝、白雪洁:《当代日本产业结构》,天津人民出版社,2002。
杨栋梁:《国家权力与经济发展:日本战后产业合理化政策研究》,天津人民出版社,1998。
约翰·伊特韦尔、默里·米尔盖特、彼得·纽曼:《新帕尔格雷夫经济学大辞典》,陈岱译,经济科学出版社,1992。
张季风:《日本经济概论》,中国社会科学出版社,2009。
植草益:《日本的产业组织理论与实证的前沿》,经济管理出版社,2000。
佐贯利雄:《日本经济的结构分析》,辽宁人民出版社,1988。
奥和義『日本貿易の発展と構造』関西大学出版部、2012。
奥野正寛・鈴村興太郎・南部鶴彦等『日本の電気通信:競争と規制の経済学』日本経済新聞社、1993。
浜田宏一・黒田昌裕・堀内昭義『日本経済のマクロ分析』東京大学出版会、1987。
北岡伸一『日本政治史:外交と権力』放送大学教育振興会、1989。
財務省『日本経済の現状と課題』財務省、2013。
財務省『国際収支統計』財務省、2013。
ChalmersJobnson、John Zysman『閉鎖大国ニッポンの構造』大岡哲・川島睦保訳、日刊工業新聞社、1994。
産業能率大学総合研究所サービスイノベーション研究プロジェクト『サービスイノベーション:サービスを創出し付加価値を高める戦略的アプローチ』産業能率大学出版部、2012。

参考文献

長岡貞男「日米のイノベーション過程」藤田昌久・長岡貞男『生産性とイノベーションシステム』日本評論社、2011。

大蔵省『昭和財政史』大蔵省、1954。

大蔵省『第21回我が国企業の海外事業活動』大蔵省、1992。

大蔵省銀行局『金融年報』大蔵省銀行局、1995。

高山憲之『日本の経済制度経済政策』東洋経済新報社、2003。

岡崎哲二『工業化の軌跡：経済大国前史』読売新聞社、1997。

岡崎哲二「傾斜生産と日本経済の復興」原朗『復興期の日本経済』東京大学出版会、2002。

岡崎哲二『産業政策』経済産業調査会、2012。

港徹雄・三井逸友『日本のものづくり競争力基盤の変遷』日本経済新聞出版社、2011。

宮川努『日本経済の生産性革新』日本経済新聞社、2005。

鶴田俊止・伊藤元重『日本産業構造論』NTT出版、2001。

鶴光太郎『日本の経済システム改革』日本経済新聞社、2006。

厚生労働省『平成15年労働経済の分析』厚生労働省、2003。

厚生労働省『薬事工業生産動態報告』厚生労働省、2013。

厚生労働省『非正規雇用の現状と課題』厚生労働省、2014。

後藤晃『日本の技術革新と産業組織』東京大学出版会、1993。

化学経済研究所『化学工業基本資料』化学経済研究所、1960。

機械振興協会『自動車産業の生産性測定と日米比較』機械振興協会、1992。

吉川洋『高度成長』中公文庫、2012。

加藤雅『規制緩和の経済学』東洋経済新報社、1994。

加藤尚文『日本経営資料大系3』三一書房、1989。

経済産業省『研究開発外部連携実態調査』経済産業省、2004。

経済産業省『平成17年特定サービス業実態調査』経済産業省、2005。

経済産業省『通商白書』経済産業省、2006.

経済産業省『サービス産業におけるイノベーションと生産性向上に向けて』経済産業省、2007。

経済産業省『経済財政改革の基本方針』経済産業省、2007。

経済産業省『下請けガイドライン調査』経済産業省、2008。

経済産業省『平成23年特定サービス業実態調査』経済産業省、2011。

経済産業省『工業統計調査』経済産業省、2012。

経済産業省『平成25年特定サービス業実態調査』経済産業省、2013。

経済産業省『平成25年民間企業の研究開発動向に関する実際調査』経済産業省、2013。

経済産业省『新経済成长戦略』内閣府、2013。

経済産業省『平成26年度経済産業政策の重点』経済産業省、2014。

経済企画庁『戦後日本の資本累積と企業経営』経済企画庁、1957。

橘川武郎・平野創・板垣暁『日本の産業と企業発展のダイナミズムをとらえる』有斐閣、2014。

橘木俊詔『戦後日本経済を検証する』東京大学出版会、2003。

科学技術社・重化学工業通信社『外国技術導入要覧1969年版』重化学工業通信社、1969。

科学技術庁『科学技術白書』科学技術庁、1958。

科学技術庁『科学技術白書』科学技術庁、1964。

科学技術庁『科学技術白書』科学技術庁、1965。

科学技術庁『科学技術白書』科学技術庁、1971。

科学技術庁『科学技術白書』科学技術庁、1974。

科学技術庁『科学技術研究調査報告』科学技術庁、2013。

科学技術庁『外国技術導入年次報告』科学技術庁、1965。

蠟山昌一『日本の金融システム』東洋経済新報社、1982。

鈴木和志・宮川努『日本の企業投資と研究開発戦略』東洋経済新報社、1986。

鈴木良男『規制緩和はなぜできないのか』日本実業出版社、1998。

鹿野嘉昭『日本の金融制度』東洋経済新報社、2013。

南亮進『日本の経済発展』東洋経済新報社、1992。

南方建明・酒井理『サービス産業の構造とマーケティング』中央経

済社、2006。

内閣府『平成10年国民経済計算』内閣府、1998。

内閣府『平成15年国民経済計算』内閣府、2003。

内閣府『平成17年国民経済計算』内閣府、2005。

内閣府『業種別生産性向上プログラム』内閣府、2008。

内閣府『日本再興戦略』内閣府、2013。

内閣府『やわらか成長戦略：アベノミクスをもっと身近に』内閣府、2014。

内閣府『平成26年規制改革実施計画』内閣府、2014。

内閣府『国民経済計算确報』内閣府、2014。

内閣府『国民経済計算速報』内閣府、2015。

内藤耕・赤松幹之『サービス産業進化論』生産性出版、2009。

平野泰朗『日本的制度と経済成長』藤原書店、1996。

斎藤优『技术立国论』有斐阁、1983。

桥本寿朗『现代日本経済史』岩波书店、2000。

青木昌彦『比較制度分析に向けて』NTT出版、2003。

青木昌彦『比較制度分析序説：経済システムの進化と多元性』講談社、2008。

青木昌彦・ヒュー・パトリック『日本のメインバンク・システム』東洋経済新報社、1996。

情報サービス産業協会『情報サービス産業白書2014』日経BP社、2014。

全国建設機械リース業協会『建設機械器具リース業の現状と未来』全国建設機械リース業協会、2003。

日本电气工业会『日本电气工业史』日本电气工业会、1955。

日本関税協会『外国貿易概況』日本関税協会、2005。

日本銀行統計局『日木経済を中心とする国際比較統計』日本銀行、1998。

日本銀行金融研究所『我が国の金融制度』信用調査出版部、1995。

日本自動車工業会『日本の自動車工業』日本自動車工業会、1985。

若杉隆平『技術革新と研究開発の経済分析—日本の企業行動と産業

政策』東洋経済新報社、1986。

森川正之『サービス産業の生産性分析：ミクロデータによる実証分析』日本評論社、2014。

社会経済生産性本部『生産性运动50年史』社会経済生産性本部、2005。

社団法人日本貿易会『日本貿易の現状』社団法人日本貿易会、2011。

深尾京司・宮川努編『生産性と日本の経済成長：JIPデータベースによる産業・企業レベルの実証分析』東京大学出版社、2008。

深尾京司『マクロ経済と産業構造』慶応義塾大学、2010。

深尾京司『「失われた20年」と日本経済：構造的原因と再生への原動力の解明』日本経済新聞社、2012。

神取道宏・澤田康幸『現代経済学の潮流2015』東洋経済新報社、2015。

石油化学调查所『石油化学工业年鉴1967年版』石油化学新闻社、1967。

石油化学工業協会『世界エチレン生産設備能力』石油化学工業協会、1970。

寺西重郎『日本の経済システム』岩波書店、2003。

松崎和久『サービス製造業の時代』税務経理協会、2014。

田島義博『規制緩和―流通改革ヴィジョン』日本放送出版協会、1995。

通産省企業局産業資金課『外資導入主として技術導入の現状と効果』通商産業省、1953。

通商産業省企業局『外国技術導入の現状と問題点：甲種技術導入調査報告書』通商産業省、1962。

通商産業省『通商产业政策史第6巻』通商産業省、1990。

通商産業省『商工政策史第10巻』通商産業省、1972。

梶浦昭友『生産性向上の理論と実践』中央経済社、2016。

文部科学省『科学术白书1958~1972各年版』文部科学省。

武田晴人『高度成長期の日本経済：高成長実現の条件は何か』有斐閣、2011。

参考文献

西川俊作・尾高煌之助・斎藤修『日本経済の200年』日本評論社、1996。

西村清彦・峰滝和典『情報技術革新と日本経済：「ニュー・エコノミー」の幻を超えて』有斐閣、2004。

香西泰・宮川努『日本経済グローバル競争力の再生』日本経済新聞出版社、2008。

新保一成・野村浩二・小林信行『KEOデータベース：産出および資本・労働投入の測定』慶応義塾大学産業研究所、1997。

星岳雄・アニル・カシャップ『日本金融システム進化論』日本経済新聞社、2006。

岩田規久男・宮川努『失われた10年の真因は何か』東洋経済新報社、2003。

岩越忠恕『自動車工業論』東京大学出版会、1968。

野村浩二『資本の測定：日本経済の資本深化と生産性』慶応義塾大学出版会、2004。

野中郁次郎『日本型イノベーションシステム：成長の軌跡と変革への挑戦』白桃書房、1995。伊藤元重『ゼミナール国際経済入門』日本経済新聞社、2005。

伊藤修『日本の経済：歴史・現状・論点』中央公論新社、2007。

伊藤隆敏『ゼロ金利と日本経済』日本経済新聞社、2000。

いすゞ自動車『いすゞ自動車史』いすゞ自動車、1957。

隅谷三喜男・古賀比呂志『日本職業訓練発展史：労働力陶冶の課題と展開戦後編』日本労働協会、1978。

中馬宏之「経済環境の変化と中高年層の長勤続化」中馬宏之・駿河輝和『雇用慣行の変化と女性労働』東京大学出版会、1997。

中村二郎「我が国の賃金調整は伸縮的か」猪木武徳・樋口美雄『日本の雇用システムと労働市場』日本経済新聞社、1995。

中村隆英『日本経済その成長と構造』東京大学出版会、1993。

中林真幸『日本経済の長い近代化：統治と市場、そして組織1600～1970』名古屋大学出版社、2013。

中央大学経済研究所『経済発展と就業構造』東洋経済新報社、1973。

竹内宏『現代の企業電気機械工業』東洋経済新報社、1962。

総務省『平成16年事業所統計調査報告』総務省、2004。

総務省統計局『平成22年国勢調査』総務省、2011。

総務省『平成24年科学技術研究調査』総務省、2012。

総務省『科学技術要覧』総務省、2012。

総務省『平成25年サービス産業動向調査』総務省、2013。

総務省『平成26年科学技術研究調査』総務省、2014。

総務省統計局『平成27年人口推計』総務省、2015。

総務省統計局『平成27年労働力調査』総務省、2015。

志築学『日本の産業発展—企業勃興とリーディング産業』創成社、2008。

佐口和郎「日本の内部労働市場」吉川洋・岡崎哲二『経済理論への歴史的パースペクティブ』東京大学出版会、1990。

佐藤博子『ITサービス』日本経済新聞社、2006。

ニッセイ基礎研究所『株式持ち合い調査2003年版』ニッセイ基礎研究所、2003。

Aoki, Masahiko, *Towards Comparative Institutional Analysis* (Cambridge: MIT Press, 2002).

Becker, Gary S. *Human capital* (New York: Columbia University Press, 1964).

Clark, Colin, *The Conditions of Economic Progress* (London: Macmillan Publisher, 1951).

Fisher, Allan G. B., *Economic Progress and Social Security* (London: Macmillan Publisher, 1945).

Gadrey, Jean, Faiz Gallouj, *Producticity Innovation and Knowledge in Services* (Cheltehan Edward Elgar Publishing, 2002).

Greenfield H. I., *Manpower and the Growth of Producer Service* (Cambridge: Cambridge University Press, 1966).

Helpman, E., Paul R. Krugman, *Market Structure and Foreign Trade: Increasing Returns, Imperfect Competition, and the International Economy* (Massachusetts: MIT Press, 1985).

Hulten, C. R., "Total factor productivity: a short biography", *New Developments in Productivity Analysis* (Chicago: University of Chicago Press,

2001).

Kojima, K., *Japanese Corporate Governance*: *An international Perspective* (Research Institute for Economics and Business Administration, Kobe University, 1997).

Kuznets, Simon, *Modern Economic growth*: *Rate, Structure, and Spread* (New Haven: Yale University Press, 1966).

Lamfalussy, A, *The United Kingdom and the Six*: *An Essay on Economic Growth in Western Europe* (London: Macmillan, 1963).

Nakajima, Takanobu, Koji Nomura, and Toshiyuki Matsuura, *Total Factor Productivity Growth*: *Survey Report* (Tokyo: Asian Productivity Organization, 2004).

Ozawa, T, *Japan's Technological Challenge to the West*, *1950–1974*: *Motivation and Accomplishment* (Massachusetts: MIT Press Books, 1974).

Salter, W. E. G., W. B. Reddaway, *Productivity and Technical Change* (Cambridge: Cambridge University Press, 1969).

World bank, *The East Asian Miracle*: *Economic Growth and Public Policy* (London: Oxford University Press, 1993).

三 政府部门网址

经济产业研究所: http://www.rieti.go.jp/jp/database/d05.html。

财务省: http://www.customs.go.jp/toukei/suii/html/nenbet.htm。

总务省统计局: http://www.stat.go.jp/data/chouki/mokuji.htm。

总务省: http://www.soumu.go.jp/senkyo/seiji_s/data_seiji/index.html。

日本银行: http://www.boj.or.jp。

EU KLEMS database: http://www.euklems.net/.

IMF: http://www.bls.gov/data/.

World input-output database 2014: www.wiod.org.

索　引

A

安倍经济学　22，195，205，246，248～
　　250，252，253，264，283

B

半导体产业　70，72，73，97，187
比较优势　12，16，51，55，88，101，
　　114，132～135，206
不良债权　221，226，232，244，245，
　　269～271

C

财政政策　18，19，22，35，195，197，
　　205，232～235，237，238，240，244～
　　246，248，249，259，261
产业间的波及效果　61
产业间资源配置　17
产业结构　2，4，6～9，16，20，21，
　　23，24，33，34，50，51，53～57，
　　62，64，65，69，70，77，86，96～
　　98，109，115，152，161，180，182，
　　192～197，204，206，256，257，264，
　　266，267，269，270，283，284

产业结构转换　4，6，56，57
产业政策　15，22，169，191～198，
　　203，204，206，259，270，274
产业组织结构　9，20，21，53，95，97，
　　99，102，103，107，220
长期停滞理论　19，238
超越对数函数　4，25，26，148，196
朝鲜特需　32
成本病　58，92～94
出口导向政策　10
出口立国　51
出口替代　10
传统经济体制　213，218，226
创新系统　14，15，175～177，274

D

倒 U 字形曲线
道奇路线　32
第三产业　8，51，54，73～76，81
第一次石油危机　32，47，55，115，
　　120，149，153，270
电子机械工业　68，164，165，204
短小轻薄　34，55，64，195，270
对激励的反映程度
对外贸易　2，4，9，10，12，13，19～
　　21，23，24，45，50，51，99，109，
　　116，133，202，256，257，259，273，

索引

283

对外贸易增长 4，9，21，109

对外直接投资 13，34，119，120，130，134，136

多马权重 75，210

E

二级承包商 100，101

二阶段最小二乘法 20，221，224，225，229~232，256，259

F

非正规雇佣 29，242，243

风险规避程度 104~107，257

服务贸易 12，13，21，109，126~129，132~140，257，258，274

服务业 7~9，13，19~21，49，51，53，56~58，70~74，76~98，100~103，105~108，135，141，151，152，197，206，249，250，255，257，259，271，273，274

服务业生产率 9，21，58，78~80，93，94，249，250，255，259

G

高速增长期 10，41，152，169，194

格兰杰因果性检验 10，110~112

供给侧结构性改革 3，22，248，256，265~271

雇佣制度 16，17，22，32，33，49，52，191，213，215~217，242，243，249，259，264

关系型金融 241

关系型治理结构 218~226，247，259

官僚多元主义 240

规模报酬递减 27，39，206，256

规模效应 10

规则型治理结构 213，218~220，225，226，247，259

规制改革 16，19，22，196，197，204，206~213，244，246，249，250，253，259，273，287

规制缓和 15，16，145，191，197，206，207

国际收支大井 32，33，114，116，201

国民所得倍增计划 33

H

合同理论 9，19~21，95

后发展国家 21，23，30，35，37，40，42，44，45，49，109，143，178，198，219，256，260

后工业化 21，73，109~111，139，175，201，203，205，206，259，274，283

后工业化时代 175

护送舰船 226

J

激励相容条件 104

技术差距 40，141，143，149~153，

159，160，171，175，176，261

技术进步 1~4，6，7，10，11，13~15，17，20，21，23，24，26，29，33，37，40，45，47，49~52，57，59，62，102，126，129，134，141~144，148~150，153~156，159~163，175，182，185，191~193，212，251，252，256~259，265，267，269，284

技术进步率 7，57，59，148~150，161~163

技术扩散 12，14，15，21，27，51，87，133，136，159，161，255

技术领先国 40，159~163，175，177

技术落后国 159~162

技术贸易 13，21，126，127，129~133，135~140，174，258

技术贸易收支 129~132，174

技术模仿 158，159，161~163，175

技术水平 11~14，21，23，24，26，39，40，47，49，51，52，64~66，97，98，102，106，121，126，129，130，135，139~143，148~150，152，153，156，159~163，165，169~171，174~177，182，185，186，188，193，195，196，205，216，258，261，264，265，269，271

技术水平收敛 21，130，148，150，153，156，185

技术溢出效应 11，12，21，109，112，121，122，124，125，258

技术引进 11，19，21，33，39，40，46，49，52，65，86，109，121，129，131，141~150，153，155，160，162~171，173~176，185，202，248，258，

265，271

加工组装工业 8，57，68，69，98，120，195，203，204

甲种技术引进 144，145

减量经营 34，40

奖入限出

交易成本 49，52，88，89，102，210，211，214，215，218~220，222，225，226，259

教育水平 13，14，141，148，156~158

结构改革 22，200，204，205，213，221，226，244~247，259，264

金融大爆炸 207，208，226，227，231，232，243，259

金融科技 250，251

金融制度 16，17，22，191，213，214，227，241，243，259，283，286，287

经济结构服务化 73，74，84，251

经济增长 1~4，6，7，9~16，18~24，27~30，32，34~45，49~51，54，56~60，64，94，95，98，103，109~112，114，116，117，121，122，124~126，133，134，141，142，153，158，159，161，182，188，191，199，204，206，215，217，218，221，225，226，232~234，237，238，240，245，246，248，249，254，256，257，259~263，266，268，273，274，283，284

经济自立五年计划 33

精密机械产业 64，65，67，69，195

景气循环 32，150

竞争型寡头垄断市场

距离函数 26

索 引

K

卡尔多事实 38，39，44
科技型生产性服务业 84，90，257
库兹涅茨倒 U 字形曲线
狂乱物价 34
扩散效应 136，140，258

L

劳动密集型产业 54，114，202
劳动人口数量 28，82，83，123，264
劳动投入 2，5，23，27～29，41～44，
　103，149，211，260，261
劳动再分配效果 17
李嘉图等价定理 18，19，232～235，
　237，240，274
刘易斯拐点 161

M

曼奎斯特分解方法 19
贸易保护政策 15，198
贸易结构 21，33，116，120，126，
　127，132，136，202，205，258
贸易开放政策 15，198，203
贸易顺差 33，110，114，116，117，
　129～132，140，204
贸易依存度 199～201，205
贸易政策 15，16，22，191，198～206，
　259
面板数据模型 19，20，228

N

内生增长理论 27
拟基础研究所 175
年功序列制度 29，33，242

P

泡沫经济崩溃 1，2，5，6，15，17，
　18，21，28～30，34～36，40，41，
　45，48，50，52，69，86，109，112，
　117～119，124，129，174～179，182，
　185，191，217，218，221～226，231～
　235，237～246，255，257～261，263，
　270
配第克拉克法则

Q

企业经营方式 193，255
汽车与机械制造业 64～66，68
潜在经济增长率 3
全要素生产率 1～27，29，30，33，
　37～53，56～64，66～69，72，73，
　77，78，80，87，88，92～95，97，
　98，101～103，105～109，113，120～
　122，125，126，132～143，153～159，
　162，169～171，174，182～185，188，
　191～203，205～213，215～218，225～
　227，232，244～266，268～274
全要素生产率驱动型经济 30
确定性等价收入 104

295

R

人工智能　249～253

人口红利　27，161，216

人口老龄化　28，29，40，77，83，87，181，211，238，250，251，258～260

人力资本　8，13，14，87，113，122，125，126，134，153，156，157，258，268，269

日本生产率本部　248，254，255

日本再兴战略　79，249，250，252

融资约束　17～19，213，226～228，230～232，259，274

软件业　70，95，96

S

Society 5.0　250

S型增长　35，37

三期叠加　266，268

商品贸易　12，13，21，109，126～128，132～134，137～140，258

商业转化效率　187

设备投资　13，14，19，28，32～35，40，61，64，70，97，99，141，145，147，148，150，153～156，158，164，166，169，192，193，197，202，214，227，239，244，250，258，260，261

设备投资

生产成本合理化　205

生产率差距　58，77，93

生产性服务业　8，9，21，53，73，76，79～92，100，257，273，274

时间序列模型　19，20，105，258

市场型金融　241

T

通货紧缩　34，238，239

投资回报率　28，29，259

W

完全竞争　5，93，159

伪回归　90，111，136，155，157，184，200

稳定增长期　169

X

惜贷　226，231，232，259

系列承包体系　88，98～102，108，214，220

吸收创新型技术发展　15，21，141，158，159，163，167，169，171，173，174

下凡　219

线性报酬合同　103，104

相互持股比率　221～223，225

效率改善　23，26，191，198

协整检验　109，235，236

新兴产业　6，8，47，51，194，196，251，253，261，268，270

信息服务业　9，19～21，53，56，58，70～73，81，83～85，89～92，94～

98，100～103，105～108，257
信息技术产业 69～73，257
学习效应 10，11，121，122，124～126，134，258

Y

研究开发费 178～181
研究开发投资 14，122，125，177～188，227，228，252，258，259，274
研究开发投资收益率 183，185
研究开发效率 15，252，258，261
要素驱动型经济 30
要素投入 1，3，14，20，23～27，37，40～42，44，45，93，103，121，182，192，206，213，228，256，260，263
一级承包商 100，101
乙种技术引进 144，145

Z

增长核算 3，5，17，24，27，41，42，260
增长战略 22，245，246，248～253
战后复兴期 32，54，55，148
战后民主化改革 31
正规雇佣 29，242，243
政治资金 18，221，222，225，226
知识集约化 55，56，64，195

制度变迁 2，4，15
中间品价格 63，69，103，104
中间品投入 60
终身雇佣方式 216
重厚长大 34，64，195，270
重化学工业化 55，56，62
主导产业 7，8，19，21，32，34，45，47，49～51，53～61，64～66，69，70，72，73，94，98，112，117，120，165，167，181，206，257～259，261，269～271
主导产业变迁 21，53，58，61
主银行制度 52，214，220，241，245
专业外包服务 88
资本投入 2，24，27，28，39，41～44，60，102，122，149，260～262
资本再分配效果 17
资源分配 1，17，213，232，246
自负主义 175，186，258
自然利率 19，238，240，259
自主创新 15，37，39，41，52，107，130，141，153，160，161，163，175～178，182，185，188，189，258，259，261，265，271
自主研发 11，21，113，122，125，126，142，162，175，176，258
总量生产函数 3，23，26，121，141
总需求 6，19，32，216，234，238，264，265，268

图书在版编目（CIP）数据

日本全要素生产率研究 / 田正著. -- 北京：社会科学文献出版社，2018.6
 ISBN 978-7-5201-2282-5

Ⅰ.①日… Ⅱ.①田… Ⅲ.①经济-研究-日本 Ⅳ.①F131.3

中国版本图书馆 CIP 数据核字（2018）第 033772 号

日本全要素生产率研究

著　　者 / 田　正

出 版 人 / 谢寿光
项目统筹 / 祝得彬
责任编辑 / 吕　剑　张　雨

出　　版 / 社会科学文献出版社·当代世界出版分社（010）59367004
　　　　　 地址：北京市北三环中路甲 29 号院华龙大厦　邮编：100029
　　　　　 网址：www.ssap.com.cn
发　　行 / 市场营销中心（010）59367081　59367018
印　　装 / 三河市东方印刷有限公司

规　　格 / 开本：787mm × 1092mm　1/16
　　　　　 印张：19　字数：322 千字
版　　次 / 2018 年 6 月第 1 版　2018 年 6 月第 1 次印刷
书　　号 / ISBN 978-7-5201-2282-5
定　　价 / 88.00 元

本书如有印装质量问题，请与读者服务中心（010-59367028）联系

▲ 版权所有 翻印必究